名师工程
名校系列

用哲学的眼光看重庆之美

——高中生思政小论文导教范例

陈静 王小涛◎主编

西南大学出版社
SWUP
国家一级出版社 全国百佳图书出版单位

图书在版编目(CIP)数据

用哲学的眼光看重庆之美:高中生思政小论文导教范例 / 陈静, 王小涛主编. -- 重庆:西南大学出版社, 2025. 4. -- ISBN 978-7-5697-2928-3

Ⅰ. G634.203

中国国家版本馆CIP数据核字第20255K899D号

用哲学的眼光看重庆之美——高中生思政小论文导教范例

YONG ZHEXUE DE YANGUANG KAN CHONGQING ZHI MEI——GAOZHONGSHENG SIZHENG XIAO LUNWEN DAOJIAO FANLI

陈　静　王小涛　主编

责任编辑: 曹园妹

责任校对: 赵辰翔

装帧设计: 汤　立

排　　版: 张　祥

出版发行: 西南大学出版社(原西南师范大学出版社)

重庆·北碚　　邮编:400715

印　　刷: 重庆市国丰印务有限责任公司

成品尺寸: 170 mm×240 mm

印　　张: 16

字　　数: 256千字

版　　次: 2025年4月第1版

印　　次: 2025年4月第1次印刷

书　　号: ISBN 978-7-5697-2928-3

定　　价: 68.00元

编委会

主　编：陈　静　王小涛

副主编：周　维　冉　美

编　委：李　雁　唐　俊　郭用洪　陈　杰

陈春利　程　莉　徐　练　汪春安

刘俞君　汤　茜　徐财敏

序言

PREFACE

世界很大，需要我们去走走看看。社会生活很丰富，需要我们去体味感知。"小课堂"与"大社会"之间没有鸿沟，只要我们关注社会，关心生活，胸怀祖国，放眼世界，朝阳在握，就能走出小课堂，走进火热的中国式现代化实践中，不断地得到淬炼，百炼成钢。《用哲学的眼光看重庆之美——高中生思政小论文导教范例》为我们提供了一条前行的路径，也是对上好大思政课的积极尝试。

该书通过对学生思政小论文写作基本方法的指导与对学生习作的解析，把深奥的哲学道理与社会生活有机结合，实现了时事材料典型化与实用化、哲学知识的应用化与便利化，符合新课程、新教材的要求，符合新高考对能力考查的目标。把深奥的解题技巧，用通俗易懂的方式呈现出来，为教与学提供了高效快捷的解决问题的路径，为提高解题效率提供了有效的帮助。

新课程要求从知识立意向能力立意，特别是育人立意深入转变，高考试题将不断反映思想政治学科的思想教育功能。该书有助于学生在学习中处理好教材与时事的关系，处理好知识与材料的关系，处理好记忆与理解的关系，特别是知识应用问题，学生需要学懂会用，摒弃"背多分"的落后意识。

思路决定出路。该书能带来有趣的思路，帮助师生切实转变思维方式与学习方法，强化能力学习，落实育人教学。该书有助于教师在教学中加强对学生时事政治学习的指导，提高学生分析问题和解决问题的能力。不要期望由别人来改变以满足你的需要，改变自己的生活方式与学习方法是最靠谱的。

方法决定结果。该书能给我们带来合理的方法，帮助我们有效获取基础知识。知晓问题的解决方法是学习的首要目标，知识与方法有机结合，才能提高学习能力。该书可以帮助我们深入浅出地理解哲学道理，帮助我们把哲学知识讲深讲透讲活，特别是陌生问题的应对之策。

态度决定一切。该书能为我们的学习指导方向，做到有章可循。它可以帮助我们打开思路，走进广阔的社会，走向无限的世界，使我们的学习和生活有"烟火气"，使我们的价值追求有生命力，使我们在进步的路上充满战斗力。

《用哲学的眼光看重庆之美——高中生思政小论文导教范例》由两个部分构成：第一部分"思政小论文概述"是对思政小论文的写作与思考提出合理化的建议，帮助学生提高写作能力与理解能力；第二部分"思政小论文文集"是学生的思政小论文习作例举及教师的点评指导，为开展思政小论文写作活动提供参考。

习近平总书记对学校思政课建设曾作出重要指示："要始终坚持马克思主义指导地位，以中国特色社会主义取得的举世瞩目成就为内容支撑，以中华优秀传统文化、革命文化和社会主义先进文化为力量根基，把道理讲深讲透讲活，守正创新推动思政课建设内涵式发展，不断提高思政课的针对性和吸引力。"习近平总书记为我们指明了前进方向，让我们共同努力，为践行和落实习近平总书记对思政课建设的要求不懈奋斗。谢谢大家！

王小鸥

2024年5月

目录

CONTENTS

第一部分　思政小论文概述

第二部分　思政小论文文集

第一部分

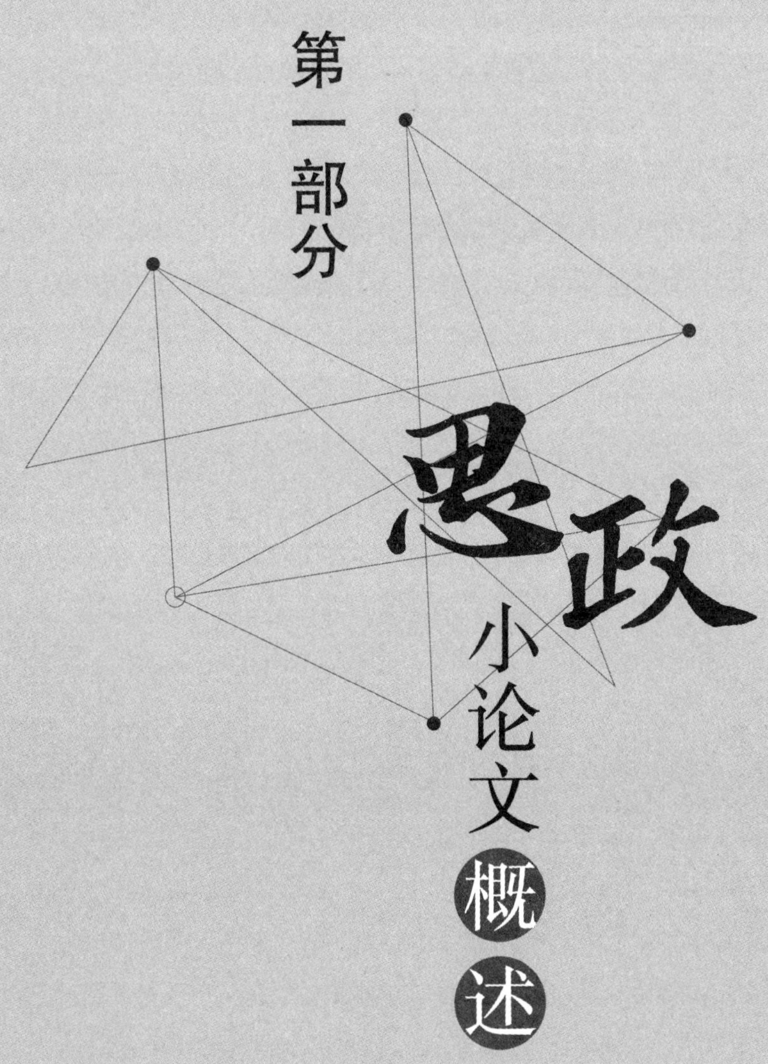

思政小论文概述

一 思政小论文的内涵

(一)思政小论文的含义

1.小论文

小论文是指基于一定知识理论,选取材料、确定主题,并有逻辑地架构论点、论据、论证等要素,阐述自己的观点或主张的短小精悍的文章。思政小论文的特别之处在"思政"二字,高中生思政小论文就是以高中思想政治课的知识理论为基础,由高中生撰写的小论文,内容要求关注社会、关注生活、关注世界,突出思想政治学科的学科属性和学科特色。

2.高中思想政治课

从课程性质上看,高中思想政治课是一门进行马克思主义基本观点教育的学科,学生通过学习能够理解、掌握和运用马克思主义理论的世界观和方法论,其主要目的是培养学生的思想政治素质,是在对学生进行理论教育的同时进行德育、立德树人的关键课程;从课程内容上看,高中思想政治课关注学生的生活实践,使学生在学习基础知识与基本技能的同时,能够用辩证唯物主义、历史唯物主义等科学思维方法来思考问题、分析问题、解决问题。习近平总书记指出:"思政课的本质是讲道理,要注重方式方法,把道理讲深、讲透、讲活,老师要用心教,学生要用心悟,达到沟通心灵、启智润心、激扬斗志。"思政课要讲道理,主要就是讲好中国共产党治国理政的"政理"、讲好马克思主义科学的"学理"、讲好中国共产党主动担当作为的"事理"。通过讲道理,学生能够深刻认识到中国共产党为什么能、马克思主义为什么行、中国特色社会主义为什么好,要以讲道理来回答好中国之问、世界之问、人民之问、时代之问。讲道理，既要讲“大道理”，也要讲“小道理”，要把“政理”“学理”“事理”与学生的生活实际结合起来。高中生撰写思政小论文，就是通过思政小论文写作的方式让学生讲道理，以小见大，从本土出发、从生活出发去发现、认识、分析和理解“高深道理”，从而深入沁润到“政理”、“学理”和“事理”之中，提高自身思想政治素养，提高发现问题和解决问题的能力，最终学有所获。

3.高中生思政小论文

基于高中思政学科的学科性质和学科特色，立足于思政课立德树人的根本任务和促进人的全面发展的育人目标，本书将“高中生思政小论文”的概念界定如下。

高中生思政小论文，是指在新时代育人背景下，为落实立德树人的根本任务，培养学生学科核心素养，由教师指导高中生以高中思想政治学科理论知识为基础，以国际国内的社会政治、经济、文化、哲学或社会生活中的某一现实问题或热点问题为载体，运用马克思主义的立场、观点、方法去观察事物、分析问题，通过有逻辑的评论、议论、讨论、论证、立论、评述等方式阐述自己的观点或主张，从而形成的短小精悍的文章。

本书中的“高中生思政小论文”的主题是“用哲学的眼光看重庆之美”，所以对其内涵的理解，既需要把握“高中生思政小论文”的共性，也需要进行具体的限定。

(1)在知识基础层面

高中生思政小论文，以高中思想政治学科教材(包括必修《中国特色社会主义》《经济与社会》《政治与法治》《哲学与文化》和选择性必修《当代国际政治与经济》《法律与生活》《逻辑与思维》)教授的理论知识为基础，即以马克思主义的立场、观点、方法为理论知识基础，结合实事进行分析和运用，实现理论与实践相结合的学习效果。本书将小论文的主题聚焦“用哲学的眼光看重庆之美”，将“高中思想政治学科教材教授的理论知识”限定为必修4《哲学与文化》的哲学板块的知识内容，包括辩证唯物主义和历史唯物主义。

(2)在内容载体层面

高中生思政小论文,可以选取高中思想政治涵盖的方方面面的素材为载体,包括国际国内的社会政治、经济、文化、哲学或社会生活中的某一现实问题或热点问题,可选题材极为广泛。且获取方式多元,学生可以通过亲身实践和经历,如社会调查访问、现实经历、所见所闻来获得素材;也可以通过浏览互联网、阅读报纸杂志等间接途径获得素材;还可以从学科学习等途径来获得素材。小论文写作载体的丰富多彩,可增强文章的可读性和内在底蕴。本书将小论文的主题聚焦“用哲学的眼光看重庆之美”是将“内容载体”限定在重庆之美,主要包括重庆自然之美,如山水之城、长江三峡、北碚缙云山、武隆仙女山、酉阳桃花源等;重庆生活之美,如重庆火锅、山城步道、温泉城、网红8D魔幻城市、重庆小面、长江索道、重庆洪崖洞夜景等;重庆文化之美,如红岩精神、重庆精神、市树黄葛树、大足石刻、王朴精神、彭水蚩尤苗族文化、合川钓鱼城、重庆方言、铜梁龙、谢家湾民主村、白鹤梁、重庆英雄城等;重庆科技之美,如重庆轨道、重庆赛力斯汽车城、酉阳花田等;重庆发展之美,如双城经济圈建设、桥都、果园港、北碚东升村、石柱华溪村、重庆广阳岛、重庆黄桷坪、重钢等。当然,重庆自然之美、生活之美、文化之美、科技之美、发展之美的具体内容载体并不是严格划分的,有交叉融合之处,本书只择取最突出的部分。

(3)在写作体裁层面

学生往往会将高中生思政小论文的写作方式联想到语文学科的议论文或历史学科的小论文。但高中生思政小论文并不是单纯的议论文,思政学科的小论文能最大限度地调动学生采取多元化的表达方式,并用逻辑思维指导整个写作过程。学生可以更为充分地表达对某一“重庆之美”的评论、议论、讨论、论证、立论、评述,把“理”阐述清晰、表达到位,体现出思政小论文的思想性、开放性、育人性。

(4)在表达逻辑层面

一是可以按照“提出问题—分析问题—解决问题”的思路,解决“是什么—

为什么—怎样做”的问题，做到论点、论据、论证三要素的统一。二是可以进行更为广义多元的评论、议论、讨论、论证、立论、评述，带有论的意味，不需要严格按照固定的写作模式。三是观点和材料的结合方式，既可以是旧材料+新观点，也可以是旧观点+新材料，还可以是新材料+新观点。在这里列举三种“论”的方式：若评论，可以先明确论点“是什么”，再阐述自己的论点“怎么样”，并评论过程，抓住论点论证“为什么”，产生了哪些影响，该怎么做；若论证，就是学生根据所选取的材料并结合所学知识，运用历史唯物史观和辩证唯物史观，对已有的定论观点进行论证；若立论，相对来说更具自主性、探究性，亦即围绕所选取的材料，选取某一方面或某个角度，归纳提炼材料所阐述的观点，自拟题目，结合所学知识进行阐述论证，最后落笔成文。本书的“撰写思政小论文的路向”小节对此进行了更为全面、系统的论述。

(5)在呈现形式层面

思政小论文不是学生熟悉的作文，不是调研报告，也不是调查问卷，不是理论论述，更不是专业性强的学术论文，而是指基于一定知识理论，选取材料、确定主题，并有逻辑地架构论点、论据、论证等要素，阐述自己的观点或主张的短小精悍的文章。所以，要把几种不同写作体裁区别开来，把握住思政小论文在呈现形式层面的突出特点。高中生思政小论文，选题角度小、内容简明精练、文章短小，字数大约在1000～3000字。一方面，文章太长不符合学生的认知特点和知识水平；另一方面，也需要考虑到学生功课时间的安排。此外，本书还收集了学生的绘画作品，以进一步表达学生对重庆之美的深刻理解。在学生完成小论文的基础上，教师对小论文进行分析点评，对蕴含的哲理进行概括和升华。故本书第二部分“思政小论文文集”的呈现内容包括“高中生思政小论文、教师点评、学生绘画作品”三部分。

(6)在目标任务层面

高中生思政小论文在新时代“三新”育人背景下，在落实立德树人根本任务、培养学生学科核心素养的层面发挥着作用。高中生思政小论文的写作是对新课标、新教材、新高考的积极回应,作为教师的一种教学方式、学生的一种学习方式、考试的一种命题方式,必然会显著提升教师的育人能力,有效增益学生的核心素养和能力培养,推动教学实效的增强,从而落实立德树人根本任务、培养学生的学科核心素养、实现“价值引领、铸魂育人”、促进学生全面发展。以“用哲学的眼光看重庆之美”为主题的高中生思政小论文的写作,可以将学生深深地带入对家乡重庆之美的领悟之中,加深学生对重庆的认识和了解,深化学生对重庆之美的感知和领悟,增强学生对家乡重庆之美的认同和热爱,也能够让他们更深刻地体悟新时代背景下国家发展和家乡发展之间的内在关系,真正做到能讲出重庆“道理”,能明、能晰、能用“政理”“学理”“事理”,提高学生核心素养,提升学生品质品格,促进学生全面发展,做到知行合一、学以致用。

(二)处理好三对关系

1.处理好小论文与学术论文的关系

学术论文可分为基础理论型论文、应用研究型论文、学术争论型论文、调查报告型论文、文献综述型论文等。基础理论型论文,侧重研究相关领域的概念、理论,主要是在已有相关理论、思想的基础上,综合运用归纳、推演等推理方式,用一系列抽象思维来获得认识,需要具有相关学科的雄厚理论基础。应用研究型论文,更加关注实践,一般是在综合运用相关理论的基础上,对现实中的热点、焦点、难点、疑点进行问题分析,找出问题成因,提出策略建议。学术争论型论文,通常是以他人公开发表的文章或见解为基础,提出不同的看法,然后进行充分论证,以揭示他人研究的不足或错误之处,对文章科学性、逻辑性、严密性的要求很高。调查报告型论文,则是以调查为基点,常从现实中的某一问题出发,通过深入调查,如问卷调查、访谈等途径获取信息,进而进行整理分析。文献综述型论文,则是以他人研究成果为研究对象,对其进行归纳整理、系统介绍和综合分析,使同领域的相关研究成果更加层次分明、逻辑清晰地呈现出来,然后进行较为全面、深入、系统的论述或评论,进而发表自己的见解。

由此可见，这些学术论文都具有鲜明的学术性、创新性、专业性、逻辑性、方法性、规范性和凝练性等。本书中的高中生思政小论文与学术论文有所联系，但区别更为显著。一是在学术性方面，学术论文不是小说、讲义、作文或科普文章，内容不能仅止于教科书和其他知识，作者必须具有鲜明的学术观点，以学术见解为核心内容，对规律的学科化进行专业论证。高中生思政小论文则主要是以书本教材知识为基础，以相关素材为载体，做到用所学“论”所选素材，能够体现出学生的见解和观点，但学术性不强。二是在创新性方面，学术论文不是对已有知识、材料的简单整理和加工，而需要突出的创新点，可以是在选题、方法、观点、结论、应用等方面的创新。需要特别指出的是，高中生思政小论文既具有创新性，但同时又存在着一定的局限性。这是因为，高中生对论点的创新难以超越他们现有的认识水平和思维高度，进而呈现出观点待深入、待延展等特性。三是在专业性方面，学术论文不是通俗读物，一般具有鲜明的学科性和专业性，可以明确地归属于某一个学科专业领域，需要使用专业话语，需要兼顾相关专业的科学研究方法和术语规范。在这一点上，高中生思政小论文的学术性主要体现在文章所蕴含的哲学道理，但非直接用教材所教授的哲学世界观和方法论，不常在文章中使用马克思主义哲学的专业术语，如物质、意识、矛盾等词语，主要是通过“教师点评”进行概括。四是在逻辑性方面，正如前面所强调的学术论文需要严谨的学术性和创新性，而这一切都离不开严密的逻辑结构来支撑。学术论文不是散文、随感，应具有严密的结构和强有力的逻辑。对于高中生思政小论文而言，虽然其学术性和专业性相对较弱，但同样需要展示逻辑美。这就要求教师在学生的写作过程中进行指导，使文章能够根据选题，做到结构清晰、表达流畅、论证充分等，以此更好地体现其虽有限但独特的学术价值。五是在方法性方面，逻辑性的展现离不开科学的方法论指导。学术论文要以科学的研究和分析方法为支撑，这是其能够进行严谨的学术论证和创新的基础。高中生思政小论文虽然相对学术论文在学术层次上有所不同，但同样需要科学的方法论指导。通过运用科学的方法，高中生能够更好地组织素材、分析问题、得出结论，从而使小论文更具逻辑性和说服力。六是在规范性方面，学术论文有严格的格式规范和结构规范，主体大多可以归纳为引论、本论、结论三个部分，一般由题名、作者、摘要、关键词、正文、参考文献和附录等部分组成。而高中生思政小论文在规范性上并不严格，主要是由简单的题名、作者、正文组成，它更加看重学生思想的开放性、表达的多样化。七是在凝练性方面，学术论文对文字要求严格，作者要使用简练、理性的语言来表述科学的研究成果，不提倡使用华丽的辞藻和抒情的文字。而高中生思政小论文则兼顾语言简练的同时，传递文字和情感之美。

质言之，本书探讨的高中生思政小论文在学术性、创新性、专业性、逻辑性、方法性、规范性和凝练性等方面都与学术论文不同。我们也不能忽视，高中生作为学生，其理论底蕴和思维方式还处于不断发展成熟的阶段，并且其获取资料的途径具有一定限制。因此，应当避免与专业的学者在写作质量上一较高下。

2.处理好小论文与作文的关系

作文，是学生在学习过程中接触得最多的、习得能力最深刻的语文学科的一部分。作文，是作者思想、感情的文字表述，带有强烈的个人主观色彩。作文是通过联想、想象、创造等方式，以表达作者的喜怒哀乐等个人情感、表达某种观点和思想为目的，带有明显的文学和感情色彩的活动。作文的写作方式多种多样，可分为议论文、说明文、记叙文、应用文，还可以分为散文、戏剧、小说、诗歌四大类。语文学科的议论文的基本要素为论点、论据和论证，一般来说需三方面俱全，是作文的一个分支。

在高中生思政小论文的写作中，要避免学生将小论文写成形式多样的作文，就一定要在内容上将前文所提到的“论”贯彻下去，在形式上需避免过度散文化倾向。尤其要摒弃那种随意抒情、缺乏逻辑支撑的写作风格，力求语言叙述准确严谨，将逻辑性与层次性贯穿全文。比如，散文：“周末到北碚缙云山游玩，感受到了缙云山的魅力，青山绿树成荫，林间步道漫游。但当我来到缙云山火隔离带的时候，那年山火还是将我的情绪震荡，我感受到了那熊熊山火将美丽的山峦燃成灰烬的无情，还没来得及返绿的枯树仿佛横亘在我的喉咙中，使我微微哽咽；但同时，我也感受到了重庆骑士的勇毅和热烈，心头一阵暖流缓缓而过。"这种写作方式,文学气息、情绪的表达过于主观和浓烈,没有思政学科味道。高中生思政小论文应是:"北碚缙云山青山绿树成荫,林间步道漫游别有滋味,这是美丽北碚生态文明建设的成果。行至缙云山火隔离带之处,山火燃烧过的山峦让我顿生伤感,但同时扑灭山火的骑士们的勇毅精神使我倍感振奋。一场山火将重庆人民的团结协作、勇敢坚毅的形象展现得淋漓尽致,是重庆精神的真实写照。"这样的表达方式,既体现学生时期写作所带有的文字美、情感美,同时注入专业美、逻辑美,在语言呈现上克服了空洞、泛化、浮夸等弊病。

3.处理好高中生思政小论文形式和内容的关系

小论文关键就在"小"和"论"二字上。首先,冠以"小"字,是指文章篇幅短小精悍、内容简明精练。关于"小",我们可以从以下几个维度来说明。一是篇幅短小。高中生思政小论文不要求学生进行洋洋洒洒的叙述,只需要有自己的论点、观点、看法或思想,并进行合理论证即可,字数1000～3000字不等。二是文章的选题角度要小。由于高中生知识储备不足,查找资料的时间和途径有限,能够驾驭的基础知识和表达方式也十分有限,不可能在一篇小论文中将一个问题论证全面,所以小论文选题的角度要小,要尽可能以小见大,这样既能凸显主题,又能言简意赅,做到清晰表述、通俗易懂。除了"小"之外,还要"精","麻雀虽小、五脏俱全"。学生小切口、小篇幅的小论文,也需要结构的合理性、表述的完整性。其次,就"论"而言,一般包括论点、论据及论证等基本要素。小论文写作中,学生可以基于所学的知识进行评论、议论、讨论、论证、立论、评述等,具有一定的逻辑性、科学性,更符合高中生的具体学情。在"论"上,不需要像论文那样强调思想理论、深挖专业概念、采用专业研究方法、进行专门系统论证、提供专业实践策略等,小论文对文章学术性、逻辑性、专业性、方法性、凝练性的要求低很多。一般来说,做到以下几个方面就可以视为优秀的高中生思政小论文:一是立论新颖,所阐明的观点具有科学性,富有时代性和创新性;二是论据确凿、条理清晰、论证合理、言之有据;三是理论联系实际,把所学知识合理运用到现实生活中去,逻辑严谨,具有实用价值;四是结论正确,能提出合理化或建设性的意见;五是有学科特色,如高中思想政治学科的严谨求实等。

二 思政小论文的功能

思政小论文在内容上，具有育人性、综合性、开放性、发展性。育人性，指蕴含丰富的能引导学生思想观念和行为方式的思政力量；综合性，指小论文写作是对学生知识、能力、素养和情感、态度、价值观的综合性考查和评价；开放性，指倡导以学生为主体的思想观点的充分表达；发展性，指能推进学生全面发展、长远发展，使其终身受益。思政小论文在形式上，具有角度小、内容简、篇幅短的特点，在高中思政课教学中具有较强的可操作性和广泛应用性。

（一）教师“教”的育人方式

高中思想政治学科的课程内容受新课标、新教材的规定，教育者主要是对教学内容进行创新，高中思政课教师的“教”，需要解读新课标、研究新教材、回应新高考、践行新课程，必须进行形式的创新以更好地为内容服务，以更加创新的、多样的、合理有效的教学方法进行传授，让思政课的价值取向更好地融入学生的内心，激励学生的行动。学科课程改革不断推进的大单元教学、议题式教学、项目式学习等，都是对新时代学科创新的积极回应。但在实践过程中，新教学法的应用依旧缺乏广泛性和普遍性，传统的教学方式还是占主导地位，如讲授法、讨论法和案例法，许多现代教学论倡导的教学法如新的案例教学法、问题式教学法、研究性学习法等的实施在地域、学校、教师各个层面都存在差距。

在思想政治教育课堂中，引入小论文写作这一模式，是一种有效的形式上的革新。要求学生能撰写思政小论文，教师要首先明了什么是思政小论文，知道如何指导学生撰写小论文，如何让学生对所学知识学以致用，培养学生发现、认识、分析、解决问题的能力。学生撰写小论文的过程，在场域上不限于课堂，而是从“小课堂”走到“社会大课堂”，拉近了高中思政课与学生实际生活的联系，能够将理论知识与社会实践和生活体验结合起来，充分调动学习的积极性，使学生主动参与、乐于探究，是一种具有过程性、探究性、体验性的教学方式。

可以说，导教“思政小论文”的教学实践将原本的课堂教学在时空上进行了拓展，使思政课能在广阔的社会生活中真正找到实践的沃土，有利于培养学生的创新精神和实践能力，是素质教育的有益的教学尝试，拓宽了教学渠道，对教师的育人理念和教学技能提出了新要求，有助于提高教师教学实效。

（二）学生“学”的学习方式

传统的高中思想政治教学过程中，存在教师主导、学生被动接收的情况，导致学生知识有掌握、理论有了解、考试有分数，但是在能力、实践、创新意识等方面有所轻视和能力缺位，既不利于提升学生综合素养，促进学生全面发展，也影响学生对思想政治课的认可。

基础知识、关键能力和必备品格是思政课教学效果的具体要求。学生所学的基础知识，为什么要学？学了有什么用？怎样去用？怎么在实际生活中发挥出真正的效力？如果不关心理论联系实际的问题，一方面将使学生缺乏素质意识，难以形成自我完善的内在动机，使学生良好的思想、行为、习惯的养成难以实现，使思想政治课教学的德育目标功效降低；另一方面将使教师的教学不断退化，无法用人格魅力和知识去感染和影响学生，致使学生为了考试而学习，缺乏学习主动性和积极性。让高中生撰写思政小论文，就是让学生学以致用、真学真用的一种学习方式。在撰写小论文时，从知识要求看，需要学生坚持马克思主义基本立场，运用思想政治学科概念和理论，从经济、政治、文化、哲学等视角切入论述。从价值要求看，需要学生坚持价值引领、厚植爱国情怀，表达出正确的家国观、诚信观、法治观，传播正能量，传达正确的价值认同和情感认同。从实践要求看，需要学生立足问题情境，打通理论与现实的界限，联系社会现实，分析问题、解决问题，让论文有价值。从科学要求看，要求用语不能太文学化、口语化，要尊重科学精神，做到理性而客观，不能掺杂太多感情因素。从逻辑要求看，需要有一定的文字功底，语言表达清晰流畅、逻辑性强，无错别字、无空洞说教，能彰显学科特色。

总的来说，学生在写作思政小论文的过程中，可以锻炼信息获取与加工的能力、逻辑推理和论证能力、思维构建和语言表达能力，尤其是在多元开放性论证中可以培养批判性思维与创新能力。打破传统的以“填鸭式”教学方式硬性地灌输知识给学生的困境，让学生在更为开放、自主和创新的“论”情境的过程中怀抱着“分析和解决问题”的内在动机，立足问题情境，打通理论与现实的界限，联系社会现实分析问题、解决问题，让学习具有现实价值。让思政小论文写作成为学生基于兴趣的主动式学习、基于体验的感悟式学习、基于思辨的综合式学习，让思政小论文写作成为一种新的学习方式。

（三）学科“评”的评价方式

在新高考改革不断推进的进程中，高中思想政治课考试出现了类似小论文的题目，如观点论证、做法论述、综合分析，发倡议、列提纲、写出发言要点等。这类题型有更大的开放性和探究性，侧重对学生分析问题能力、知识运用能力、写作表达能力的考查，难度大、要求高，引起了政治教师的高度关注。

思政小论文作为考试命题的一种题型，区别于选择题与一般材料分析题，思政小论文题型有着更大的开放性和探究性，给了学生展现基础知识、思维能力、分析能力等综合素养的空间，同时也提出了要求。思政小论文在落实新课改要求、促进教师的专业发展、培养学生核心素养、创新教学方式、扩展学习途径，以及大学与中学思政课衔接等方面都有着强大的生命力和重要作用。这类题型的解题，一是需要学生具备全面、系统掌握教材概念和理论并运用的能力，这是学生写好思政小论文的基础和前提。学生在撰写思政小论文的过程中，需要选择能将知识与生活联系在一起的素材内容，并运用所学知识对该素材内容进行讨论、评价、论证、议论等，提高其分析问题的能力。二是需要学生具备一定的思辨能力、表达能力、写作能力，具备灵活的思维、创新的思维、正确的价值取向，这是对学生综合能力的要求。教师可以在日常教学中适当布置小论文写作类作业，并对学生进行写作方法和写作规范的指导，帮助学生明确理解小论文的评价标准，引导学生评价自己或同学的作品。

思政小论文可以回应新高考改革的导向，对接“大中小一体化”中大学对学生写作的要求，可以作为一种新的作业形式、一种新的命题方法被应用，它既能让学生进一步理解和掌握基础知识，又能解放学生思想和发展学生思维，体现思政学科特点，散发“价值引领、铸魂育人”的学科意蕴，为高考服务。

思政小论文还可以作为寒暑假社会实践活动的成果验收方式。学生寒暑假进行的社会实践活动，多以自己关注的某一社会现实问题为对象，多以研究报告为成果汇报。但由于学情限制，在进行成果汇报时很难具备系统性、逻辑性和科学性等，思政学科用思政小论文进行验收和指导，可以更好地提升学生的研究能力和综合素养。

综上所述，思政小论文既可以以作业设计和考试命题的方式进行教学评价，也能适切地融入教师的“教”和学生的“学”之中，带动高中思想政治课“教—学—评”效果的增强，具有值得挖掘的多元价值。高中生思政小论文是学生学有所获、学有所成的真实反映，它可以是教师的一种教学形式、学生的一种学习方式、考试的一种命题方式等。

三 思政小论文的特点

（一）思想性

《辞海》中对思想性的解释是：“文艺作品中所体现的思想意义。取决于作家、艺术家的认识水平、思想境界的高低和艺术地表现生活的广度与深度。”思政小论文的思想性则是依托高中思想政治教育学科蕴含的思想底蕴，所具备的思想力量，所彰显的思想魅力，它不是以抽象的形式体现于学科理论之中，而是通过学科的具体建设实践，如论文写作、教学研究等方式体现出来[①]。具体而言，高中思想政治教育学科思想性的内涵包含三个方面。

第一，高中的思政课程植根于马克思主义理论框架之下，融入了丰富的马克思主义哲学精髓。作为归属于马克思主义理论这一广泛领域的一个子学科，思想政治教育学科借鉴了马克思主义的核心原理，构建了自身的理论基石。因此，思政教育的内核深受马克思主义理论的影响，这一点在课程和教学中体现得淋漓尽致。

思政小论文的写作应符合马克思主义理论的学科理论逻辑。马克思主义理论主要包括马克思主义哲学、科学社会主义和马克思主义政治经济学。马克思主义哲学包含辩证唯物主义与历史唯物主义两大板块，其主要内容包括辩证唯物论、唯物辩证法、辩证唯物主义认识论、唯物史观。本书尤其强调思政小论文所体现的哲学道理，在具体选取、分析案例的过程中应坚持以马克思主义哲学为指导思想，并将其原理运用于具体的实践之中，实现学生对马克思主义哲学的活学活用。

第二，思想政治教育这门学科专注于塑造人的内心世界，它拥有塑造和引领人们思维及行为的力量。通过实施这种教育，我们主要传递和培养正确价值观，目的是让人们采纳主流的价值理念并构建个人价值观念，进而将其应用到日常生活中。这门学科将个体的精神世界作为理解和参与现实世界的桥梁，并非仅仅教授其解决问题的技巧，而是引导其通过正确的思想框架来认识世界，并努力去改造世界。这就要求作者在撰写思政小论文的过程中应有意识地将马克思主义的价值观引入写作案例之中，引导读者在感受重庆美的同时，也能感受到马克思主义哲学的思想魅力。

第三，思政教育学科在服务于现实生活中时展现出独特的思想魅力。作为一门注重实践应用的学科，思想政治教育在实际操作的基础上发展，并在学科建设的过程中不断进步。思政小论文创作的实际价值在于，利用马克思主义哲学所赋

①和茂竹.思想政治教育学科的思想性研究[D].重庆:西南大学,2017.

予的精神动力，为读者提供一套价值观和方法论导向。通过思想世界的重塑，我们能够获得改变现实物质世界的能力，实现从精神动力到物质动力的转化。

作者撰写本书的过程就是将马克思主义哲学的世界观和方法论运用于实践的过程，在叙述、描绘、分析不同案例中深化对马克思主义哲学的理解，也提升自身发现生活、理解生活的能力。同时让重庆本地读者在阅读本书的思政小论文范例后，加深对家乡重庆的了解。而外地读者通过阅读这些思政小论文范例，一方面可以通过文字感受到重庆各区县的风土人情，另一方面也能吸引读者感受重庆独特的魅力。

（二）简明性

1.角度小

不同文章对“论文”的内涵解释不同，广义上的“论文”指讨论、研究某种问题的文章，狭义上的“论文”是学术论文的简称，学术论文不是对现有知识的复述，而是在一定专业水平和研究基础上进行的文字表达，提出自己独特的观点、见解和发现。而“小论文”是论文属概念下的一个种概念，其具有论文的共性，如说透一个概念，阐明一个问题，论证一个观点等，但“小论文”的个性在于“小”，要求论文短小、精悍、简明、扼要。要做到短小、精悍，则要求思政小论文的选题角度要小，题目要简，选材要精，其中尤其选题的切入角度要小。选题的目的是阐述论文要解决的问题，即为什么选该题目进行论述，论述该问题的目的是什么。若选题较大，就有可能脱离现实，泛泛而谈，失去论文本身的价值。思政小论文的写作主体是高中生，他们知识储备有限，研究经验不足，宏观的选题角度容易存在题目大、研究内容空泛、无法深入研究内容本质等问题。因此，选题的范围主要集中于三个维度。一是重点问题。学生在选择描述重庆某地区的美时，可从自然、文化、生活、发展、科技等角度出发，选择其认为对重庆最为重要的方面切入，进行分析。二是热点问题。学生也可以选择当下的社会热点、时政要点作为选题的角度，如2023年全国宣传思想文化工作会议召开，首次提出习近平文化思想，学生可以聚焦重庆的文化之美，选择典型案例进行描述。三是难点问题。学生可以选择重庆当前面临的社会难题并以此作为突破口，如科技创新能力不够、城市交通比较拥堵等问题，采用逆向思维，从社会问题入手说明如何让重庆之美得以延续和发展。写作者在撰写思政小论文时，应从微观角度出发，具体描述重庆某地区的特色美，并从中分享自身的哲学感悟或提炼出背后所蕴含的哲学道理。

2.内容简

首先，小论文本身的体裁要求即内容简明、扼要。学术论文为阐明观点往往用大量的文字、数据、图片等资料进行长篇大论，而思政小论文的文章篇幅较小，字数不多，在1000～3000字左右。其次，对于初学写小论文的高中生来说，他们还处在学习基础知识的阶段，所掌握的知识还很有限；而且，他们还受种种条件的限制，缺乏必要的调查研究及实验的手段，因此，他们的研究工作还不能与一般研究人员从事的工作相提并论，他们写成的小论文往往内容比较简单、浅显，具有一定的哲学味，但更多偏向于叙事纪实，通俗易懂。

3.结构明

小论文的写作结构通常包含三部分，分别为“引言”“正文”“结论”。各部分承担的功能各异，发挥的作用也不同。“引言”主要是抛出疑问，试图引出线索；“正文”是文章的主体，运用各种论证方法，如对比论证、因果论证等，结合大量的论据来解决问题或者阐明本质；“结论”则是对论证部分的总结，并将其提炼上升到思想认识层面。思政小论文的写作结构并非严格按照这种写作模式，学生在具体写作过程中可结合实际情况进行调整，如涉及“重庆的生活美”部分，学生可直接呈现哲学道理，再运用大量的衣食住行、民风民俗等材料印证观点。

（三）平易性

平易性是论文在形式与表达方面必不可少的特点。论文主要是研究和说明社会生活中的一些现象、问题，这就要求论文在语言文字的表达上要平易近人，即通俗易懂、浅显流畅，使广大读者能理解、记住。同时，平易性还应体现在论文所研究的问题应是社会所关注的，与现实生活接近，有一定的应用价值和实际作用，这样才能更好地让论文为社会服务，体现其价值。

选题合适恰当。小论文写作与议论文写作不同，议论文的题目是直接给定的，通常来说，命题作文与话题作文，或是直接给定一个题目，或是限定一个范围，让学生在几个话题中选择一个作为主题①。区别于议论文的题目直接指定，小论文要求学生展现出他们的问题意识和批判性思维。在多方面的深入思考和调研后，学生方能确定自己的论文题目。选题对于小论文来说至关重要，一个好的切入点不仅能吸引读者的注意，还能让写作过程更加高效。从平易性的角度来看，合适的选题能够让论文内容更贴近读者的生活，使读者更容易理解和接受。一篇优秀的小论文应该内容充实，概括准确，选题适当，既不过于宽泛，也不过于狭窄，确保所选主题明确无误，难度适中，并且具有一定的研究价值。

本书中的思政小论文选题明确，主要围绕地域和思维两个维度展开论述。地域维度将选题范围定在重庆，作者通过在论文中融入对重庆各地自然、文化、生活、发展、科技各方面特色的描述（辅以相关美术作品作为直观展示），使论文内容更具吸引力和感染力。对于重庆本地居民而言，论文中对重庆特色的描述能让他们从文字的角度重新发现家乡的美，更为直观地感受到家乡的变化。对于外地读者而言，可以通过阅读论文中的文字描述去了解重庆的风土人情，感受重庆的日新月异。一方面可以扩大重庆对读者的影响力，增强重庆的吸引力，让更多人愿意来了解这座城市；另一方面以重庆之美作为人们了解重庆的窗口，有助于加深人们对大美重庆的记忆点，形成重庆的突出优势，提升重庆的形象，让人们对重庆的印象更为深刻。思维维度则选择马克思主义哲学观点并与重庆风貌的展现相融合，这符合高中生现阶段的理论研究水平。高中生已经初步学习了马克思主义哲学的相关基本原理，能将所学知识运用于写作之中，同时也能让读者在阅读小论文的过程中引发哲学思想上的共鸣，有所收获。

①宋伟晓.高中语文小论文写作探究[D].石家庄：河北师范大学，2019.

论文的结构要有条理性，主次有别，言而有序。不求章法奇特，但求顺理成章。小论文的概念准确，判断正确，事物与事物、事理与事理之间的联系同异分明，说明事物、事理的内容、属性和存在形式时要恰如其分，如实反映客观事物、事理的面貌。从平易性的角度而言，有条理的结构能够让读者在阅读过程中轻松跟上作者的思路，不会感到困惑和迷茫。清晰的主次关系和有序的叙述方式，使论文内容层次分明，易于理解。例如，在描述重庆某地的特色时，先总体介绍该地的概况，再分别阐述该地自然、文化等方面的特点，最后进行总结和升华，这样的结构能够让读者逐步了解该地的魅力，符合平易性的要求。如在确定研究重庆市武隆仙女山的自然之美后，先总体描述仙女山的地理位置、整体风貌等，再分别介绍仙女山的自然元素，如层层叠叠的蜿蜒道路、悠闲休憩的老黄牛、清幽秀美的丛林碧野、置身其中的明亮星空等，通过文字描述让读者仿佛身临其境感受仙女山的无穷魅力。在进行哲理反思时，应说明论述选用的哲学依据，确定哲学概念，并将其与重庆之美相结合。

论文要求文句流畅，叙述深入浅出，把深奥的问题尽可能明白无误地表达出来，要求写作言辞清楚、简明扼要且遵循规范。在撰写时，要确保句子结构合乎语法，并特别注意用语的准确度，以防模糊不清。本书所展示的思政小论文巧妙地将文字与图像艺术相结合，构成独特的书面表达系统。这种融合方式不但可以减少文字量，增强内容的直观性和形象性，而且还有助于提升读者的理解度，并且为阅读过程增添乐趣。

（四）价值性

一篇合格的小论文，应做到理论和实际相结合，即能将所学的知识较好地运用到实际生产和生活中去，所得的结论和数据具有实用价值。

思政小论文的实用性，一方面体现在通过小论文的写作，落实学科核心素养培育，培养学生的科学精神，增强学生的公共参与能力，锻炼学生的逻辑思维，提升学生的写作能力；另一方面则体现在读者通过阅读思政小论文能够直观地感受到重庆各领域的美，较为深入地了解重庆的发展脉络，并且从文字中收获哲学道理，启发哲思。

新高考、新课标、新教材背景下，高中思政教育对学生的辩证思维、逻辑思维、创新思维能力的要求不断提高，以培育社会主义核心价值观，落实立德树人根本任务为要。思政小论文的撰写，主题聚焦于重庆的自然、文化、生活、发展、科技等特色之美，切口合理，契合学生的能力范围，有助于学生观察生活、挖掘生活、分析生活并总结提炼。在写作过程中，学生需运用所学思政知识对特定现象进行阐释并辅以恰当的图文表达，分析现象背后的哲学道理，以此发展学生的知识整合与迁移能力，拓展学生的思维。

思政小论文的写作能够引导学生在马克思主义辩证唯物主义和历史唯物主义的指导下，在时空观念的框架内，对现象进行深入分析并形成逻辑严谨的论述，进而更清晰、更真实地掌握相应的哲学知识。与单纯的“教师讲，学生听”的单向知识传授相比，学生真正参与到写作过程中并思考问题和解决问题，所产生的学习效果更能滋养学生成长。相应地，学生在探究中所收获的也不仅仅局限于写作前所期望达到的目标；同时也能在写作中逐渐学会分析生活中各类现象背后承载的哲学道理。学生在学习过程中品味了哲学思想的独特韵味，思政小论文成为孕育学生思政核心素养的摇篮。从另一个层面来说，高中生处于身心由幼稚到成熟的过渡期，具备了一定的抽象思维和逻辑推理能力，因此，要适应学生的发展性学习需要。思政小论文写作有利于思政学习方式的变革，有利于转变思政学习方式以及评价方式。

思政小论文是一种基于兴趣的主动式学习。在传统灌输式的课堂教学模式下，学生被动接收信息，但不解其中之意，所获取的政治知识与学生的日常生活脱节。而思政小论文可以解放学生的思想，使其跳出传统思想政治教育教学中经常被要求背诵背景、内容、意义的“老三套”，给学生充分的自主性，让学生在主动观察生活、搜集并整理资料中进行创作与探究，增强学生理论联系实际的能力。除此之外，在思政小论文评价环节，采取学生自评、教师评价的方式将教师、学生引入理性的思考中，二者相互促进，共同提高。学生在自评过程中能进一步分析自己在写作过程中的收获、感想，同时也能发现自身在写作过程中存在的问题和不足，这有利于增强学生的探究能力和政治素养，又丰富了知识，开阔了视野。此外，教师的点评和评价是对学生作品的积极反馈。教师一是以读者的身份在阅读，教师的点评和评价，是与作者的思维进行碰撞之后的理性表达，能加深教师对重庆之美的了解，对哲学道理的解读也更加深入；二是作为教师，能从专业的角度对案例进行评价，理性客观地分析文字中可能存在的不严谨、非理性的问题，并提出合理的解决方案，师生的良性互动促成教学相长，共同进步。

四 撰写思政小论文的缘由

（一）撰写思政小论文的背景

1.探析小论文撰写理论依据，彰显“全面发展”教育理念

习近平总书记强调：“办好思想政治理论课，最根本的是要全面贯彻党的教育方针，解决好培养什么人、怎样培养人、为谁培养人这个根本问题。”思想政治课是落实立德树人根本任务的核心课程，事关学科核心素养的培育、育人作用的发挥、学生理想信念的坚定以及正确的世界观、人生观和价值观的树立。2022年11月4日，为贯彻落实党的二十大精神，教育部提出关于进一步加强新时代中小学思政课建设的意见，以提升教师队伍整体素质，增强课堂教学和实践育人效果。思想政治课是培养时代新人、社会主义建设者和接班人的主阵地，也是指导学生将理论与实践相结合的指挥棒。高中生思政小论文撰写就是让学生在社会调查和实践的基础上，通过收集、整理、分析确凿的素材，并运用所学的马克思主义等基本理论形成议论性文章，进而培养高中生分析、解决问题等综合能力的重要途径。本部分将从“三新”背景和学科核心素养角度谈高中生撰写思政小论文的背景。

“全面发展”的教育理念在关注学生个性发展的同时，强调以学生为根本，明确教师“教”的目的在于帮助学生塑造健全人格，促进学生全面发展。马克思在关于“人的全面发展”学说中强调，全面发展的主体是人，包括人的能力、个性、素质等多方面的发展，社会发展的本质也是服务于人本身。此外，党的二十大报告指出：“育人的根本在于立德。全面贯彻党的教育方针，落实立德树人根本任务，培养德智体美劳全面发展的社会主义建设者和接班人。”撰写思政小论文，促使学生在课堂之外自觉关注、自觉探索、自觉搭建理论与实际间的桥梁，使学生不再被动而是积极主动地将知识内化，真正突出学生的主体地位，落实立德树人根本任务。

2.落实学科核心素养育人目标，挖掘思政小论文撰写之必要

2018年1月，教育部明确提出“聚焦落实立德树人，凝练学科核心素养”。高中思想政治学科是围绕马克思主义基本理论，以培养学生认知社会、参与社会等能力，以提高学生思想政治素养为重要目标的课程。《普通高中思想政治课程标准(2017年版2020年修订)》将思想政治学科核心素养凝练成政治认同、科学精神、法治意识和公共参与四个方面，四者在内容上有机统一，在逻辑上交融衔接。高中生撰写思政小论文是深化政治认同的方向引领，培养科学精神的必然选择，也是彰显法治意识的现实需要，提高公共参与的价值指引。

第一，深化政治认同的方向引领，培养科学精神的必然选择。政治认同是政治学科核心素养的底色，高中生身心发展未成熟，受外界环境影响大，对社会主义核心价值观以及对中国特色社会主义的认知、认同还不足，政治情感不稳定和政治信念不坚定。政治认同，就是拥护中国共产党的领导，坚持和发展中国特色社会主义，认同中华人民共和国、中华民族、中华文化，弘扬和践行社会主义核心价值观。科学精神，就是在认识世界和改造世界的过程中表现出来的一种精神取向，即坚持马克思主义的科学世界观和方法论，能够在个人成长、社会进步、国家发展和人类文明等层面作出正确的价值判断和行为选择。

第二，彰显法治意识的现实需要，提高公共参与的价值指引。法治意识，就

是尊法学法守法用法，自觉参加社会主义法治国家建设。法治意识是公民以法治认知为基础，运用法律准则对自身和他人行为进行分析、判断的心理状态。高中政治教材必修3和选择性必修2涉及我国的政党建设、制度安排等知识，在教师“一言堂”和忽视思政小论文撰写的教学方式下，大部分学生认为这些抽象、枯燥的理论知识，机械地死记硬背即可，无法真正增强其法治意识。公共参与是有序参与公共事务、承担社会责任，积极行使人民当家作主的政治权利。但高中生迫于学业压力，在学校环境中形成了封闭且被动的思维模式，难以用辩证的态度看待事实以及依据事实提出是什么、为什么、怎么办的理性处理方向、方式和做法。同时，高中生存在民主生活参与意识淡薄，实际参与能力不足等问题。而思政小论文本身就是学生依托社会生活中各个方面的时政要点和热点，身体力行地参与各种素材的搜集，再从多个角度切入分析而得出的成果。在这一过程中，学生能用马克思主义基本理论来形成追求科学方法的态度，引导其作出正确的、理性的价值判断和价值选择，从而能实施维护公共利益的行为。

3.立足“三新”改革现实背景，略观思政小论文撰写之现状

自教育部印发《关于做好普通高中新课程新教材实施工作的指导意见》等文件以来，各地中学积极响应，在“三新”改革背景下开展教研教学活动，推动新一轮课程改革，落实核心素养育人目标。

（1）循道致远看新高考，知悉思政小论文题得分之困

思政小论文题侧重对高中学生学科知识、逻辑与思维等学科素养的考查，符合高考评价体系标准，遵循新高考及学业水平等级考试评价的新理念，适应高考命题改革和对新型人才选拔的要求。因此，思政小论文题是近年政治学科高考及学业水平等级考试中常见的开放性试题之一。但由于其依托政治学科专业知识、真实情境作答，实则属于半开放性试题，这也对学生的思维能力提出更高的要求。思政小论文题往往采取等级赋分制，阅卷的灵活性导致阅卷标准主观性较强，易产生一定的评分误差，所以此类题型既是学生答题的痛点、难

点，又是教师教研教学的重难点。以下从学生和教师两个角度探讨高考真题中撰写思政小论文的情况。

第一，学生重视新高考题型练习，无视小论文精准思量。在高考中取得理想成绩，是高中生学习的重要目标。将历届高考政治真题作为典型的复习资料一直被教师、学生所重视。但由于部分学生对高考政治真题，尤其是思政小论文题等开放性试题本身价值的科学性、合理性与覆盖性认识不够，往往只是对其进行重复的单一性练习，忽视审准题、审懂题、审透题是答对题、答好题的基础和前提，无视小论文题需精准思量，使高考政治真题利用率不高且效果低下。

思政小论文题看似是开放的，但其作答有明确指向。部分学生在针对小论文题型破题时易偏离答题正确方向而轻率答题，往往下笔千言、离题万里。以2020年江苏卷为例，设问要求运用唯物辩证法矛盾的观点，围绕长江禁渔，以"共抓大保护、不搞大开发"为题撰写一篇哲学小论文。部分学生未看到要求运用唯物辩证法矛盾观答题，而运用了马克思主义哲学知识中的联系观等易与"共抓大保护、不搞大开发"主题相混淆的知识点，胡乱融合，偏离题干要求的范围答题导致失分。思政小论文题的命题要求往往与材料高度关联，答案一般浸润于情境之中，这就决定了学生破题时要围绕文章主旨，不可偏离设问中要求的主题。同时，思政小论文题往往要求论点明确，论据充分。部分学生在作答时由于时间紧迫，胡乱选择自己不能写、不会写或者写不好的论点，没有正确且适合自己的答题方向，没办法集中力量挖掘教材知识点和材料中的论证。此外，高考中任何一门学科的主观题，答题卷面呈现的视觉印象，在一定程度上直接影响阅卷人的判分结果，即常说的"卷面分"。因此，思政小论文题答案的呈现给人的"第一感觉"，对能否取得高分至关重要，卷面不整洁、不美观是许多学生丢分的重要原因之一。此外，由于政治学科主观题答题要求分段序号化，部分学生受惯性思维影响，论文题答题格式也盲目呈现分段序号，未体现思政小论文题的特殊性。

第二，教师轻视小论文试题研析，忽视小论文得分有道。近年来，思政小论文题成为高考卷中的常见题型，部分高中政治教师已经主动地、有意识地分析此类题型的难易程度和评分标准等，但绝大部分教师只是为了应付高考的要求，偶尔利用真题培养学生撰写思政小论文的能力，很少将其看作高频考试题型，更没有形成独立的专题来讲解。部分教师受制于专业水平，教学方法单一，无法兼顾每位学生对试题的理解对其进行一一指导。目前，许多学校的政治学科高考中思政小论文题的教学困境是“学生不会做不愿做，教师不会阅不会讲”，教师没有得分、得高分的好方法，学生也处于无法得分、得低分的尴尬困境，也不能更好地使新高考对接新课程。

(2)吐故纳新话新课程，明确思政小论文破旧立新之难

新课程改革注重“以人为本”的教育理念，在教育教学中强调“以生为本”，这就要求教师主动、积极改变自己的课堂角色，激发学生参与课堂的主动性，只做课堂节奏的引导者，不做学生的领导者。《普通高中思想政治课程标准(2017年版2020年修订)》指出，要切实做好教师培训和校本研修，促进教师更新课程理念和知识结构，转变教学方式，提高教学实效。目前，部分思政教师已意识到，可以通过让学生撰写思政小论文的方式提高学生学习的自主性，增强教学实效，但仍存在以下困境。

第一，固守传统教学方式，未适应新课程“以教引学”。受传统教学模式和高考压力的影响，高中政治教学往往更加侧重理论知识的讲解和利用题海战术提高分数，学生在课堂中没有时间进行独立思考或小组合作，学生“填鸭式”地被动接收，思维长期处于禁锢状态，甚至依赖教师的这种约束，教师本应以教“引”学却以教“代”学，导致学生撰写思政小论文时受知识点的限制，论文本身失去创新性。思政小论文需要学生结合学科特点，通过凝练概括学科知识，突出思政学科价值引领。部分教师在要求学生写作时，未引导学生遵循思政小论文本身的文体特点，忽视了思政小论文除了要做到论点、论据、论证三者有机统一，还必须以马克思主义观点去观察事物，提出问题、分析问题和解决问题，要运用思想政治课的基本原理，结合社会时政问题，作出正确的价值判断和价值

选择。教师引导不足使学生将政治小论文与记叙文、说明文、散文等相混淆，片面追求华丽的辞藻，缺乏学科味和逻辑性。

第二，转变学习方式，未遵循新课程“以学促教”。新课程改革倡导“自主、合作、探究”的学习方式，注重对学生创新能力的培养。只有极少部分学生愿意在写论文过程中，通过调查研究将搜集到的资料信息等内化为学习内容。这些内容的获取费时、费力，且极少能被运用到考试中，因此更多的学生愿意选择在课堂上听教师灌输知识，而不愿自主研究、发散思考，转变学习方式。为了在教学实践中充分挖掘高中生撰写思政小论文的原因，笔者曾对高二年级15个班的1000名学生进行问卷调查，调查结果如表1-1。

表1-1　学生撰写思政小论文的原因调查

项目	对思政小论文有兴趣		对思政小论文无兴趣	
	擅长	不擅长	怕写不好	没时间写
人数比例	18.4%	32.7%	36.2%	12.7%

由调查可知，学生对思政小论文不感兴趣的主要原因是畏难情绪重，认为论文是高大上、深不可测的东西，只有科研人员等人才有必要去写，观念停留在认为高中生只要学好课本知识、成绩分数高就行的传统学习理念中。学生写作意愿不强，师生缺乏双向互动，也导致教师指导能力停滞不前，无法以学促教，无法对新课标、新教材进行深度解读。

(3)条分缕析品新教材，思忖思政小论文活用知识之艰

教材是高中思想政治及所有高中课程教学的重要载体，它规定着教师对学科内容应该教什么、怎么教的基本要求。“三新”背景下，高中思想政治学科的新教材由原来高考要求的4本变为7本，新教材不仅包括旧教材的经济、政治、文化和哲学板块，还辐射了法律和逻辑学板块，这就要求教师对新教材进行精准、有效的分析。相较于旧教材，新教材在教学依据、内容及教材的呈现方式上更具有科学性、时代性和创新性，尤其是综合探究部分，但绝大多数教师忽略以上部分的重要作用，因此无法提高学生学懂、活用知识的能力。

第一，新教材教学任务繁重，舍弃“综合探究”对接实践。目前，重庆地区政治学科高考必考的新教材总共7本，由于教材内容繁杂，为完成教学任务，部分教师不得不摒弃综合探究部分的教学，尤其是此部分中关于思政小论文撰写的内容。但思政小论文是联结学科与现实生活、学科与当下社会的重要纽带，高中生在撰写思政小论文的过程中，需查阅、挖掘大量有效信息，并投入实践中，从而弥补课堂中遗漏的部分，使自己更好地适应社会发展的新需要。教师舍弃“综合探究”，意味着无法做到有目的、有计划、有针对性地评价、指导学生撰写小论文，中断了学生将相关理论对接实践的道路，导致学生空洞说理，不能活学活用教材知识，使小论文变得只有理论的“骨感”而缺乏材料、观点的支撑。

第二，淡化教学资源开发，墨守“综合探究”单一形式。目前，高中政治“综合探究”课的教学资源，主要是通过列举简单的素材或替换例子来开发利用。对“综合探究”部分的教学，教师往往以教材中的材料与问题为主，让学生结合材料和所学理论知识来阅读材料与回答问题，用单一、枯燥、一问一答的形式构成一堂课。但“综合探究”课应侧重结合教材内容，开发利用新的教学资源，让学生在教师指导下自主探究与合作，获取生成性的观点。

以必修2《经济与社会》第一单元生产资料所有制与经济体制的综合探究为例，教材以“如何使市场机制有效”为议题，分析影响市场经济发挥作用的条件，探究资源的有效配置是如何由价格、供求、竞争等机制形成的。要求查询相关数据、信息、案例等撰写一篇小论文，分析政府应该如何根据经济形势的变化合理运用宏观调控等手段。部分教师将此部分变成与政府、市场等知识相关的单元梳理、整合、画框架的复习课。还有部分教师虽然会让学生以小论文、发言稿、调查报告等形式开展探究活动，但由于缺乏教师的精细引导，学生只是对网上摘抄的信息、资料进行胡乱拼凑。单一、枯燥的形式会造成学生敷衍了事，结果竹篮打水、徒劳无功。

综上所述，在“三新”改革和学科核心素养背景下，高中政治教师在教学过程中，必须利用科学合理的教学方式，培育学生学科核心素养，形成以教引学、以学促教的教育观，树立以生为本的教学观，在提高自身专业能力的同时，利用小论文等形式提升教学的有效性。

(二)撰写思政小论文的意义

1.深耕家国情怀,强化价值指引

现代社会“人才济济”,既有大量优秀拔尖回报国家与社会的人才,但也不乏依靠祖国培养,反而危害国家、人民安危的人。究其根本,在于后者思想上出现问题,有“才”无德。高中生心智逐渐健全,思维正处于活跃状态,最需要教师精心引导和栽培。要预防高中学生变成“废才”,新时代高中教育不仅要注重学生能力培养,更要强化价值引领,培养思想过硬、矢志报国的优秀的中国特色社会主义事业建设者和接班人。

习近平总书记指出:“浇花浇根,育人育心。要坚持不懈用新时代中国特色社会主义思想铸魂育人,着力加强社会主义核心价值观教育,引导学生树立坚定的理想信念,永远听党话、跟党走,矢志奉献国家和人民。”①思政小论文教学是传承、弘扬社会主义核心价值观的重要方式,作为一种活动型课程,能更好地激发学生的学习兴趣,弘扬爱国精神。教师可以以教学内容、教学模式为突破口,将内含社会主义核心价值观内容的资源融入思政小论文教学。

思政小论文教学中,教师可以以教材为中心,围绕主题,依据教学目标适当延伸教学内容,将能够体现或者蕴含社会主义核心价值观的鲜活事例纳入教学,通过演示教学的方式引导学生领悟党和国家方针政策的科学性、合理性,从细微处体会爱国主义的真谛和意义,开阔学生爱国主义视野,让“爱国”无处不在,无时不有。在润物无声中深耕家国情怀,比如,在讲授中国特色社会主义时,可以以重庆武隆仙女山、仙女峡、芙蓉洞等自然风景旅游的成功开发为例,引导学生坚定道路自信、理论自信、制度自信、文化自信,认同国家发展道路、发展方向。武隆地处山区,当地政府因地制宜,利用山地资源开发旅游,成功开创仙女山这个5A景区,与仙女峡、芙蓉洞的喀斯特地貌等山区自然资源连成一片,受到市内外无数人士青睐,“仙女山”成为武隆的一张独特名片,带动了武隆经济社会的发展,完美诠释了“靠山吃山、靠水吃水”“绿水青山就是金山银山”

---

①习近平.扎实推动教育强国建设[J].求是,2023,(18):6.

的理念。学生在感受武隆旅游发展时体会党和国家政策的正确性、中国特色社会主义理论的科学性和中国特色社会主义文化先进性,坚定学生跟党走的步伐,激发学生的爱国热情。教师还可以讲述爱国烈士事迹,引导学生铭记英烈、学习英烈。王朴,本是富家子弟,但其为了民族独立、人民解放而抛头颅、洒热血,每当讲起王朴毁家纾难的事迹都能激起学生心中崇敬的涟漪,学生无不被王朴的爱国之志、爱国之行所感动,更加坚定爱国情怀,自觉反对那些污蔑党、污蔑国家的言论。

爱国主义是中华民族精神的核心,贯穿于民族精神的各个方面,能为我国经济社会发展提供精神动力,为解决很多现实问题提供精神力量。因此,思政小论文教学可以以“团结统一”“爱好和平”“勤劳勇敢”“自强不息”等优良品德为主题开展相应活动,采取理论知识与实践教学相结合的教学模式,有机结合思政小课堂与社会大课堂,引导学生关注党领导人民在“爱国主义”精神下破解时代难题的过程,从而汲取爱国因子。比如,以“用哲学眼光看重庆的发展美中体现出的勤劳勇敢”为主题写一篇调查报告或者演讲稿等,让学生自主调研重庆发展中与“勤劳勇敢”相关的事迹。学生在生动的实践中感受“勤劳勇敢”思想在推动我国经济社会发展中发挥的重要作用,发自内心地认可“勤劳勇敢”思想,内植“爱国”种子,并外显于行动。

2.促进高中学生全面发展,培育时代新人

能够担当民族复兴大任的时代新人,首先必须具备较高的道德素质,具有坚定的社会主义信仰和勇于担当的精神,是坚定的共产主义者;其次要具备较高的科学文化素质,掌握推动国家发展、实现中华民族伟大复兴中国梦的知识、技能。思政小论文教学在教学内容和教学模式上突破了传统的教材限制和纯粹知识灌输,是一种比较新颖的教学模式,开展思政小论文活动可以促进学生德智体美劳全面发展。撰写思政小论文可以提高学生综合素质,为党育人、为国育才。

(1)吸收正能量,树立高尚品德

思想政治课程是高中教育阶段落实立德树人根本任务的关键课程,从课程

内容设置、课程实施到考试命题，都要围绕这个“根本任务”展开。思政小论文是思政课程实施的重要方式，也是目前新高考试题的重要形式，因此，思政小论文要具备“立德”功能，寓道德引导于论文写作教学中，教师在背景素材的选择、设问要求及立意上都要蕴含正确价值理念，即社会主义先进文化、中华优秀传统文化等健康有益的文化，让学生在分析材料、解答问题中潜移默化地树立正确价值观，形成良好品德。比如，教师可选取重庆的红岩精神、革命烈士事迹等红色资源为素材，让学生以“用哲学眼光看重庆的文化美”为主题写一篇思政小论文。学生在阅读、分析革命烈士事迹时在心理上会受到良好品德(信仰坚定；只求奉献，不求索取；严于律己，宽以待人；诚实守信，公平正义；等等)的影响，从而在潜移默化中养成良好品德，成为信仰坚定、思想过硬的共产主义接班人。

(2)增长才干，促进智力发展

才干指办事的能力。掌握并理解思政学科专业知识是撰写思政小论文的前提和基础，这就要求学生在撰写思政小论文的过程中首先要吃透学科基本原理。新的高中思政课程内容量大且理论性强，学生仅靠教师课堂的讲解难以完全消化吸收并理解运用，需要课下自主研学。而在实际教学中，很少有学生愿意课下花时间自主学习思政课程内容，即使有少部分愿意自学的学生，也因为不知从何学起而迷茫。思政小论文教学有明确的主题、活动形式、内容要求，给学生指明自主研学方向，是促使学生自学的外部因素，学生在写作过程中既掌握了知识，又明确了自学方向、提高了自学能力。另外，学生通过实地考察、走访调查等方式搜集整理资料也可以提高其沟通能力和人际交往能力。

智力指人认识、理解客观事物并运用知识、经验等解决问题的能力。学生写作小论文的过程就是获取、解读信息，发现问题；再描述、阐释事物，分析问题；最后调动、运用所学知识解决问题的过程。在这个过程中，学生的思辨能力、科研能力得到提高，对社会生活的理解力增强，真正做到学以致用。另外，思政小论文活动通过征文、演讲、采访报道、社会调查等多种方式呈现，可以提高学生的综合能力，为学生解决实际问题奠定智力基础，使学生成为国家发展的有用之才。

(3)鉴赏社会生活,提升审美能力

审美能力指人感受、鉴赏、评价和创造美的能力。审美感受能力指审美主体凭自己的生活体验、艺术修养和审美趣味有意识地对审美对象进行鉴赏,从中获得美感的能力。审美评价能力指在审美鉴赏的基础上,对审美对象的性质、价值、形式和内容等进行分析,并作出评价的能力。

思政小论文的写作素材来自政治、经济、文化、社会等各方面,借助命题试题这种形式引导学生主动关注生活,鉴赏社会生活中给人“美感”的事物,锻炼发现“美”的眼睛,从而提高学生的审美感受力。学生对问题的分析论证,就是对所选对象性质、内容、价值等的评价,在这一过程中其审美评价能力得以提升。比如,可以让学生运用哲学的知识,围绕重庆的文化、发展、生活、科技美写思政小论文,让学生在查阅、整理资料与写作中去感受、鉴别“重庆之美”。

(4)搜集相关素材,提高劳动能力

劳动能力包括体力和脑力两个方面。思政小论文素材的搜集有间接搜集和直接搜集两种途径。间接搜集指通过媒介或他人传授获得素材,如通过图书、报纸、互联网、教师讲解等获得,学生搜集资料是有意识有目的的,面对复杂丰富的资源,需要学生辨别分析,从而获取对自己有用的素材,这有助于促进学生脑力发展。直接搜集则需要学生身处其境、亲身经历,进行实地调查等。走访调查不仅促进脑力发展,还有助学生体力的提高。比如,让学生运用哲学知识,以武隆仙女山为素材,写一篇关于重庆自然之美的思政小论文,在这个过程中学生可以亲临仙女山,翻山越岭,促进身心发展。

3.激励高中思政教师专业发展,促进学科建设

从概念界定来看,教师专业发展有两种理解,“教师专业的发展”和“教师的专业发展”,本文指“教师的专业发展”。教师专业发展是指教师通过终身专业训练,习得教育专业知识技能,实施专业自主,表现专业道德,并逐步提高自身从教素质,成为一个良好的教育专业工作者的专业成长过程[①]。简单理解,教师

①刘建平.高校教师专业化的理论与实践[M].天津:天津人民出版社,2013:11.

专业发展即教师专业知识和教师专业技能的发展。基于此，思政小论文教学对教师专业发展的作用主要体现在以下两方面。

(1)迫使高中思政教师博览群书，为教师专业发展提供知识储备

教师专业知识既包括学科专业知识，也包括促进教师教育教学的其他知识。首先，教师专业发展需要教师掌握本学科专业知识。思政小论文具有专业性，要求用思政学科知识、学科思维描述和阐释事物。要想指导学生写作思政小论文，高中思政教师(以下简称教师)首先自身学科专业知识要过硬，只有精通学科专业知识，才能指导学生用透彻的理论分析、论证、探究问题。这就迫使教师必须加强专业知识的学习。其次，思政小论文教学属于一种“活动型”教学方式，活动实施是否有效取决于学生是否积极参与，这就要求教师准确把握学情，设置与学生认知相适应的活动内容及活动形式。因此，教师想要驾驭思政小论文这种教学形式，需要研读学生身心发展规律、学生认知特点及与学生学习习惯养成的方法等有关学生发展的知识。最后，思政小论文素材覆盖面广，要在丰富多样的素材里面选择适合思政小论文写作的素材，就要求教师见多识广、学识渊博。教师除了要加强专业理论学习以外，还要学习自然科学、人文社会科学等其他学科知识，利用报纸、杂志等资源，完善知识结构，提升教学素养，为指导学生论文写作储备综合性知识。

(2)促进高中思政教师加强研究，提升教师专业技能

教师的专业发展还需要教师提高专业技能，教学能力是教师专业技能的重要内容。教学研究能力是教师教学能力的特色之一，现代教育观念要求教师不能只是停留在“知识传播者”的角色上，还要在实践中进行研究和探索。思政小论文教学作为一种活动型课程形式，符合《普通高中思想政治课程标准(2017年版2020年修订)》中强调的构建以培育思政学科核心素养为主导的活动型学科课程的要求。要驾驭这种新型的课程形式，教师必须由“纯粹的教书匠”转化为研究者，深入研究“活动型课程”“思政小论文”等先进教学理念。教师需在指导思政小论文写作过程中提升科研能力和创新能力，并同步提升教学能力。

思政小论文教学需充分发挥思政小课堂与社会大课堂的合力作用，在活动中将理论与实践相结合。其强调运用思政学科专业知识分析论证问题，将知识灌输与思维启发有机结合起来，在教学过程中重视发挥学生主体作用，教师主要起引导作用，是适合时代发展的一种创新型教学模式。可充分调动学生学习主动性，提高教师课堂教学质量和教学能力。

总之，思政小论文教学可以促进教师深入研究，有效增进教师学识、更新教师教学观念，创新教师教学模式，使思政课教学符合新课标、新教材、新高考要求。学科建设包括知识体系建设、教师队伍建设、科研建设等内容，教师是学科建设的核心主体，通过思政小论文教学，教师在知识、科研、教育能力等方面都能得到较大提升，成为视野广、思维新、专业强、紧跟时代发展要求的优秀教师。高中阶段又是联接中学与大学的关键阶段，高中思政教师素质的提高，可以有效推动“大中小”整个思政学科建设，为思政学科建设提供高素质人才。

4.构筑和谐师生关系，促进教学相长

(1)师生互敬、寓教于乐，缓解教学冲突

思政课程内容多、理论性强，教师多以直接讲解为主，并强制学生消化记忆。教师强迫学生在教师预设的课时内完成学习任务，忽视学生主体地位，可能导致教学矛盾较大、师生关系紧张。

思政小论文以某种主题为方向来选择教育内容，具有灵活性和现实性。在思政小论文教学中，教师只需给定一个主题，可由学生自主选择该主题下与学生自身生活贴近或者自己感兴趣的内容进行写作。比如，教师可以让学生运用生活与哲学知识，从自己感兴趣的角度(自然、文化、发展等)出发，结合典型素材(南川金佛山、大足石刻、璧山云巴等)写一篇关于“重庆之美”的小论文。由教师确定主题和方向“运用生活与哲学的知识看重庆之美”，发挥教师主导作用，而具体的角度和典型素材则由学生自主决定，将自由选择权交给学生，充分尊重学生的主体地位。教师和学生之间不是“压迫”与“被压迫”的关系，而是平等对话的关系。学生拥有自主选择权，不仅能激发学习兴趣，增加学习投入，而

且还能在学习中感受到教师对自己的尊重，增加对教师的“好感”，从而更加尊重教师，达到师生互敬，其乐融融。

其次，思政小论文教学以丰富多样且学生乐于接受的活动形式展开，将知识的传授、能力的培养寓于轻松的活动中，打破传统的“灌输式”教学、强制学习模式，让学生在活动中潜移默化地理解知识、提高能力，寓教于乐，缓解教学冲突。比如，可以让学生采访报道“渝中区的发展”，对“土家族苗族传统习俗”开展社会调查，参观“渣滓洞、白公馆”等，并运用思政学科知识形成新闻稿、调查报告、活动体会等小论文。相比于传统的固定于“教室”的课堂教学方式，学生更乐于接受这种突破固有“教室”限制的走访调研。

(2)增进师生情感，师生互促互进

亲其师，才能信其道。在实际教学中，绝大多数学生不愿意跟教师交流。思政小论文教学需要师生沟通互动，拉近师生距离。思政小论文教学过程中，教师坚持以生为本，悉心指导学生，用真心实意感动学生，以广博学识感染学生，凭个人魅力征服学生，培育深厚的师生情谊。只有学生真正认可、钦佩教师，才会内化教师所授知识和方法。优秀的教师善于培养优秀的学生，优秀的学生亦可以促进教师的发展。对学生而言，在教师的指导下，战胜重重困难、拓展思维、收获知识、提升能力，会增强学习自信心，提升学习积极性和主动性。比如，学生在开始写作思政小论文时，往往毫无思路、语言表述不通、胡编乱造，经过教师的一番指导，掌握了写作方法和技巧，使作品在相应比赛中获取名次，学生便增强了写作的积极性和主动性。对教师而言，一方面，一些学生提的问题比较刁钻，教师也需要查阅资料才能解决，这能促使教师在被动中成长；另一方面，当教师看到自己指导的学生在各类比赛中获取奖次、收获成功时，会倍感欣慰，也能激发教师的教育情怀，激励自己、主动提升自己。师生在思政小论文的教与学中互促互进。

5.推动学科融合的独特渠道

习近平总书记多次强调思政教育与专业课程的融合。思政课程与专业课程的融合主要体现在教学目标、教育内容、文化知识等方面。思政小论文教学作为思政课程实施的一种类型，在教学目标、教育内容等方面完全符合思政课程要求，它可以有效推进学科融合，发挥思政课程与其他课程的协同效应。

（1）教学目标的融合

思政小论文教学坚持以马克思主义和马克思主义中国化理论成果、习近平新时代中国特色社会主义思想和党的二十大精神为指导思想，以“立德树人”为培养目标，增强学生的道路自信、理论自信、制度自信、文化自信，引导学生树立社会主义核心价值观，与语文、数学、历史等其他学科课程目标相一致。

（2）教学内容的融合

思政小论文教学内容丰富多样，包括教材内容、其他学科内容、时政内容与社会生活等。以教材内容——统编版高中思政课程教材体系的8本书（1本读本和7本教材）为主，其他为辅。思政小论文教学可以将其他课程中蕴含的思政教育资源作为教学内容。比如，将语文课本里有关袁隆平、邓稼先、钱学森、屠呦呦等科学家的文章作为教学素材，要求学生运用思政学科专业知识写一篇与“爱国”或者“贡献”相关的小论文，达到与语文学科的融合；“数学是一切学科之母”，可以将刘徽、祖冲之等我国古代著名数学家的发明及贡献作为教学素材，要求学生写一篇关于“文化自信”的思政小论文，实现与数学学科的融合。

（3）文化知识的融合

首先，思政小论文属于一种文章类型，在写作思路、方法和技巧上与语文学科的议论文具有相同特点，因此教师在教授学生思政小论文写作方法时就需要运用到语文学科关于议论文写作方面的知识。

其次，思政小论文教学结果的呈现不拘泥于固定的形式，可以是演讲稿、相关活动报告、小论文等文字形式，也可以是绘画、音乐等艺术形式。不同的呈现形式需要不同的知识作为基础。比如，要求学生以绘画作品这种艺术形式呈现时，就要求学生首先要掌握绘画方面的知识，才有可能掌握较高的绘画技能，从而呈现更完美的作品。

五 撰写思政小论文的路向

（一）思政小论文的指导思想

1.马克思主义指导思想

马克思主义理论是一个博大精深的思想体系，其内容包括马克思主义哲学、马克思主义政治经济学、科学社会主义等基本方面，并对人类社会发展各个领域中的重大问题作出了科学回答。在这一科学思想体系中，处于最深层次的是马克思主义哲学。马克思和恩格斯在对以往哲学特别是德国古典哲学进行批判吸收的基础上创立了马克思主义哲学，实现了哲学史上的伟大变革，使哲学成为一种科学的世界观和方法论。正是在这一科学的世界观和方法论指导下，马克思和恩格斯对资本主义社会进行了深入研究和批判，揭示了社会主义取代资本主义的历史必然性，并对未来社会主义社会的一系列重大问题进行了研究和探讨，使社会主义从空想变成科学，也指引着我们更好地去认识世界和改造世界。

马克思主义是科学的思想体系，是人类思想史上最重要的成果。马克思主义是在批判吸收人类全部知识的基础上产生并且随着时代、实践和科学的发展而不断丰富发展的，是人类迄今为止最先进的思想理论体系。思政小论文应坚持马克思主义的基本原理、观点和方法论，以马克思主义为指导，运用辩证唯物主义和历史唯物主义的思维方式，分析社会现象和问题，探讨解决途径。

2.习近平新时代中国特色社会主义思想

习近平新时代中国特色社会主义思想是当代中国马克思主义、21世纪的马克思主义，是中华文化和中国精神的时代精华。思政小论文的撰写需要坚持以习近平新时代中国特色社会主义思想为指导。贯彻新发展理念，推动高质量发展，促进社会公平正义，推进生态文明建设等重要思想和战略部署，为思政小论文的写作提供理论基础和实践指南。

习近平总书记强调:“中国特色社会主义是党和人民历经千辛万苦、付出巨大代价取得的根本成就,是实现中华民族伟大复兴的正确道路。”这一重要论述深刻揭示了中国特色社会主义的历史渊源和发展道路,是我们党对中国特色社会主义认识上的深化和理论上的自觉。因此,必须深入学习贯彻习近平新时代中国特色社会主义思想,把握好“十个明确”和“十四个坚持”。同时,还要全面理解和把握习近平新时代中国特色社会主义思想的科学体系、丰富内涵、精神实质和实践要求,将其作为我们思想和行动的理论基础与行动指南。

当前,我国正处于全面建成社会主义现代化强国的新时代,面临着许多新的机遇和挑战。因此,我们需要紧密结合当前的时代背景和社会实际,反映当前社会热点问题和发展趋势,提出具有针对性和建设性的意见与建议,为推动社会发展进步贡献自己的力量。

思政小论文应坚持习近平新时代中国特色社会主义思想。在论文中体现鲜明的时代特征和现实针对性。注重实践探索和创新思维。将理论与实践相结合,通过案例分析、调查研究等方式,深入探讨如何将习近平新时代中国特色社会主义思想落实到实践中去,不断创新工作方式和方法,提高工作效率和质量。

3.社会主义核心价值观

核心价值观是一个民族的精神支柱,是人们的行动向导,对丰富人们的精神世界、建设民族精神家园,具有基础性、决定性作用。一个人、一个民族、一个国家能不能把握好自己,很大限度上取决于核心价值观的引领,要振奋起中国人民的精气神、增强中华民族的精神纽带,必须积极培育和践行社会主义核心价值观,铸就自立于世界民族之林的中国精神。

人无精神则不立,国无精神则不兴。富强、民主、文明、和谐,自由、平等、公正、法治,爱国、敬业、诚信、友善,是社会主义核心价值观的基本内容。社会主义核心价值观不仅是中国人民在共同生活中形成的价值共识,而且还吸收了世界文明的有益成果,是当代中国精神的集中体现,是当代中国评判是非曲直的价值标准。社会主义核心价值观把涉及国家、社会、公民个人的价值要求融为一体,回答了我们要建设什么样的国家、建设什么样的社会、培育什么样的公民的重大问题。

思政小论文要弘扬社会主义核心价值观,关注社会公平正义、人与自然和谐发展等核心价值观方面的问题。研究思想政治教育、社会文明建设和公民道德建设等方面的问题,提出加强核心价值观建设的有效途径,将社会主义核心价值观融入社会生活各方面,使核心价值观转化为人们的情感认同和行为习惯,真正做到内化于心、外化于行。

4.党的路线方针政策及党的二十大精神

党的二十大是在我国迈上全面建设社会主义现代化国家新征程、向第二个百年奋斗目标进军的关键时刻召开的一次十分重要的大会,举国关注、世界瞩目。大会高举中国特色社会主义伟大旗帜,坚持马克思列宁主义、毛泽东思想、邓小平理论、“三个代表”重要思想、科学发展观,全面贯彻习近平新时代中国特色社会主义思想,认真总结过去五年工作,全面总结新时代以来以习近平同志为核心的党中央团结带领全党全国各族人民坚持和发展中国特色社会主义取得的重大成就和宝贵经验,深入分析国际国内形势,全面把握新时代新征程党和国家事业发展新要求、人民群众新期待,制定行动纲领和大政方针,动员全党全国各族人民坚定历史自信、增强历史主动,守正创新、勇毅前行,继续统筹推进“五位一体”总体布局、协调推进“四个全面”战略布局,继续扎实推进全体人民共同富裕,继续有力推进党的建设新的伟大工程,继续积极推动构建人类命运共同体,为全面建设社会主义现代化国家、全面推进中华民族伟大复兴而团结奋斗。党的二十大在政治上、理论上、实践上取得了一系列重大成果,就新时代新征程党和国家事业发展制定了大政方针和战略部署,是我们党团结带领人民全面建设社会主义现代化国家、全面推进中华民族伟大复兴的政治宣言和行动纲领。

党的二十大要求高举中国特色社会主义伟大旗帜,全面贯彻习近平新时代中国特色社会主义思想；弘扬伟大建党精神，自信自强、守正创新，踔厉奋发、勇毅前行；全面建设社会主义现代化国家、全面推进中华民族伟大复兴，关键在党；坚持和加强党的全面领导，坚定不移走中国特色社会主义道路；坚持中国特色社会主义事业总体布局，着力推动高质量发展；坚持以人民为中心的发展思想，不断实现发展为了人民、发展依靠人民、发展成果由人民共享；坚持深化改革开放，不断增强社会主义现代化建设的动力和活力；坚持发扬斗争精神，增强全党全国各族人民的志气、骨气、底气。

《中国共产党章程》规定，中国共产党在社会主义初级阶段的基本路线是：领导和团结全国各族人民，以经济建设为中心，坚持四项基本原则，坚持改革开放，自力更生，艰苦创业，为把我国建设成为富强民主文明和谐美丽的社会主义现代化强国而奋斗，即“一个中心、两个基本点”。党的基本路线，是相互贯通、相互依存、不可分割的统一整体，必须全面坚持、一以贯之。

党的基本方针是党在一定历史时期内为达到一定目标而确定的重要的指导原则。在改革开放和社会主义现代化建设的新时期，党中央提出了抓住机遇、深化改革、扩大开放、促进发展、保持稳定的基本方针。政治上，依法治国；文化上，百家争鸣，百花齐放，为人民服务，为社会主义服务；科技上，科教兴国；教育上，坚持教育为社会主义现代化建设服务，为人民服务，与生产劳动和社会实践相结合，培养德智体美劳全面发展的社会主义建设者和接班人。

思政小论文应贯彻党的二十大精神及路线方针政策，围绕党的中心工作和重大决策部署展开研究。对于重大社会、政治、经济问题，要在党的正确领导下进行深入探讨，从而更加深入地理解党和国家的政策路线。

（二）思政小论文的基本原则

1. 事理相统一原则

事理相统一原则意味着在撰写思政小论文时，应将理论知识与实践问题相结合，通过具体事例和相关理论进行论证与分析。文章的事与理，相辅相成，缺一不可。思政小论文，要求一事一议，事情与道理交融，层次清楚，说服力强。要明白事实胜于雄辩的道理，努力去掌握丰富的材料，注意用事实说话，摆事实，讲道理，使人信服。要对在事件中取得的感性材料进行认真的整理和分析，通过去粗取精、去伪存真、由此及彼、由表及里的加工制作，把道理讲明白、观点说清楚，使主题升华，给人以启示。在文章结构上，无论是通过人和事来说明一定的道理，还是运用一定的原理来分析人和事，都必须注意观点和材料相一致，真正做到事理交融、事理统一。

事理相统一原则具有以下基本要求：

提出问题或案例：通过引入具体的问题或案例，突出论文的主题和研究重点。

运用相关理论：运用相关的思政理论、政策法规或社科理论，对问题进行深入分析和解读。

实例分析：结合实际事例，通过具体的数据、事件或现象，验证理论观点的适用性和指导性。

推导结论：在实例分析的基础上，得出合理的结论或观点，具备理论的支撑和实践的指导。

要求学生运用思想政治课上学习的基本观点，分析现实生活中遇到的实际问题。

为了更好地理解事理相统一原则的应用方式，我们通过一个具体案例进行分析。以当前社会关注的话题——网络言论为例，我们可以先提出这一问题，并引入相关理论，如新闻伦理、言论自由等。接着，通过具体的网络言论案例，分析其对社会秩序、公共道德等方面的影响。同时，从法律法规、政策引导等角度，分析网络言论的合法性与合理性。通过事例和理论的结合，我们可以对网络言论深入思考，同时提供具体的解决方案或改进措施。

坚持事理相统一原则在撰写思政小论文中具有重要的意义。事例分析和理论支持，可以增加论文的可读性、实践的指导意义和说服力。我们应该增强问题意识、深入理解理论知识、提高研究方法与技巧，以实践启示与建议为指导，培养学生的综合素养和创新思维。

2. 自主性原则

自主性原则是撰写思政小论文时的重要准则，要求学生在研究与写作中具备自我主动性，发挥主体作用。自主选题、自主研究、自主分析和自主表达是实现自主性原则的关键环节。在思政小论文写作过程中，学生应主动参与研究过程，充分发挥主体作用，培养自主思考、自主创新和自主表达的能力。教学应以学生为主体，充分发挥学生的自主性、独立性，让学生成为写作的主人，积极主动地去发现问题、解决问题。

在以往写作教学中，即使一直强调学生是学习主体，但是传统课堂教学模式依然只重视发挥教师的作用，限制学生的主体地位，学生只是一味接受现成的知识，很少主动去发现与探索新知识、新问题。所以，在小论文写作过程中，教师应做学生学习的促进者，引导学生自主研究、学习，让学生在小论文写作中积极自主地提升自我。

自主选题是思政小论文中体现自主性原则的重要环节。学生应根据个人兴趣、学科背景和社会的实际需要，自主选择研究主题。在选题过程中，学生可以参考过去研究、实践的经验和现实生活中出现的问题，提出符合自身研究能力和学科要求的研究题目。自主选题的关键在于学生的主动探索和创新思维，通过自主选题，学生可以展现个性化的思考和研究方向，增强思政小论文的独特性和学术价值。

自主研究是自主性原则的核心内容之一。学生在撰写思政小论文时应自主进行深入的研究工作，包括文献查阅、调研实践和数据分析等。学生可以运用图书馆、互联网、社会实践和个人观察等多种途径获取相关材料和数据。在自主研究的过程中，学生应发挥批判性思维和创新能力，对文献和数据进行综合分析与评价，形成独立的研究观点和结论。自主研究要求学生自主思考、自主探索，培养独立的思维和创新能力。

自主分析是自主性原则的重要体现。在撰写思政小论文时，学生应自主进行问题分析和理论分析。学生需要综合运用相关的理论知识、思政教育内容和社会实践，对选定的论题进行深入分析。自主分析要求学生善于寻找问题的关键点，运用逻辑和推理，发现问题的本质和内在联系。在分析过程中，学生应运用批判性思维对现象进行深入剖析，把握事物的多维度和多角度，形成独立的分析观点和推理逻辑。

自主表达是自主性原则的最终体现。学生在撰写思政小论文时应自主表达个人观点和研究结果。学生可以通过论文结构的合理安排、语言表达的准确与流畅、逻辑推理的清晰和数据图表的恰当运用等方式，自主表达自己的思考和研究成果。自主表达不仅体现了学生的思想独立性和学术能力，同时也提高了论文的可读性和说服力。学生应注重语言规范和逻辑严谨，通过自主表达，让论文更有深度和影响力。

3.开放性原则

开放性原则要求学生在论文撰写过程中要体现多样性和包容性，积极探索和面对现实与问题的能力。

开放性原则要求学生在思政小论文中提出开放性的问题。开放性问题意味着问题没有固定答案，并且存在多种解释和观点。学生在选择问题时，应选择具有一定争议性、复杂性和多样性的问题，并从不同角度进行探讨。提出开放性问题，可以激发学生的思考与创新，使论文更有深度和广度。

开放性原则要求学生在思政小论文中充分展现观点的多样性。学生应尊重并接纳不同的观点和声音，避免陷入片面性和主观性。在撰写过程中，可以引用不同学者的观点和见解，在主题和论证上展现多元性。学生通过表达多样的观点，可以丰富论文的内容和深度，展现对问题的全面认知和深入思考。

开放性原则要求学生灵活运用各种方法和途径进行研究。学生可以结合实证研究、文献研究、案例分析和实地考察等方法，在思政小论文中展现多样化的研究路径。通过灵活运用方法，他们可以深入挖掘问题的内涵和本质，提供更具有说服力和可行性的解决方案。

开放性原则要求学生应在思政小论文中有创新性的思考和研究成果，提供独特的见解和解决问题的思路，为学术研究和社会实践作贡献。

4.实事求是原则

实事求是原则作为马克思主义的基本理论原则之一，指导着党和政府的工作实践。在撰写思政小论文时，坚持实事求是原则是提高思政小论文质量和影响力的重要保障。

实事求是原则要求学生在思政小论文中提出确切的问题。“确切”意味着问题要明确、具体，能够被准确界定和解决。学生在选择问题时，应避免模糊性和主观性，确保问题具有客观性和具体性。同时，还应基于实际情况，深入研究问题的背景和实际状况，使思政小论文的研究目标和结论更加科学可靠。

实事求是原则要求学生在思政小论文中使用可靠的数据支持论点。学生应从权威的、可信的、有代表性的数据来源获取和引用数据，以保证数据的准确性和可靠性。同时，还应注重数据的收集方法和处理过程的科学性，避免数据的误导和曲解。使用可靠的数据，可以让论文的论证和结论更具有说服力和可信度。

实事求是原则要求学生在思政小论文中提供合理的论据支撑观点。学生应对论题进行全面细致的调查研究，以获取充足的论据来证明自己的观点。同时，还应注重论据的逻辑性和条理性，使论据之间有明确的关联和逻辑，构建合理的论证框架。合理的论据可以提高思政小论文的科学性和可信度，使读者能更好地理解和接受论文的观点。

5.探究性原则

探究性原则是思政小论文撰写过程中的重要准则。通过引导学生主动参与问题探究和知识建构，可促进学生的深度思考，提升学生的创新能力。

探究性原则要求学生在思政小论文中积极提出并选择具有深度和现实意义的问题。学生可以从社会实践、学科学习和个人经验出发，思考当前的问题和挑战，并选择一个适合的研究问题。在问题选择过程中，学生应考虑问题的重要性、可行性和研究空白，以确保问题具有一定的研究价值和学术意义。通过精心选择问题，学生能够在后续的研究过程中保持持续的热情和动力。

探究性原则要求学生积极搜集和分析相关资料，以支持思政小论文的研究深度。学生可以利用图书馆、学术数据库、互联网等资源，获取相关的文献、案例和统计数据。在资料搜集过程中，学生应注意资料来源的可信性和信息的准确性，同时还应注重运用沟通和访谈搜集数据。在资料分析阶段，学生应运用适当的研究方法和工具，对搜集到的资料进行分类整理和比较，以深入挖掘问题的本质和内在联系。

探究性原则鼓励学生通过实证数据对问题进行验证和解读。学生可以运用统计方法、实地调研、实验设计等手段搜集和分析相关数据。在数据实证过程中，学生应注重数据采集的准确性和实证方法的科学性。通过对数据的实证分析，学生能客观地评估问题的现状和趋势，进一步深化对问题的理解。在数据解读阶段，学生需要将数据与理论知识相结合，形成合理的解读和分析，以回答研究问题并提出观点。

探究性原则要求学生在思政小论文中得出合理的结论并进行反思。结论应基于深入的问题探究和数据分析，客观评估研究结果与假设之间的关系，并提出解决问题的建议。在反思阶段，学生应对研究过程中的不足和挑战进行总结和思考，提出进一步深化研究的方向和方法。通过结论与反思，学生能进行自我评价和发展，拓宽自己的思维和视野。

（三）思政小论文的方法技巧

1.精准选题

思政小论文重视学生的自主写作，自由表达，要求学生以客观负责的态度陈述自己的观点和看法，表达真情实感，培养科学理性精神。所以，在思政小论文的写作过程中，应充分尊重学生的主体地位，调动学生的学习自主性，使其立足于生活实际，着眼于重庆发展现状，不断挖掘素材，精准选题，表达观点。

(1)拓宽选题来源

选题来源是所要评议事物的出处和由来。思政小论文的评议对象的来源是多样的,视角也是多维的。既可以将生活实际事例与国家政策方针相结合,也可以将宏观视角与微观视角相结合,还可以将国家会议精神与自我思考感悟相结合。

在撰写思政小论文的过程中,有些作者写作时会忽视准备工作,往往刚得到一点儿材料,有一点儿肤浅的体会,或只是初步形成一个很不成熟的思路就急于动笔,而由于材料准备得不充分或思路不成熟,不得不中断写作。有些作者在写作中一边写,一边设计,一边凑材料,一边寻路子。其结果是所写出的论文内容空洞、结构松散、观点不清、说理不清。如果没有做好充分的准备工作,很难写出好的论文。为避免此类现象发生,就要充分做好准备工作,结合线上和线下等方式广泛收集素材。一是通过实地调研,挖掘乡土资源,并收集整理成文字和图片资料;二是阅读教材和相关书籍,了解典型案例,以及政治学科基本观点;三是关注时政新闻,了解政策方针,可以通过观看央视新闻、重庆新闻,登录“学习强国”APP、中国共青团官网等浏览信息,阅读《人民日报》《新华日报》等方式,获取更多的启发;四是融入党的二十大精神,将党的二十大报告中关于世情国情党情民情的论述结合到小论文中;五是坚持习近平新时代中国特色社会主义思想的指导。总之,只有关注生活,理论与实际相结合,引发思考,开阔视野,才能不断获得选题启发,扩宽选题来源。

(2)利用多种方法

小论文选题包括选择方向、开展调查、界定范围、确定题目等几个环节。在选题的方向确定以后,还要经过一定的调查研究,来进一步确定选题的范围,以便最后选定具体题目。但这只是一个选题的程序问题,仅仅掌握选题程序是不够的,还需要明白选题的方法。

①发掘法。

发掘法是通过对占有的文献资料进行快速、大量的阅读并在比较中来确定题目的方法。浏览一般是在资料占有达到一定数量时集中一段时间进行,这样便于对资料进行集中的比较和鉴别。浏览的目的是在咀嚼消化已有资料的过程中，提出问题并寻找自己的课题。这就需要对收集到的材料作全面的阅读研究，主要的、次要的、不同角度的和不同观点的都应了解，不能看了一些资料，有了一点看法就到此为止，急于动笔，也不能“先入为主”，而应冷静和客观地对所有资料进行认真的分析思考。从浩如烟海的资料中吸取营养，反复思考琢磨之后，必然会有所发现。

一般可按以下步骤进行：第一步，广泛地浏览资料。在浏览中要注意勤做笔记，随时记下资料的纲目，记下资料中对自己影响最深刻的观点、论据和论证方法等，记下脑海中涌现的点滴体会。当然，手抄笔录并不等于有言必录，有文必录，而是要进行细心的选择，有目的有重点地摘录，当详则详，当略则略。一些相同的或类似的观点和材料则不必重复摘录，只需记下资料来源及页码，以免浪费时间和精力。第二步，将阅读所得到的方方面面的内容进行分类排列和组合，从中寻找思路。材料可按纲目分类，如系统介绍有关问题研究发展概况的资料、对某一问题研究情况的资料、对同一问题几种不同观点的资料、对某一问题研究的最新资料和成果等。第三步，将自己在研究中的体会与资料分别加以比较，找出哪些体会在资料中没有或部分没有；哪些体会虽然资料已有，但自己对此有不同看法；哪些体会和资料是基本一致的；哪些体会是在资料基础上的深化和发挥；等等。经过几番深思熟虑就容易萌生自己的想法。把这种想法及时捕捉住再作进一步的思考，选题的目标也就会渐渐明确起来。

②求证法。

这是一种先有“拟想”，然后再通过阅读资料加以验证来确定选题的方法。这种选题方法必须先有一定的想法，即根据自己平素的积累初步确定准备研究的方向、题目或选题范围。但当这种想法是否真正可行心中没有太大的把握时，还需按照“拟想”的研究方向作进一步的求证。

③漏斗法与编网法。

漏斗法是指“提炼主题—定义研究界限—构思题目”由宽泛到具体的一种选题方法。提炼主题要考虑理论知识储备情况和资料准备情况，以初步判断研究的可行性与资料的可得性。主题是一组关键词,可以基本划定研究领域。定义研究界限需要从“种”与“属”的关系对问题的核心概念进行清楚的定义,并清楚表明哪些方面要研究,哪些方面将不在范围之内。构思题目需仔细推敲,简洁明了,概括主题,用学术语言,避免口语化和通俗化。编网法需要提出研究的新问题,以新问题(或从中归纳出的新概念)为纲,将相关理论联结成网,提出研究架构,设计研究方案。

(3)明晰评议对象

评议对象是指小论文的评议内容。它既是一定区域和一定时期情景的再现,也是表达观点的关键。评议对象的范围指评议对象所属的话题领域,体现了选题的关注领域和重点。思政小论文的评议对象范围广泛,按照思政学科的内容与特点,可将哲学寓意的范围划分为:辩证唯物主义(唯物论、认识论、辩证法)、历史唯物主义(社会历史观和人生价值观)。按照重庆实际发展的魅力,可将评议对象分为:自然之美、文化之美、生活之美、发展之美和科技之美五大范围。

范围	可结合实例	哲学寓意(部分)
自然之美	缙云山、南山、武隆仙女山、武隆喀斯特风景区、南川金佛山、酉阳桃花源、巫山小三峡、万盛黑山谷、云阳龙缸、汉丰湖、嘉陵江等	唯物论:自然界的物质性、人可以发挥主观能动性、物质和意识的辩证关系、尊重客观规律和发挥主观能动性相结合等 辩证法:联系观、发展观、矛盾观等
文化之美	大足石刻、川江号子、红岩精神、白鹤梁题刻、合川钓鱼城、816地下核工程、綦江农民版画、铜梁龙舞等	唯物论:世界的物质性、人可以发挥主观能动性、物质和意识的辩证关系、尊重客观规律和发挥主观能动性相结合等 辩证法:联系观、发展观、矛盾观等 认识论:实践的特点、实践与认识的辩证关系等 社会历史观:社会历史的本质、社会历史的规律、社会历史的主体等
生活之美	吊脚楼、涪陵榨菜制作技艺、永川豆豉酿制技艺、重庆火锅、山城步道、温泉城等	唯物论:世界的物质性、人可以发挥主观能动性、物质和意识的辩证关系、尊重客观规律和发挥主观能动性相结合等 辩证法:联系观、发展观、矛盾观等 社会历史观:社会历史的主体等

续表

范围	可结合实例	哲学寓意(部分)
发展之美	世界最长涂鸦街——黄桷坪涂鸦艺术街、长江上游最大的江心绿岛——广阳岛、“川东小峨眉”——缙云山、高新区、柳荫镇等	唯物论:世界的物质性、人可以发挥主观能动性、物质和意识的辩证关系、尊重客观规律和发挥主观能动性相结合等 认识论:实践的含义及特点、认识的特点、实践与认识的辩证关系等 社会历史观:社会历史的本质、社会历史的规律、社会历史的主体等 人生价值观:实现人生的价值等
科技之美	云巴、单轨、渝新欧铁路、灯光秀、桥都、长江索道、科技赋能“巴渝治水”、礼嘉智慧公园等	唯物论:世界的物质性、人可以发挥主观能动性、物质和意识的辩证关系、尊重客观规律和发挥主观能动性相结合等 认识论:实践的特点、实践与认识的辩证关系等 辩证法:联系观、发展观、矛盾观等 社会历史观:社会历史的本质、社会历史的规律、社会历史的主体等

2.提炼观点

(1)把握立论思维过程

立论是指针对客观事物或问题,直接提出自己的见解和主张,阐明其理由,表明自己的态度。换一个角度来说,立论就是运用充分有力的证据从正面直接证明自己论点正确性的论证形式。立论有时是在破的基础上进行的,“先破后立”“边破边立”即此意。立论是议论重心,无论写什么样的议论文,都必须立论,驳斥别人的论点也是为了确立自己的论点。其包含三要素:论点、论据、论证过程。立论的论点要鲜明,要正确。赞成什么,反对什么,要旗帜鲜明地以判断句表示,不能用“大概”“也许”“总之”等模棱两可的词语来表示自己的观点和见解。

明代黄子肃在《诗法》中指出:“大凡作诗,先须立意。意者,一身之主也。”思政小论文写作在构思阶段的重点是选题和立论,立论就是立意,即确立和形成对评论对象的基本观点或论断。一般而言，评论的创作是选题在先，立论在后，那么选题就对立论有直接的影响，具有明确的指向性，就是要在选题的范围内，运用一系列的思维过程，形成对评论对象完整清晰的认识。立论的思维过程大致可以分为三个阶段。

第一阶段是认识深度的开掘。以评论对象的客观事实为中心，抓住其关键的要素和焦点，进行认真的分析、解剖，力求透彻地了解事物的内在特征，充分认识其各个侧面的意义以及它与周围其他社会事件的关系，在大脑中形成各种各样可能成为立论基础的论断和态度。对这些要素的认识越深入，对事物内涵的把握就越全面，就越能完整地掌握对象本身所包含的各种立论可能性，为下一步的思维进程提供更多的选择。第二阶段是立论角度的选择。这一阶段是体现创作者思想的关键，在今天选题容易趋同的环境下，想要避免“撞车”，以独特的视角和观点表明思想独立性，就必须在立论的角度上下功夫。要在前一阶段的基础上，对众多可能的立论进行细致的比较，分析各个立论的可能性，以及与周围事物的关系，考虑各种立论角度与受众的接受心理的接近程度，确立哪个更能引起广泛的共鸣。要结合这两个要素，在相互的比较中，选择并确立一个最具有价值、最新颖的立论角度。第三阶段是立论高度的确立。思政小论文是将社会现状与思政学科理论知识相结合来表达观点，必须充分考虑受众的需求，但又要对受众的思想行为具有指导意义。因此，在确定立论角度后，就要结合学生的特质和定位，认真分析学生作为受众的基本特征(尤其是他们的文化背景、认识能力和接受心理)，大致把握他们对评论对象可能持有的认识倾向，确立立论的基调，形成一个受众可以接受、理解又有一定导向作用的观点和主张，防止出现曲高和寡或受众不理解的现象。这个过程是一个由表及里、由浅入深、由小到大、由现象到本质、由具体到一般的连续不断、流动变化的过程，贯穿于其中的思维形式，表现出一种对事物微观方面的纵向分析和横向比较相结合的特点。

(2)采用多种思维方式

事物的复杂性要求我们在立论的过程中学会多角度、多层面看问题，以创新性思维,创造性地发掘现象背后所体现的时代意义。主要的思维方式有五种。一是发散思维。发散思维是创新思维的主要思维方式,是指围绕一个中心问题,沿着不同方向、从不同角度思考问题,多方面寻找问题的多个答案的思维方式。运用这种思维方式,可以摆脱传统习惯的禁锢,突破常规的束缚,闯出新路子,提出新颖独到的见解。思政小论文往往针对重大问题、重大事件进行评说,就需要在立论的过程中,对这一问题逐个分析、层层剖析,从不同方面说明其意义。二是求异思维。求异思维是指在相同或者相近的事物中找出不同点,通过比较,找出有利于创造的最佳点,循此去进行创造的思维方法。思政小论文在立论中就是要在众多的思维路径和结果中,另辟蹊径,克服从众性,保持独立性,表现出与众不同的思想和认识。三是逆向思维。逆向思维又称反向思维、反常思维。它不按常规,而是转换思维角度,改变人们习以为常的思维方式,从事物的相反面、对立面去思考问题,以求得新的启示。四是质疑思维。质疑思维也叫批判性思维,它是逆向思维的一种形式,用探询的方法和态度看待世界,对自己或别人的观点进行反思、提出疑问、弄清情况,进行独立的判断或对其作出批评。高中思政学科核心素养包括政治认同、科学精神、法治意识、公共参与,思政小论文的写作就是引导学生理性思考、表达观点,从而增强学生公共参与的意识,要求学生具备质疑精神,运用自己的理性思维和知识去分析事物,作出独立的判断。五是联想思维。联想思维是人们在头脑中把一事物与另一事物联系起来,将关于一事物的思想或表象推移到另一事物,并由此形成创造构想和方案的一种思维方法。它包括相关(接近)联想、相似联想、相反(对比)联想、因果联想等。思政小论文只有在立论中把一个评论对象和其他的事物联系起来,在广阔的背景下形成关于事物的思考和结论,才能指导现实的工作和实践。

如果说思政小论文的选题会因为个人立场、角度的不同显示出不同的方向和特征,那么在立论的过程中却是有更多相同的思维特征,只要开动脑筋,采用创造性的思维方式,就可以形成深刻、新颖的论断、思想。

3.论证说理

(1)巧选论据

论点、论据和论证是论文的三要素。在逻辑学上,论据指用来证明论点的判断、理由或根据。在证明中,论据担负着回答“为什么”的任务。论点以论据为基础,依靠论据来证明;论据要在立足论点的基础上,服务论点。如何选用论据来为论点提供有力支撑呢?

①根据论据的内容,可将论据分为理论论据和事实论据。

理论论据,又称道理论据,指为了对某个问题或者观点进行论证说明而引用一些名人名言、谚语、文献等进行证明的材料,一般指那些来源于实践,并且已被长期实践证明和检验过,断定为正确的观点。思政小论文的理论论据主要包括高中思想政治学科7本教材知识、名人名言、国家政策方针、国家法律法规等。其中,高中思想政治学科知识内容丰富,涉及经济、政治、文化、哲学、逻辑与思维等,是综合性的学科知识,能为思政小论文选用理论论据提供极大支撑。本书《用哲学的眼光看重庆之美——高中生思政小论文导教范例》主要是运用马克思主义哲学世界观和方法论的哲学智慧看待重庆的文化美、自然美、科技美、发展美,将书本所学哲理与重庆之美相结合,做到理论与实际的统一,故必修4《哲学与文化》模块的马克思主义哲学知识都可以成为理论论据。例如马克思主义哲学的辩证唯物观、联系观、发展观、矛盾观、社会历史观和价值观等。

事实论据指将客观存在或客观发生过的事物作为判断依据,与理论依据相对应。简而言之,事实论据就是真凭实据。思政小论文的事实论据来源具有广泛性,例如真实的公认的历史史实、国家经济各方面的统计数据、社会主义现代化建设中经济、文化、科研等方面的成就等。例如论述重庆的科技美,可选用重庆市近十年来的发展成就,特别是科学技术研究方面的成果来论证;论述重庆的自然美,可选用重庆近十年生态环境治理方面的成就来论证。总之,事实论据来源于重庆的实际,是对实际的真实概括。

②注意事项。

第一,论据要真实准确。真实,即与客观事实相符合,合乎事实,准确无误。

这是选用论据最基本的要求。一方面,论据的内容要真实。如果选用不真实的论据,会使读者对小论文的真实性和材料的全部可靠性产生疑问,无法说服读者,无法得到预设的结论。另一方面,论据的表达要严谨,不能用"据说""有人说""某名人说"等含糊不清的语言。如果使用含糊不清的语言,会影响和降低读者对小论文论点的认可。对此,在小论文的写作过程中,要注意用词用语,力求精准和科学性。此外,还需要特别注意,不能判断是否是真实的、来源不明不清晰的、目前还未有定论的、由不合理推测得来的……都不能作为论据。我们选取的论据必须经过再三的审查和核对,确保论据真实准确,如此才能更好地服务于小论文的论点,强化论点,达到小论文写作的目的。例如,运用重庆近五年的经济发展、人均收入方面的数据阐述重庆的发展美,这些数据就不能选用个人或者某个组织单方面得出的数据,而是要采用重庆市统计局等官方正式发布的数据。这样的数据能保证真实可信。

第二,论据要典型。论据要典型,即要具有代表性,在论证和逻辑上能充分证明自己的观点。论据有代表性,论证才有说服力和特色。如果选用的论据不够典型,与观点不贴切,整个论文会留给人"貌合神离"的感受。但论据要典型,并不意味着论据要过分追求个性、新颖,而是要切合小论文主旨。小论文中关于科技美、自然美、文化美、生活美、发展美的论证部分,论据的选取首要考虑的是要典型,能直接有力地证明论点。

第三,论据要丰富、素材多样。丰富,即论据的素材要多样,要避免单一。如此,论据才更充分,更有说服力。例如,在论证重庆的发展美时,可以从政治、经济、文化等方面去论证重庆的发展和变化;也可以从北碚、渝中、黔江、酉阳等重庆区县的不同区域去看重庆的变化发展;还可以从时间的变化来找寻重庆发展的轨迹,如从重庆以前和如今的对比中凸显重庆今日的发展成就。又如,在论证重庆的自然美时,运用唯物辩证法的矛盾分析法,做到具体问题具体分析,可从重庆主城区和各区县中挑选独特的自然风貌进行阐述,也可从某一自然风貌的不同观察角度进行论述。在论证重庆的文化美时,可从重庆丰富的红色革命文化去论证,也可从重庆的非物质文化遗产——铜梁龙舞、梁平的木版年画等去论证。

第四，论据的表述力求概括。论据的表述要力求概括，即言简意赅、简明扼要，不需要添加额外的修饰内容。例如引用事实论据，不需要过多描述，基本事实阐述清楚即可。引用理论论据，简单把理论呈现出来即可。在语言表达上，不需要过多的修饰词，能够简明扼要地按照是什么、为什么、怎么样的逻辑表达即可。例如在论证重庆的文化美时，选用铜梁的龙舞作为论据进行说明。这是一个事实论据，在表达阐述方面，说清楚铜梁龙舞的发展历程、现状即可。

第五，论点与论据不矛盾。前面提到，论点以论据为基础，依靠论据来证明；论据要在立足论点的基础上，服务论点。因此，论点与论据不能自相矛盾。若论点与论据在逻辑表达上矛盾，就起不到论证观点的目的。何谓矛盾？这里的矛盾不是哲学上的矛盾概念，而是指论点与论据前后不一致，方向和立场上是相反的，是逻辑学上的逻辑矛盾，违反矛盾律。因此，小论文写作时，论点与论据必须前后统一。例如在阐述重庆的发展美时，选用重庆近十年来的发展成就这类事实论据，就做到了论点与论据的统一。

（2）遵循逻辑结构

分析阐明是论证层次的主体，也是思政小论文的核心。虽然有一个好的论题和好的论据素材很重要，但仅有这些还不能成为文章，还需要按照一定的思路把观点和论据组织起来，如此才能写出一篇思政小论文。这个思路就涉及小论文逻辑结构的问题。

写文章讲逻辑，就是要注意整篇文章的结构，开头、中间、结尾三者有一种关系，一种内部联系，不要互相冲突。对此，思政小论文要遵循逻辑结构。

文章的结构是作者思路的呈现，大致分为提出论题、论证论题和归结论题三部分，呈现出论题—论据—结论这样的思维过程。如何呈现出这个思维过程，可以采用总分式、并列式、递进式等文章结构。

①总分式。

总分式是最常用的一种结构方式，可分为总分式、分总式和总分总式三种。其中，总分式，即“总—分”式，特点是没有结论部分，在引论部分提出中心论点后，分若干论点阐述证明，在分述的部分进行小结；或分举若干论据进行分析。

分总式，即“分—总”式，特点是文章不先提出论点，而是先分若干分论点从不同角度、不同侧面来论证中心论点，最后进行归纳，明确提出总论点，得出结论。在中心主旨上“分说”必须与“总说”保持一致，相互之间不可重复、交叉。总分总式，即“总—分—总”式，是总分式的完整式。“总—分—总”式这类文章往往首先在引论部分提出中心论点，然后在本论部分将中心论点分成几个基本上是横向展开的分论点，一一进行论证，最后在结论部分加以归纳、总结和必要的引申。简言之，即“提出论点—用论据证明论点—得出结论”。

总的来说，“总—分—总”是总分式的主要结构，也是其他两种结构的基础。

②并列式。

论证某一观点，某一事理，从不同角度、不同侧面、不同层次展开，这每一层、每一面，就是一个分论点。分论点是对中心论点的展开与说明，是中心论点的具体化。因此，提炼分论点的前提是确立中心论点，并用一个句子的形式表达出来。

在论证思路中，为了论述的方便，将文章的中心论点分解成几个平行的、并列的分论点。分论点之间有内在的逻辑联系，能分别从不同的角度、不同的侧面来论证中心论点，分论点之间在内容上不能交叉、重复或包容，排列顺序要合理，孰先孰后要服从论述的需要并符合读者认识事物的规律，从而使文章论述全面、层次分明、说理清晰。并列式的几个分论点常常放在每段开头，以显示层次。在句式的构造上，分论点的表述可以力求齐整，排比句式、置于段首效果很好，也可以灵活地遣词造句，但要做到清晰醒目，因为分论点是“段眼”，含糊不清是一大忌。

下面引用人民网《让青春在奋斗中闪闪发光》这篇文章，来举例说明并列式的文章结构。文章开篇点题，接下来运用并列式的文章结构，分析了新时代青年要画好人生憧憬图、新时代青年要答好青春惜时卷、新时代青年要走好时代奉献路这三个让青春在奋斗中闪闪发光的基础。这样的文章结构层次分明，阅读起来引人入胜。

例：

让青春在奋斗中闪闪发光

青春的奋斗、青年人的朝气，一直是推动中华民族勇毅前行、屹立于世界民族之林的重要力量。在追寻民族复兴的百年征程中，青春的身影留下了许多闪光的足迹。中国青年的自强不息展现出了在困难与机遇面前心忧天下、“国之大者”的胸襟抱负，挺身而出、敢于牺牲的责任意识，永不言弃、一往无前的坚韧精神。

中国发展进入了新时代，当代青年作为富有创造热情和创新意识的群体，要成为敢于迎难而上、敢于挺身而出、敢于坚决斗争的时代先锋，成为把握新发展阶段、贯彻新发展理念、服务构建新发展格局的奋斗闯将，成为政治坚定、本领过硬、作风优良的新时代青年。

“十年磨一剑，霜刃未曾试”，新时代青年要画好人生憧憬图。追求进步，是青年最宝贵的特质，也是党和人民最殷切的希望。新时代青年要做理想远大、信念坚定的模范，带头学习马克思主义理论，树立共产主义远大理想和中国特色社会主义共同理想，自觉践行社会主义核心价值观，大力弘扬爱国主义精神。新时代青年要立足中国、着眼世界，为了实现中华民族伟大复兴而努力奋斗。无论身处何方，仍在校园学习还是踏上了工作岗位，都要让中国青年的美好憧憬和奋斗状态，给中国人民十足信心，更给世界带去希望。

“盛年不再来，一日难再晨”，新时代青年要答好青春惜时卷。青春是一生中最美好的时光，长身体、长知识、长才干，每天都有新期待，每天都有新收获。青年是社会中最富朝气、最富有梦想的群体，是社会的活力之所在。新时代青年成长于安定蓬勃的中国，是人生之幸。当代青年要珍惜当下、珍惜眼前、奋斗为先，坚定理想信念，磨砺顽强意志，将自己置身于时代大背景、国家大发展之中，把人生小梦融入实现中华民族伟大复兴的中国梦，与时代同频共振。

“随风潜入夜，润物细无声”，新时代青年要走好时代奉献路。朝气活力、创新追求必须脚踏实地，干实事、干好事、干对事才能成就青春梦想。新时代青年要发扬“虽千万人吾往矣”的拼搏勇气，不断强化“黄沙百战穿金甲”的顽强精神，不断锤炼“越是困难越向前”的坚毅品质，做到“苟日新，日日新，又日新”，要坚持知行合一，严谨务实，脚踏实地，从自身做起，从现在做起。要做崇德向善、严守纪律的模范，带头明大德、守公德、严私德，严格遵纪守法，认真接受政治训练、加强政治锻造、追求政治进步。立足本职、立足实际，在各自的岗位上任劳任怨、勤勉工作，以“功成不必在我，克难必定有我”的奉献精神积极投身国家建设的伟大实践中去，做新时代的奋进者、开拓者、奉献者。

新时代的荣光属于奉献的青年，新时代的广阔发展机遇就在眼前。新时代青年要深刻把握当今世界正在经历百年未有之大变局深刻而宏阔的时代之变，以实现中华民族伟大复兴为己任，用蓬勃的青春创造美好的人生，努力创造无愧于党、无愧于人民、无愧于时代的业绩，努力成为实现中华民族伟大复兴的先锋力量。

（人民网，作者：刘东浩，2022年5月12日）

③递进式。

递进式是思政小论文中运用较为广泛的一种逻辑结构。递进式就是后面的论证是在前面论证的基础上进行的，前后之间是逐层推进、逐步深入的关系。递进式结构中各个层次、段落之间的前后顺序有内在的紧密联系，不能随意变动。这种布局的好处是能反映出作者严密的逻辑思维能力。

递进式结构是小论文常用的容易出彩的一种文章逻辑结构形式。这种结构形式能在情感表达上层层推进，引导读者更接近作者的写作主旨，引人共鸣。对此，第一步要确定文章的“层”，第二步再构建“层”与“层”之间的联系，写好“递进”。思政小论文一般的逻辑结构按“是什么—为什么—怎么样”来进行论证，也可以说是按照“提出问题—分析问题—解决问题”的步骤来写。在写作的过程中，要求文章内部环环相扣，逐步解决思政小论文的“是什么—为什么—怎么样”三个层面的递进关系。

根据小论文的主题和论点，我们可以着力围绕某一方面阐述清楚，也可以围绕三个方面进行详细的具体的完整的阐述。当然，如何阐述，需要具体问题具体分析。例如，如果小论文的主题比较浅显易懂，论证的道路比较简单，那么就不需要在是什么和为什么上进行详细论述，而是在怎么样上重点写作。如果小论文“怎么样”这层已是大家的共识，那么就需要把篇幅集中在“为什么”上进行阐述，说清楚为什么是这样。

(3)语言表达准确

语言是人类最重要的交际工具，是人类的思维工具，更是相互沟通和表达思想的工具。社会交往、文化交流、人类发展都离不开语言。但是，由于每个人的个人风格、知识结构、思维方式等不同，因而我们的语言表达各异。常见的语言风格有清新、朴素、华丽、幽默风趣、简洁凝练、通俗等。我们在进行思政小论文写作时，要求语言表达要准确，这里的准确不是指语言风格要一致，而是强调注意用语规范、语言学科化和围绕主旨阐述。

①用语规范。

任何文章都要靠语言统合内容，靠技巧表达内容。语言与技巧是文章的形式。思政小论文要求用语规范。用语规范，要求思政小论文的语言严谨，在语义表达上要精确，在逻辑论证上要严谨。小论文中的每个语句、每个用词，都要表达精准，不要出现知识上的漏洞或错误。例如，运用概念时，要严格地界定概念的内涵和外延。总之，语言要准确地表达作者的思想和所引用的历史史实。

②语言学科化。

思政小论文的语言学科化，指用专业的政治学科术语来写，专业术语要精准，不可错用或误用。

③围绕主旨阐述。

主旨在文章中是文章的灵魂，是整篇文章围绕的主题，是整个文章要阐述的主要观点。文章主旨明确会使文章读起来条理清晰、语句通畅。思政小论文有短、小、精的特点，这更要求整个文章摆明观点、选用论据去论证观点的过程必须围绕主旨，不能脱离主旨而漫无目的地进行论证。

(4)巧用方法

思政小论文的论证方法很重要。要使论据素材能充分证明观点,使论证过程严谨有说服力,就需要对论据进行分析。通过分析,阐明论据素材与观点之间的内在联系。这就是思政小论文的论证。

①归纳法。

归纳法是一种由个别到一般的论证方法。它是在列举性质相同或相似的个别事例或分论点后,对这些个别事例或分论点进行归纳与升华,揭示这些事例的共性,从而得出一般性的结论。归纳法可以先举事例再归纳结论,也可以先提出结论再举例加以证实。

下面引用《人民日报》中的《没有风暴的海洋是池塘》这篇文章,来举例说明归纳法。文章通过举例正向论证,借茅以升对自己一生的总结,正面强调风暴促使人的精神生命不断成长。

例:

没有风暴的海洋是池塘

美学家朱光潜曾讲过这样一个故事。他有一段时间喜欢作诗填词,兴之所至,常信笔直书,想到什么,便写什么,自觉不错。后来将习作拿给朋友看,却碰了壁:“你的诗词来得太容易,你没有下过力,你喜欢取巧,显小聪明。”一语点醒梦中人。他由此方悟,意境经过洗练,用词经过推敲,才能百炼成钢,达到精妙境界。遣词造句如此,人生更是如此。

“人生一征途耳,其长百年,我已走过十之八九。回首前尘,历历在目。崎岖多于平坦,忽深谷,忽洪涛,幸赖桥梁以渡。桥何名欤?曰奋斗。”桥梁专家茅以升晚年这样总结一生。诚然,谁的人生没有几分坎坷?谁的道路不曾有过崎岖泥泞?生命的常态,永远不只是浅浅的涟漪,更有涌动的暗流、潜在的礁石。正是这些,才构成了完整而丰富的人生;也正是在崎岖道路上的砥砺前行,每个人的精神生命才能不断成长。

有作家写道:“你不可能要求一个没有风暴的海洋。那不是海,是泥潭。”未经磨砺的灵魂,是没有深度的。然而,总有一些人,一提到压力,就心生畏难情绪;一遇到困难,就只会向后退缩,畏葸不前。还有的人甚至甘做“草莓族”,一压就扁,一碰就倒。如此,无法成就一番事业不说,恐怕连自己人生的方向盘都很难把握。相反,中流击水,才能真正熟谙水性;披荆斩棘,才能抵达未曾抵达的地方。正所谓,“不有百炼火,孰知寸金精”。

其实,很多时候,横亘在我们面前的困难,看似高山,实际上不过是座小山丘。能否迈过去,关键就看我们能否拿出攻坚克难的意志。《史记》曾载,飞将军李广有一次外出打猎,把草丛中的一块石头误认为是潜伏的老虎,于是弯弓射箭,箭镞居然深陷石头之中。等知道是石头之后,却始终无法再次以箭穿石。这里的区别,就在于射箭之时的意志,是否一往无前、绝不退缩。李白由此感慨道:“精感石没羽,岂云惮险艰。”意志坚定与否,往往决定着事情的成败。

不可否认,一些困难并非能轻易克服,但没有尝试过,怎会知道到底能不能克服呢?不试,半点机会都没有;试了,至少还有机会。即使最终没有克服,至少也是增加了阅历、磨砺了心性。正如哲人所言:“雾气弥漫的清晨,并不意味着是一个阴霾的白天。累累的创伤,就是生命给你的最好的东西,因为在每个创伤上都标示着前进的一步。”与困难作斗争,不管成功与否,本身就是一笔重要的人生财富,它将成为下一次成功的基石。

毛泽东同志曾说过,中国有两部大书,一曰《史记》,一曰《资治通鉴》,都是有才气的人在政治上不得志的境遇中写的。看来,人受点打击,遇点困难,未尝不是好事。说到底,挫折和苦难,不过是块磨刀石。不被困难吓倒,不向挫折屈服,勇往直前,人生的刀刃才能越磨越锋利。

(《人民日报》,作者:陈凌,2016年6月16日第4版)

在撰写思政小论文的过程中,运用归纳法,围绕小论文的论题进行事实举例、道理举例等,从多个事实中得出结论,这样的结论具有很强的说服性,能够以理服人,更加有力地证明论题,达到文章的写作目的。

②驳论法。

驳论是一种常见的论文写作方法,即通过对原论点进行批判和反驳,以此来阐明自己的观点。例如在写思政小论文时,先列出错误观点,然后加以逐条批驳，再阐明自己的观点。一是举例驳论法，列举确凿的事例来反驳论点。二是道理驳论法，以阐明道理的方式来反驳论点。

③因果分析法。

因果分析法就是在列举事例的基础上，分析产生这一事实的直接原因、间接原因或根本原因。这里的原因就是需要证明的观点。在叙述事例之后，由果溯因，即对事例中的结果，沿着为什么的思路，引导论证指向观点，从而凸显观点的合理性。

④正反对比分析法。

思政小论文的正反对比分析法，即摆出一正一反两个例子，并对它们作进一步分析。或者只举一个例子，但这个例子里面包含正反两种观点，作者从正反两个方面进行对比性分析。何为“正”？何为“反”？在正反对比分析法中的正反是相对而言的，正面的例子和反面的例子构成了一对矛盾，成为矛盾的双方。一般而言，历史事实、实际生活中起积极引导作用的事例属于正面例子，起消极作用、阻碍作用的事例属于反面例子。

下面引用《人民日报》中的《有意义才有分量》这篇文章，来举例说明正反对比分析法。在这篇文章中，作者在文章第一段通过设问，引出话题，探讨什么样的人生才是有意义的人生；接下来，通过正面举例，论证只有不畏劳苦艰辛、积极求解人生真谛的人生才是有意义的；又通过反面举例，论证一个人如果缺少对意义的追问和思考，就容易被各种诱惑所扰。正面例子和反面例子的对比，差异明显，更具有效果。

例：

有意义才有分量

作家为了一篇文章认真构思、持续修改，画家为了一幅作品精心打磨、不弃微末，歌唱家为了一首歌曲倾注情感、反复练习……为什么一定要这样不辞劳苦、精益求精？很多人也许会给出相同的回答：“有意义。”其实，意义意味着价值，有意义的人生才是值得过的人生。人们愿意在有意义的事情上投入精力，正因为这样的过程能够体现人生意义。

“人最终关切的，是自己的存在及意义。”曾经，路遥凭借小说《人生》收获巨大成功，很快便被鲜花和掌声包围，但他对功成名就、轻松安逸的生活始终保持着警惕。在给亲人的信中，他如此写道：只有在无比沉重的劳动中，人才会活得更为充实。常思生命意义，常怀忧惧之心，路遥得以远离名利的羁绊，最终创作出《平凡的世界》等佳作。事实证明，那些不畏劳苦艰辛、积极求解人生真谛的人，不仅能赋予自己前行的力量，也能为他人点燃一盏明灯，照亮生活的道路。

然而，追寻意义的旅程，不可能是一帆风顺的。现实中，有的人在浮华中迷失自我，被事物外在的表象遮挡了视线；有的人紧盯着物质财富，房子、车子、票子样样不缺，精神世界却一贫如洗；有的人贪恋职位官帽，除此之外心无所寄、情无所托，只能在患得患失的焦虑中艰难度日。一个人如果缺少对意义的追问和思考，就容易被各种诱惑所扰。长此以往，个人难免会失去干事创业的激情与斗志，进而陷入空虚无聊的境地。

鲁迅先生说过，无穷的远方，无数的人们，都和我有关。的确，人生的意义难以在一己之私中生根发芽、成长壮大。23岁的马克思曾在博士论文中留下了一个判断：“知识不是来自经验，也不是来自理性，因为知识，就来自凝视他人的目光，倾听他人的呼吁，并立志为他人做些什么。”从这个意义出发，一个人只有让自己的生命走出自我狭隘的小圈子，与更远的远方和更多的他人相联系，才能走上通向意义世界的坦途。

找寻到人生意义并执着前进，就能在平凡中书写出伟大。塞罕坝林场夫妻11年坚守望火楼，用无声的奉献，见证了一片林海的诞生；王泽山院士本已功成名就，却又历时二十载攻克火炸药世界性难题，第三次走上国家科技奖领奖台……为什么他们的内心如此安静恬淡，他们的步伐如此坚定从容？其中一个重要原因，就是因为他们一以贯之地肩负着自己的人生意义，守望着造福百姓的淳朴初心。

对于“知易行难”的传统认识，有人曾提出“知难行易”的观点：如果在“不知”的基础上“行”，必定会走许多“之”字路，容易犯错误、做无用功。对个人来说，很多时候，正是由于没有看清人生的意义，人生停滞不前，生活暗淡无光。勇于扛起意义的重量，才能让生命绽放，真正铸就人生的辉煌。

（《人民日报》，作者：何冠军，2018年8月3日第4版）

综上,思政小论文的论证要巧用方法,综合运用多种技巧进行论证。

4.实施步骤

如果把思政小论文比作已建成的建筑,那么在建筑建成之前的规划、设计和建设施工过程都很重要,需要按照步骤逐步进行。一般来说,思政小论文的写作步骤可分为查找资料、整理素材,明确题目、拟定提纲,进行创作、形成初稿和教师指导、修改完善这四个步骤。

(1)查找资料、整理素材

在明确思政小论文的选题后,需要根据所选主题查找资料,充分利用信息网络、图书馆等平台进行资料筛查。在查找到大量资料后,要对所选取的资料进行整理和筛选,最终形成思政小论文写作所需要和可用的素材。

以借助网络平台查找资料为例,这里的网络平台要尽量选择国内主流媒体网站或者主流媒体APP,如人民网、新华网(重庆频道)、重庆日报网、凤凰新闻、中国日报网、搜狐新闻、环球网、央广网、中国新闻网、"学习强国"APP等。下面以其中几个为例说明。

①人民网,创办于1997年1月1日,是世界十大报纸之一,《人民日报》建设的以新闻为主的大型网上信息发布平台,也是互联网上最大的中文和多语种新闻网站之一。作为中华人民共和国国家重点新闻网站,人民网以新闻报道的权威性、及时性、多样性和评论性为特色,在网民中树立起了"权威媒体、大众网站"的形象。

②新华网,国家通讯社新华社主办的综合新闻信息服务门户网站,是中国最具影响力的网络媒体和具有全球影响力的中文网站。新华网作为新华社全媒体新闻信息产品的主要传播平台,拥有31个地方频道以及多种语言频道,日均多语种、多终端发稿达1.5万条,重大新闻首发率和转载率遥遥领先国内其他网络媒体。新华网是全球网民了解中国的最重要窗口,致力于为全球网民提供最权威最及时的新闻信息服务。

③重庆日报网,是《重庆日报》的官方网站。《重庆日报》是中共重庆市委机关报,于1952年8月5日创刊。

（2）明确题目、拟定提纲

"意在笔前"出自王羲之的《题卫夫人笔阵图后》中"夫欲书者，先干研墨，凝神静思，预想字形大小、偃仰、平直、振动，令筋脉相连，意在笔前，然后作字"。其大概意思是写字、画画或者文章创作，需先构思成熟，然后再下笔。思政小论文的写作就需要做到"意在笔前"。

在完成选题、选择素材后，思政小论文需要凝练观点，明确题目，拟定提纲，为文章的整体写作提供清晰的"路线图"。

思政小论文提纲示范：

标题

第一部分：提出全文中心论点

第二部分：结合论据进行分层论证

分论点1+论据

分论点2+论据

……

第三部分：解决问题，文章结尾点题

我们在拟定提纲前，需要反复思考，明确小论文的论点、论据和选用论证的逻辑结构等。这能提高提纲的科学性和准确性，为后面的文章写作节省一大半力。当思考清楚后，对思考过程加以整理，就成为提纲。在拟定提纲的过程中，需要注意观点明确、重点突出、条理清晰。

（3）进行创作、形成初稿

思政小论文的提纲拟定后，接下来就需要充实各部分的内容，抓紧时间进行创作，尽快形成初稿。

（4）教师指导、修改完善

学生完成初稿后，将初稿交给指导老师进行审阅。这里特别需要注意，指导老师要充分与学生进行沟通交流，了解学生写作小论文的关注点和对此形成的思考，并在此基础上进行审阅。如此，才能更有针对性、更准确地提出修改意见。学生再根据老师的指导意见对思政小论文进行修改完善,并最终定稿。

六 撰写思政小论文活动的实施方案

(一)明晰活动背景

思想政治理论课是落实立德树人根本任务的关键课程。坚持理论与实践相统一是马克思主义认识论的根本要求,也是新时代思想政治理论课的内在属性和基本原则。思想政治理论课教学不仅要在理论上教育学生运用科学的理论"认识世界",更要在实践中引导学生"检验真理"和"改造世界"。撰写思政小论文是中学思想政治课课程标准对学生的一项基本要求,是贯彻课改精神的需要,符合理论联系实际的原则。思政小论文的教学也应坚持理论性和实践性的统一,既要让学生学懂、悟透基本原理,又要理论联系实际,以扎实的理论为基础,以实践育人为动力,组织开展多样化的实践教学,让学生在鲜活的实践中真感受、真思考、真改变,不断提升学生的综合素质。

1.指导思想

思政小论文的教学要以习近平新时代中国特色社会主义思想为指导,全面贯彻党的二十大精神和党的教育方针,遵循思想政治工作的基本规律、教书育人基本规律和学生成长的基本规律,以感受民生、认识国情、了解社会、服务社会为主要内容,以形式多样的活动为载体,引导中学生既要重视学习相关科学理论、研读马列著作、阅读经典著作等课堂活动,更要走出校门、深入基层、深入群众、深入实际,开展社会调查、参观学习等实践锻炼,在实践中认识国情、接受教育、增长才干、作出贡献,树立正确的世界观、人生观和价值观,努力成长为中国特色社会主义事业的合格建设者和可靠接班人,成为担当民族复兴大任的时代新人。

2. 活动目的

理论联系实际是党的优良传统和作风，教育与社会实践相结合是党的教育方针的重要内容，理论教育和实践教育相结合是学生思想政治教育的根本原则。思政小论文的教学是将思政课的理论知识与实际情况相结合的有效途径，是大思政课的延伸和实践环节。加强思想政治小论文的教学，引导学生把思政小课堂与社会大课堂结合起来，有助于学生感受中国特色社会主义的生动实践，加深对中国特色社会主义理论体系的理解和对党的路线方针政策的认识；有助于中学生感受民生、了解社会、认识国情，增强热爱祖国、热爱人民、热爱社会主义的信念和民族复兴的责任感与使命感；有助于增强学生学理论、用理论的能力，增长才干、奉献社会、培养品格。这些作用也有助于推动大思政课建设，提高学生的综合素质和增强社会责任感，培养全面发展的社会主义建设者和接班人。

（二）健全组织机构

健全的组织机构是开展思政小论文教学的重要组织基础。学校要成立校党委领导的思想政治理论课实践教学领导小组，由分管思政工作的副校长或相关干部为领导，总体布置规划、协调统筹。各思政教师为教学实践活动的主要成员，为思政小论文教学的组织实施主体，负责编写思政小论文教学计划，确定实践教学内容，制订实践教学具体活动计划的方案，组织实践教学开展实施，总结评价实践教学效果等。教务处、德育处、办公室、团委等部门要积极配合、给予支持，协助开展思政小论文教学活动，为思政小论文教学的实施提供制度、物质、人力等方面的保障。

（三）精选活动主题

实践主题是思政小论文的灵魂和统帅。确立一个合适的主题，将有利于思政教育活动的持续开展。确立思政小论文的实践主题是思政小论文撰写极为关键的环节。第一,在“大思政课”的教育时代背景下,思政课实践教学的研究主题应关注生活、源于生活、符合实际、切实可行。教师要引导学生立足实际,从个人、本地区的实际情况出发,在日常生活中选取要探究的问题或者课题,引导学生将所学知识运用到日常生活中去,在真实的世界进行各种体验。第二,思政课实践教学的研究主题应符合时代、社会和人民的需求。小论文的活动主题应该具有强烈的现实针对性,触及时代和社会所面临的问题和挑战,并能在实践研究中触发学生的真实感受。第三,思政课实践教学的研究主题应依据不同年级学生的认知特点和知识结构水平来确定,以拓宽视野、增长知识、涵养美德、提升品质、提高能力等为最终目的,选择符合学生认知和具有现实意义的活动主题。如,本书选择了从哲学的角度看重庆之美。分为五个专题:

自然美:以重庆风景名胜区,如武隆仙女山、南川金佛山等为典例,充分发掘重庆的自然之美,并用哲学的观点去诠释。

文化美:以红色文化、物质及非物质文化遗产,如红岩革命纪念馆、大足石刻、蜀绣等为典例,充分发掘由中国共产党人和人民群众共同创造的,或体现劳动人民智慧的,蕴含着丰富的革命精神和厚重历史的传统文化,并用哲学的眼光去看重庆的文化之美。

生活美:以重庆的民风民俗、饮食、特色出行,如婚嫁丧葬习俗、节日风俗、山城棒棒、滑竿等为典例,充分发掘重庆人的生活智慧和人生哲学,用哲学的观点诠释重庆的生活之美。

发展美:以重庆某地或者某方面的巨大变化,如渝中区的古今,江北嘴、涪陵、永川等地的发展为典例,充分发掘各地巨大变化背后的哲学智慧,从哲学的角度解读重庆的发展之美。

科技美:以重庆的科技发展,如璧山云巴、单轨列车、渝新欧铁路、千座桥梁等为典例,充分发掘各地巨大变化背后的哲学智慧,从哲学的角度解读重庆的科技之美。

这些主题的选择从学生的认知水平和思维特点出发,既贴近学生的生活实际,又能与学生现阶段所学相契合,既体现了针对性,也彰显了时代性。

(四)确定参加对象

因材施教是重要的教育思想和原则,教师根据学生的认知水平、学习能力等自身素质进行针对性教学,能激发学生的学习动力,促进学生的良好发展。思政小论文教学要因材施教,根据不同的年级来确定参加对象,高一、高二、高三分年级进行教学。教师以不同年级学生的认知水平和学习能力为依据,制订适合该年级的教学计划,进行分年级的教学实施,以遵循学生认知发展规律,提高思政小论文教学的针对性和有效性。

(五)设计活动内容

1.课内教学内容

课内教学可以社团课或者讲座培训等形式开展,也可把相应内容放在日常的教学过程中进行,由教师开展"思政小论文"的内涵、意义、指导思想、基本原则、写作方法、基本技巧等教学和培训。让学生能基本掌握思政小论文的相关理论知识,熟悉思政实践活动的过程,理解活动的作用和目的,初步掌握思政小论文的实施和撰写技巧。同时,任课教师应加强学生关于思政小论文的撰写练习。例如以各教学班为单位,组织学生以特定主题开展开放性试题的命制活动,实施师生、生生的互做互评,引导学生练习撰写思政小论文,在练习中不断加深学生对思政小论文的理解,提高学生思政小论文的撰写能力和水平。

2.课外活动内容

思政小论文的课外活动应依托形式多样的实践活动内容来开展。

研读类。指导教师可以提供马克思主义经典著作、具有思想政治教育意义的影视资料,并带领参加实践学习的学生进行研读或观看,要求学生撰写不少于2000字的读书心得、观后感等。

征文类。教师可选择反映时代的热点问题、体现时代主旋律的主题,例如弘扬党的二十大精神、奋进新时代、强国有我等,开展征文比赛。组织学生围绕主题收集素材、抒发真情实感，撰写不少于2000字的征文。例如本书：以重庆风景名胜区，如武隆仙女山、南川金佛山等为典例，以用哲学的眼光看重庆之自然美，开展征文比赛。

调研类。学生利用课余时间如寒暑假、节假日等，深入农村、社区和工矿企业等基层，运用所学的马克思主义理论就我国的经济社会发展的重点、热点、难点和疑点等实际问题进行调研。同时，指导教师对参加调研的学生进行相关培训和过程指导。指导教师可提供调研活动的参考题目，也可由学生结合实际自拟调研题目，并撰写不少于3000字的调研报告。例如本书：以重庆的民风民俗、饮食、特色出行，如婚嫁丧葬习俗、节日风俗、山城棒棒、滑竿等为典例，在文献阅读和理论分析的基础上，根据情况，开展社会调查，小组完成社会调研后，集体写出一份不少于3000字的社会调研报告。

采访报道。以新时代的发展为主题，组织学生走进乡镇、企业、社区、机关、街道，采访受到社会关注的人物或者普通群众，听一听他们对时代发展的理解和看法，要求撰写不少于1000字的新闻稿，并配发图片或视频。例如本书：以重庆某地或者某方面的巨大变化，如渝中区的古今，江北嘴、涪陵、永川等地的发展为主题，走进乡镇、企业、社区、机关、街道，采访受到社会关注的人物或者普通群众，听一听他们眼中的重庆变化，要求撰写不少于1000字的新闻稿，并配发图片或视频。

演讲类。依据思想政治教育的相关主题，分学段组织学生撰写不少于2000字的演讲稿，开展演讲比赛。例如本书：以从哲学的角度看新重庆为主题，围绕重庆的科技发展，如璧山云巴、单轨列车、渝新欧铁路、千座桥梁等典例，充分发掘各地巨大变化背后的哲学智慧，开展用哲学的眼光看重庆之科技美的演讲比赛，文稿不少于2000字。

参观类。以红色文化、物质及非物质文化遗产等为典例，组织学生参观革命传统教育基地、爱国主义教育基地、世界非物质文化遗产等，充分发掘由中国共产党人和人民群众共同创造的，蕴含着丰富革命精神和厚重历史的传统文化。学生拍摄活动图片，并撰写不少于3000字的活动体会。例如本书：以重庆的红色文化、物质及非物质文化遗产等为典例，参观革命传统、爱国主义教育基地——红岩革命纪念馆、世界非物质文化遗产——大足石刻、蜀绣等，充分发掘由中国共产党人和人民群众共同创造的，或体现劳动人民智慧的蕴含着丰富革命精神和厚重历史的传统文化，并用哲学的眼光去感悟重庆的文化美。要求拍摄活动图片，并以小组为单位，撰写不少于3000字的活动体会。

社会服务活动类。组织学生参加植树、“三下乡”、无偿献血、社区服务等多种活动，让学生在社会服务实践中去体悟生活的价值和奉献的快乐，并撰写不少于2000字的活动心得。

艺术呈现类。教师可鼓励学生围绕思想政治主题，用艺术的形式表现时代的发展。学生可以绘制展现时代之美的宣传画或公益广告的宣传画，拍摄记录时代发展、社会进步的微视频等，并撰写相应的创作体会。例如：本书用艺术的形式表现重庆之美，融入思想政治教育主题。如绘制思想政治教育或公益广告主题的宣传画等，并撰写创作体会。

（六）组织活动实施

第一阶段：宣传发动阶段。活动实施前，学校和思政教师明确活动主题、内容、时间和活动要求，在学校各个公共平台发布活动信息，动员学生踊跃参加活动，同时倡导教师和学生共同参与。确定好活动相关事项后，做好环境布置，可采用拉横幅、出宣传栏、广播站播报等方式，在全校范围内营造良好的活动氛围。

第二阶段：组织实施阶段。思想政治小论文的活动实施包括课内教学和课外活动两个环节。课内教学环节以讲座或社团课的方式进行。教师应做好教学计划，实施好思政小论文的内涵、意义、指导思想、基本原则、写作方法、基本技巧等教学和培训，帮助学生基本掌握思政小论文的相关理论知识，熟悉思政实践活动的过程，理解活动的作用和目的，初步掌握思政小论文的实施和撰写技巧。课外活动环节，教师根据不同的活动内容，组织开展各类实践活动，过程中做好各种活动的组织和指导工作，帮助学生根据选题，在规定时间内开展活动，并提交相应成果。

第三阶段:评审总结阶段。活动结束后,指导教师应根据学生的参与度、小论文质量、活动效果等进行评估,并对学生的汇报成果进行详细的点评,选出优秀作品。指导教师还应对实践活动进行总结,包括总结活动的优点和不足之处,为今后的活动组织和实施提供改进方向。

第四阶段:成果展示阶段。在活动实施中选出的优秀作品,参加校园展示活动。优秀成果展示的方式应多样化,可通过校园展板、微信公众号推送等多种形式进行展示。

(七)落实活动要求

学校各部门要给予思政小论文教学活动充分的支持,认真做好活动的组织实施工作,营造浓郁的社会实践教学氛围,开展形式多样的实操活动,引导学生把课堂学习与社会实践相结合,深化学生对思政理论的理解和认识,使其学会用马克思主义的基本观点和原理来认识和解决现实问题。学校各科室相关人员要做好各项培训、实践活动、评比布展等工作,确保活动的顺利举行。

全体师生要提高对思政小论文活动的认识,将其作为思想政治教育的一项重要工作来落实,创新活动内容和形式,提高活动的可操作性和实效性。教师在活动开展前,要做好教学计划和安全预案,对学生进行专题培训。在实践教学开展过程中,教师应对学生的调研活动、读书活动、采访活动、社会服务活动以及观看活动等进行悉心指导,做好学生的后勤和安全教育工作。实践活动结束后,教师要做好对学生实践活动成果撰写和汇报工作的指导,并根据学生在整个实践教学活动中的表现,综合评定学生的实践教学成果。

学生应主动参加活动,接受相关培训与教育,在教师指导下选定课题,利用课余时间,开展实践教学活动并撰写调研报告、读后感、观后感、征文、演讲稿等,同时向指导教师提交所撰写的小论文及相关材料。在活动结束后积极参加课外活动成果汇报会和汇报展。

思政小论文写作活动的实施保障

（一）基础设施夯基础，科研课程俱齐全

重庆市朝阳中学被誉为“建在图书馆里的学校”，校园内书香四溢，名言警句、先进人物介绍随处可见。图书馆藏书丰富，报纸杂志多样，为师生提供了丰富的写作和研究素材。此外，学校还配备了现代化的教育设施，如电子阅览室、学生语言自主体验中心、创客教室、学科基地等，为思政小论文的写作提供了强有力的硬件支持。

作为国家级基础教育课程改革试验学校，学校科研氛围浓厚，荣获了清华大学、南京大学、哈尔滨工业大学、西安交通大学、南开大学等多所知名高校的优秀生源基地称号，为思政小论文的写作提供了坚实的学术支持。学校坚持“朝阳树人　树人朝阳”的办学理念，构建了独具特色的学以成人“三色”课程体系，包括国家课程、地方课程和丰富的拓展课程，致力于培养学生的综合素质和创新能力。学校还开设了近60门选修课程，其中近20门为市（区）级精品课程，为学生提供了广阔的学习和成长空间。

为确保思政小论文写作活动的顺利进行，朝阳中学加强了组织层面的保障措施。学校成立了专门的指导小组，负责活动的整体规划、指导与监督。同时，学校还邀请知名专家学者开展讲座、对师生作指导，提供专业的学术支持和帮助，积极营造良好的学术氛围。

学校通过完善的基础设施、浓厚的科研氛围、多元的课程体系以及强有力的组织保障措施，为思政小论文写作活动的实施提供了坚实的保障和支持。这些措施不仅有助于提升学生的学术素养和创新能力，还有助于培养学生的爱国情怀和社会责任感。

（二）专家引领促成长，夯实教研强基础

为全面提升教师的教育科学研究能力、写作水平及专业化发展能力，本书编写组积极与西南大学、北碚区教师进修学院、重庆市南开中学等教育机构展开深入教研合作。学校定期邀请市（区）教科研部门的专家、高校教授及学科教研员组成专家指导组，通过讲座培训等形式，引领课题组成员开展写作研究，切实提升教师的教研水平和教学能力。

学校聘请了多位知名专家进行专题讲座。例如，西南大学教师教育学院教授魏小娜带来了以“新课标视域下：全科阅读教学理念与实践探析”为题的讲座，深入探讨了如何在新课标背景下提升学生的阅读能力和写作技巧。全国先进工作者、国家万人名师王小鸥老师分享了“论文的写作与指导”的经验，为教师们提供了论文写作的宝贵建议。

在上级部门的支持及名师的引领下，学校成立了北碚区高中思想政治陈静名师工作室。工作室汇聚了重庆市朝阳中学、王朴中学、兼善中学、南开两江中学等学校的思政教师，形成了集教学、科研、培训于一体的教师合作共同体。工作室以提升高中政治教学质量、培育名师为目标，通过课堂教学、课题研究、试题命制等活动，全面提升教师的专业素养和科研能力。在专家引领、理论学习、教学研讨等多种形式下，编写组政治教师的综合素质得到了显著提升。

（三）专业团队功底硬，教学科研两手抓

编写组是一支科研素质高、研究能力强的专业团队，由具有大学本科及以上学历的中学高级、中级教师组成。成员在教学和教研领域均表现突出。成员在学科教学竞赛、学生指导、论文评比等活动中屡创佳绩，其中市级赛课一等奖获得者及市级论文比赛获奖者占比均达90%；指导学生在各类竞赛中累计获得数十项荣誉，充分验证了团队的专业素养与实践指导能力。

学术研究方面，团队成员在各类期刊上发表研究论文近百篇，既形成优质

思政教育资源库，也为小论文创作提供学术支撑。在课题研究方面，团队成员主持或参与了多项市（区）级课题，研究范围广泛且深入。通过课题研究，团队成员不断探索教育教学的新方法、新途径，有效反哺思政小论文写作实践。

通过教学竞赛和科研活动的双向促进，师生形成“以赛促研、以研导写”的良性循环。教师团队在各类评比中屡获佳绩的同时，更推动学生创新能力与科研思维的同步提升，为思政小论文课程的纵深发展奠定坚实基础。

（四）学生综合素养强，理论实践全发展

朝阳中学践行“知行合一”理念，构建了理论与实践并重的综合素养培育体系。通过一系列精心设计的实践项目与学科融合活动，引导学生在真实情境中实现知识内化与能力提升。

1.文学浸润，提升素养

朝阳中学秉持“五育融合”的育人理念，以立德树人为根本任务，致力于发现并发展学生潜能，促进学生全面而个性化的成长。学校通过一系列文学活动，如经典诵读、诗词鉴赏等，营造了一个被经典文化浸润的校园环境。

在重庆市第八届中华经典诵写讲大赛“诵读中国”赛项中，朝阳中学曾顺锴、姚思颖、陈俊翰、孙甜甜四位同学凭借作品《唐诗里的中国人》斩获市一等奖并晋级国赛，彰显出深厚的文学造诣与文化积淀。为了进一步积累学生的人文知识，提升文化品位，高2023届创新开展《诗歌鉴赏集》展示和名著阅读主题育人活动。这些活动鼓励学生深入品鉴古典诗词之美，引导学生认识到古典诗词对提高文学素养的重要作用。通过读书，学生不仅增长了知识，更在无形中塑造了自己的灵魂，让阅读成为拓展生命宽度、增加生命厚度的有力途径。

2.社团引领，拓宽视野

阅读是心灵的滋养，是智慧的源泉。在朝阳中学青琅传媒社的带领下，朝阳学子徜徉于经典书海，展开跨越时空的思想漫游。他们沉浸于优美的文笔、

隽永的诗意和深邃的哲思之中，让经典的力量浸润心灵，激发灵感，启迪智慧。这种深度阅读不仅沉淀为深厚的文学素养，更铸就了独立思考的精神品格。2023年，青琅传媒社以优异且活跃的表现，成功通过《意林》杂志社与意林中国知名中小学文学社联盟的严格审核，荣膺“意林青少年作家培养基地”称号。这一成就不仅彰显了社团成员的文学才华，更为他们提供了一个更广阔的学习与交流平台。

3.课题研究，培养能力

学校历来重视学生研究能力的培养，结合新课程要求，将研究性学习课程纳入必修体系。学校教科室精心组织，引导学生利用寒暑假时间，在教师的专业指导下，积极开展小课题研究。学生踊跃参与，深入研究，完成了一系列涉及文学、艺术、社会生活等多个领域的研究成果。这些成果不仅展现了学生探究、调查、访问、考察等多样化的学习和实践方式，更在过程中拓宽了他们的视野，让他们积累了宝贵的研究经验，提高了写作能力。学生通过课题研究形成了积极的学习态度和良好的学习策略，更培养了创新精神和实践能力。

4.辩论交流，丰富生活

为丰富学生课余生活，提升语言表达能力、思维应变能力和团队协作能力，朝阳中学定期举办辩论赛。2022年，高中语文和政治教研组共同策划了在高一、高二年级开展的首届“树人杯”辩论赛，辩题聚焦“外来文化对民族文化的发展‘利大于弊’还是‘弊大于利’”。经过激烈角逐，学生不仅拓宽了知识视野，更深化了对中华优秀传统文化的理解和认同。辩论赛不仅锻炼了学生在赛场上的应变能力，也激发了他们对知识的热爱和追求。

5.阅读讲座，启迪智慧

朝阳中学鼓励学生通过阅读深化对思政知识的理解，通过写作磨砺科学思维。阅读思政经典，能让学生接触到更广阔的知识领域，了解不同的文化和思想，从而拓宽视野，培养批判思维。当思维火花在头脑风暴中碰撞，学生便以思政小论文为载体，将阅读积淀转化为论文中的真知灼见。这种深度读写训练成效显著。通过构建“观点采集—框架搭建—论据淬炼”的写作流程,学生在论证中锤炼逻辑思辨能力,在引经据典时提升学术表达能力。优秀思政小论文的产出,往往伴随着阅读质与量的双重突破,这正是读写互促的生动注脚。

学校通过环境文化浸润心灵、智能平台拓展资源、专家导师点拨方法、社团活动激发创意,形成“浸润—启迪—转化—创新”的完整育人链条,为朝阳学子书写新时代的青年思考提供了坚实保障。

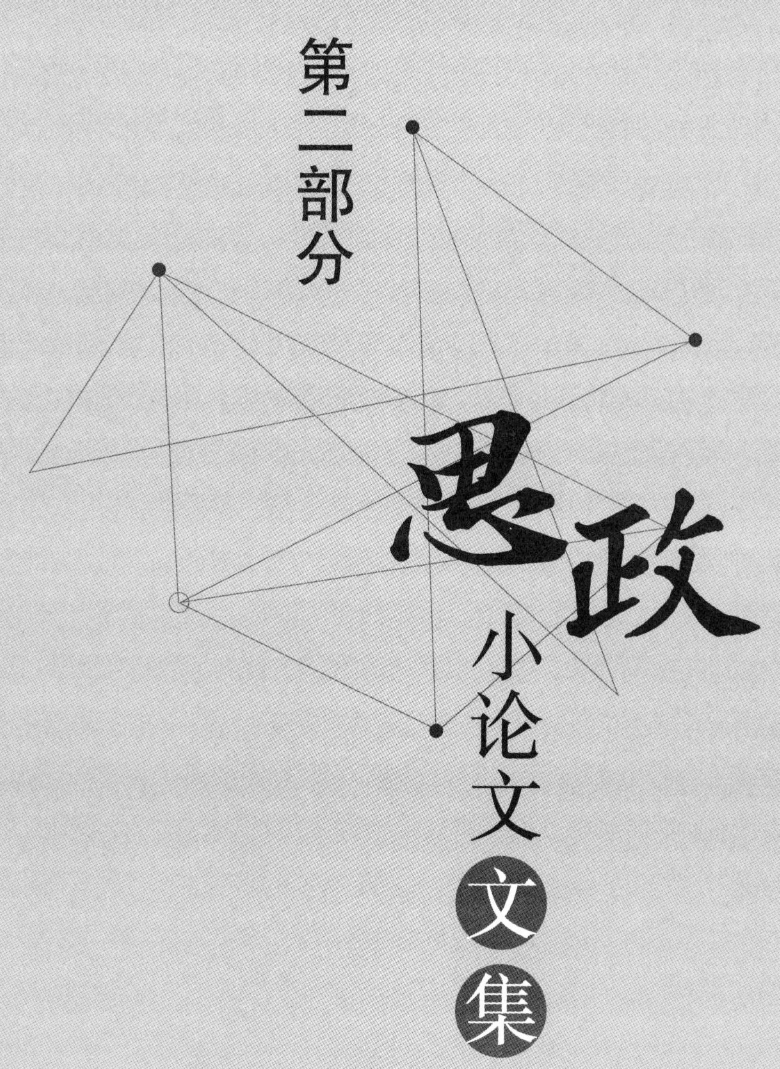

第二部分

思政小论文文集

一 用哲学的眼光看重庆——自然美

我见青山多妩媚　缙云见我应如是

重庆市朝阳中学高2023届14班　黄粒粒

人间烟火缀壮丽河山，山峦连绵映悠悠岁月。观重庆，可见“烟火参差家百万，波涛上下浪三千”。峰峦耸立，河水流淌，一方秀美之地；炊烟袅袅，时和岁稔，一片岁月静好。观重庆，亦可见“君问归期未有期，巴山夜雨涨秋池”。一问一答，思妇无眠，羁旅之情弥漫；夜雨交织，涨满秋池，缙云风色初现。重庆，山峦叠翠中，养育了千万子民，悠悠历史里，缙云风采动人。

览缙云山，可悟“春山多胜事，赏玩夜忘归”之情。缙云秀丽，绝非春日独美。游于山间，欣赏山中草石，春见郁郁层峦夹岸青，万物复苏，生机盎然，是四季轮回之开端。夏闻竹深树密虫鸣处，长夏绿瘦，蝉鸣四野，盛暑疏影垂绿云。秋观清泉石上流，流水潺潺，金风玉露，有秋日薄雾霜染红枫。冬看林表明霁色，苍山负雪，琼枝玉树，坐待瑞雪兆丰年。缙云山是悠远的诗词，是美的具体呈现，亦是君子德行的写照。千百年前的他们站立于此，便已有人感叹这青山朝看云霞夜听雨，岂知今日缙云山更胜千年美。时间改造一切，重造一切，缙云山的美似是一幅承载四季的流动着的画卷，文人墨客以双脚量其峻，以诗赋其丽，以墨绘其秀，记录着每个时期的自然风光。透过它们，似乎能跨越历史的屏障，与古人共赏这片美丽山林。

观缙云之美，不仅景色秀美，亦美在和谐。山川之间，峰峦叠嶂，山石雄浑，几笔淡墨笼罩草木，更添几笔清丽。俯瞰人类历史，人们依靠自然、改造自然、试图征服自然。而北碚人民在缙云大地上繁衍，在山的怀抱里生息，与万物共舞，明白“万物各得其和以生，各得其养以成”的道理。缙云山是重庆主城的绿色屏障，人们与其血脉相融，更是视其为珍宝，始终秉持山与人民共生之计。万物并育而不相害，道并行而不相悖。保护缙云生态功在当下，利在千秋，彰显着重庆人民从历史中，在生活里沉淀的天人合一的思想，既是民意所在，亦是民心所向。草木荣华滋硕之时，则斧斤不入山林，不夭其生，不绝其长也。

历史很容易被遗忘，却又很难被彻底遗忘。过往云烟皆数消散，唯有黄土依旧，诉说曾经种种。山火席卷而来，高温、烈火、浓烟无法阻挡人们扑火的脚步，没有慷慨激昂的陈词，亦无振奋人心的音乐，目之所及只有普通的人们前赴后继地扑灭山火，那一刻“把我们的血肉，筑成我们新的长城”不再只是一句歌词，而是融入血肉的本能。山火无情人有情，“各路神仙赴汤蹈火”，是挥洒汗水的消防队员，是自发前来的八方铁骑，是千千万万的普通民众……在山火的漫天烟尘里，我们看不清他们的脸，却能看见那一颗颗盛满清澈的爱的心。他说：“是我们的家，不能看着不管。”他说：“在灾难面前，我不想当一个旁观者。”身前是漫天烟火，身后是万家灯火。无数的他组成他们，追随五星的光，将此寄山河，坚信着今日苦难必将散去，他日繁盛尚可期待。

岁月失语，唯石能言。大火已灭，但痕迹难消。冬日的薄雪轻吻山林裸露的脊梁，这条黄棕色的裂痕，是缙云难以愈合的伤疤，它并非丑陋的代表，而是“人有悲欢离合，月有阴晴圆缺，此事古难全”的叹息。遗憾，却也带着别样的美。像断臂的维纳斯，残缺的躯体没能削弱她的美丽，反而更为她的容颜添上几分忧思的美。裸露的黄土吮吸过烈火中逆行者的汗水，见证过浓烟中不屈的灵魂。大山不会忘记夏日的英雄。众志成城灭山火的故事将代代相传，华夏子民万夫一力的精神将源远流长。

天不言而四时行，地不语而万物生。虽老树焦黑、乱石零散，却有青苔自生、枯树新叶，绿色缓慢地蔓延着。看似荒山，却是灵壤；看似全无，却是大有。

我见青山多妩媚，缙云见我应如是。

游青山，瞰草木植成国之富也；登缙云，观山河壮丽人间无恙。

人不负青山，青山定不负人。

教师点评

本文以重庆的缙云山为背景，通过描绘四季变换的自然风光和人与自然和谐共生的生活场景，展现了作者对自然之美深深的赞美。同时，文章也强调了人与自然的和谐共生，人们依赖自然、改造自然，但最终必须尊重自然，维护生态平衡，处理好人与自然的辩证关系。此外，文章还描绘了人们在山火面前的坚韧不屈，发挥人民群众的主体作用，赞美人类精神。

文章的语言优美，充满了诗意。作者运用了许多生动形象的比喻和描绘，如“人间烟火缀壮丽河山”“峰峦耸立，河水流淌”“春见郁郁层峦夹岸青”“夏闻竹深树密虫鸣处”“秋观清泉石上流”“冬看林表明霁色”等，使读者仿佛置身于缙云山之中，亲身感受到了四季的变化和自然的魅力。这种语言的运用，不仅增加了文章的艺术性，也更容易使读者产生共鸣，能更深入地理解和感受作者所要表达的情感和思想。

文章的主题深刻，富有哲理。作者通过对缙云山的描绘，表达了“人不负青山，青山定不负人”的中心思想。习近平总书记指出，“绿水青山就是金山银山”。保护生态环境就是保护人类自己。缙云山是重庆主城的绿色屏障，人们与其血脉相融，更是视其为珍宝，始终秉持山与人民共生之计。后来，缙云山遭遇山火，无数志愿者挺身而出、英勇抗火。这些志愿者用实际行动诠释了什么是真正的英雄，什么是城市的脊梁。人民群众是社会历史的主体，是历史的创造者，他们用实际行动创造了物质财富和精神财富。这些志愿者的精神品质值得我们每一个人学习和传承。

总的来说，《我见青山多妩媚　缙云见我应如是》是一篇优秀的思政小论文，结构严谨，层次分明。文章从描绘缙云山的自然风光入手，然后转向人与自然的关系叙述，最后以“人不负青山，青山定不负人”的主题结尾，形成了一个完整的主题循环。这种结构安排,既符合散文的特点,也使得文章的主题更加鲜明,更具有说服力。

(指导教师:重庆市朝阳中学　李雁)

缙云之美　重庆市朝阳中学高2023届15班　戴雨彤

析重庆两江四岸的生态治理

重庆市朝阳中学高2026届10班　刘雒菡

初冬时节，山城如画，远道而来的红嘴鸥聚集重庆，在两江水域翻飞嬉戏。它们的身影在江水、山峦和城市建筑之间穿梭，仿佛在诉说一段关于迁徙、关于生命的美丽故事。正是因为对自然规律的遵守，才使重庆两江四岸成为人与自然和谐共生的乐园。

重庆两江四岸自然资源丰富，长江和嘉陵江在此地汇合，山环水绕，江峡相拥，四条山脉贯穿全城。这些丰富的大山大江资源，共同塑造出重庆"两江四岸"的大山水格局。几千年来，居住在此的人们依山而行，傍水而居，与大自然和睦相处。

然而，随着工业基地的兴建，两江四岸被过度开发。工厂挤占江道，餐饮渔船污染江水，两江四岸生态系统被割裂，岸线土壤也被破坏……两江四岸的生态系统病了，病得还不轻。滨江路临水起桩，修建江桥，这让交通顺畅了，可人与水却分离了，"见江难近江"是市民最直接的感受。不少江岸上，一两百米的高楼大厦贴江而建，将原本的大江挤成了"小水沟"。当天不再蓝，当水不再清，当山不再秀，当空气不再清新，人们岂能坐视不理？两江交汇，何奇之景！清水不见，何其惜也！

自然规律告诉我们，关系人类长远发展健康的自然生态同样也应受到重视。绿水青山就是金山银山。工业兴起时，我们疯狂追求着金山银山，将绿水青山变得满目疮痍，却忘了，绿水青山就是金山银山啊！

2018年6月，重庆市发布《重庆市实施生态优先绿色发展行动计划(2018—2020年)》，随即出台《重庆市主城区"两江四岸"治理提升实施方案》，率先吹响了修复"山水之城"生态系统的号角。随后，在"共抓大保护、不搞大开发"的精神指引下，重庆市从修复江岸线生态系统入手，按照"减量、增绿、留白、美境"的原则，开展城市环境专项整治工作；通过分类整治护岸，优化滨江岸线功能等措施，改善了两江四岸的生态环境，将清水江岸重新还给了市民。夜晚，市民们漫步在滨江路，微风从江面传来——习习，看城市的霓虹灯光——闪耀，观江上之水波——粼粼；再听听游人的三言两语，一天的疲惫便无影无踪了。正所谓："惟江上之清风，与山间之明月，耳得之而为声，目遇之而成色，取之无禁，用之不竭。是造物者之无尽藏也。"

通过对两江四岸进行生态治理，重庆的风景越来越好了。两江四岸的治理成效，也能更好地为重庆的经济发展赋能。据"中国十大夜经济影响力城市榜"（2020年）显示，重庆在夜经济影响力城市中拔得头筹，这不仅是重庆"夜文化"作用的结果，也是重庆生态环境逐步改善的成果。作为城市发展主轴，两江四岸当之无愧地成为重庆旅游业发展的关键。这意味着重庆两江四岸的生态治理不等同于一般的环境治理和风貌改造，而是贯彻新发展理念，从不断完善城市功能、优化空间布局、传承历史文化等方面系统地促进城市有机更新，提升城市产业能级，增加城市发展活力。据此，重庆专门调整了岸上岸下的城市功能布局，提升了滨江路的建筑品质和跨江大桥景观，打造了具有重庆特色的城市景观。山、水、人相互交织融合，让重庆散发着一种人与自然和谐相处的魅力。

然而，两江四岸的生态治理并非一帆风顺。2020年，重庆遭遇百年一遇的大洪水，这让本已经完工的工程陷入险境，一些项目受损严重。但重庆两江四岸的生态治理，势在必行。在国家各个部门的支持下，重庆听取多方意见，派专家对两江四岸进行专项考察，充分把握两江四岸的实际情况，不断推进核心区岸线的治理。

现在，两江四岸的生态治理并没有结束，重庆市对两江四岸的发展作了长期规划。主要分为三个阶段：专项整治阶段、全面提升阶段、优化赋能阶段。这三个阶段结束后，重庆市还将采取"四种手法"，进一步完善两江四岸的治理。未来，两江四岸将成为城市公共空间新地标和滨水环境新名片。

天蓝水清，江天一色，重庆两江四岸的生态好起来了。红嘴鸥在江面飞舞，市民们在江城步道上漫步，醉情在这青山绿水之中，何等的惬意啊！这一切都是重庆遵循自然规律对两江四岸进行科学治理的结果。未来，重庆市将在自然规律的指引下,更好地治理好、发展好两江四岸,从而使重庆整体发展得更好!

教师点评

文章思路清晰,层次分明。通过描写重庆两江四岸生态环境的变化,论证城市发展要尊重和利用规律,让生态治理与经济发展相协调,促进人与自然的和谐共生。

文章开篇描述美丽的城市一景,点出要尊重和利用规律进行城市治理这个论题。接着述说工业的发展和城市建设的发展对重庆两江四岸生态系统的破坏,用事实论证不尊重规律带来的危害;并引用习近平总书记的名言"绿水青山就是金山银山",阐述重庆在习近平生态文明思想的指导下,尊重和利用规律,开展治理,重新恢复了两江四岸的生态系统。正反事例进行对比论证,更具有说服力。最后,文章指出两江四岸的生态治理并没有结束,重庆市对两江四岸的发展作了长期规划;并以美丽的景色点题,首尾呼应,让文章的情感递进得更深更广!

我们坚信,重庆在党的领导下,尊重和利用自然规律,能更好地治理好发展好两江四岸,让重庆发展得更好,达到生产发展、生活富裕和生态良好的局面!

(指导教师:重庆市朝阳中学 冉美)

勒是雾都　重庆市朝阳中学高2026届16班　何奕霖

武隆仙女山的独有浪漫

重庆市朝阳中学高2026届10班　汪芮萱

不知是哪年的七月七日，仙女们到天河外巡游，来到石门一带上空时，只见群山之中一块碧玉映入眼帘，于是纷纷朝着这块碧玉飞来。一汪清澈的被周围群山环抱着的羊圈塘就在其中，仙女们下水游玩嬉戏。天色渐晚，她们匆匆起身往回赶。其中一个仙女没发觉姐姐们已经匆匆离去。第二天清晨天河关闭，王母娘娘才发现小女儿不见踪迹，便派九匹骏马前来带她返回天宫。

当九匹骏马落到这口堰塘边的山梁上时，清晨农家的炊烟四起，牧童的笛声清晰地传来，人们新一天的劳作已经开始。于是仙女挥动纤纤手指，将九匹骏马点化成石，将它们固定在这座美丽的山梁上。时至今日，九块恰似骏马的石头，还在这座山梁饱览人间美景。当地百姓把羊圈塘唤作"仙女湖"。这个美好而浪漫的传说便一直流传下来，这座山也被称作仙女山。

巍然、绵亘、蜿蜒，莽莽大山深处，有着另一番景象，让人仿佛闭眼、睁眼就来到了瑞士——一个从青翠草场上长出来的国家。同时，它也演绎着东方的别样景象：春风染翠，眺望苍山环伺，峭壁环立，一汪春水美湖，云烟缥缈。张开手尽情奔跑在无垠的草地，心里也像跃出点点跳动的绿珠。偶尔几枝桃花争着露面，春风桃花嫣然缱绻，点点桃红呢喃春语，仿佛翩翩仙子仍然玉立云林山野。人们在群山之间感受着来自仙女山的独特内涵。

重庆的山很多，但并不是每座山都像仙女山一样有着自己的风采与独特的文化内涵。武隆人根据当地的地理优势构建了一个不同于任何地方的"仙女山"。而仙女山也将人们对美好生活的向往融于自然景观之中，赋予当地的草木虫鱼别样的风采。当地的自然环境和流传的各种神话传说，唤起了许多人的共鸣，引发了许多人的想象。武隆人更是利用这一天然优势，将仙女山变成了"人间仙境"，使人们想要一睹芳容。武隆仙女山既展现了现实生活与中国古典传统文化的融合，也记录着民间神话故事的传承与创新。着眼于当下大多数人对快节奏生活的疲倦感，让游客能在这种独一无二的氛围中得到片刻喘息，仙女山成为被精心勾勒的一幅从嫩芽中生出的青春图样。

游人到此，如登仙山，如进画中，或者玩乐，或者览胜，可谓饱餐秀色。在这万千风光中，最值得自豪与骄人的却是山上的奇峰、林海和草场，它们堪称仙女山上的“三绝”。

1958年秋天，这里建起了国有仙女山林场，经过几十年的人工造林和飞播造林，而今形成了仙女山上绿波浩渺的林海奇观。凭借着如此壮观的林海，武隆人更是利用好这一自然环境优势，不仅林区公路以及公园大道两旁有排列有序挺拔伟岸的柳杉和马尾松，更加引人入胜的是林区的地广林博以及种类繁多的动植物。倘若你身处仙女山的草场，站在这坦荡无垠的大草原上，极目远眺，草场就像一块巨大的碧毯铺天盖地，连绵不断，沿着远方的地平线和远丘的轮廓展开而去，碧绿的草场截出了天空的上半，显出超凡脱俗的青碧糅合。

事实上，武隆仙女山景区的打造过程充满曲折，从景区的策划，到提出提案，到开始实施，经过多方的不懈努力，仙女山才终于呈现如今秀美的景色。正如武隆一样，重庆的各个区县正以特色化定位、差异化发展理念促进重庆市经济高质量发展，力争形成“八仙过海，各显神通”的区域经济高质量发展新局面。武隆更是利用好当地的自然环境优势，因地制宜，用热爱规划好仙女山未来的一草一木，浇筑心血，倾注匠心。利用当地优势发展、维护美丽景色，使仙女山在每个游客的心里有着不同的含义。

因为美景不仅美在外地游客眼里，也美在本地人民心里。武隆人民将这隐逸一方的自然绝景加以利用，灌注了自己对武隆的一腔诗意与热情，这才有了今天如此美名远扬的大美武隆。

我曾看过平原一带居民来到重庆后，对重庆由山山水水拼接起的自然地貌很是惊奇。我问过其他地方的朋友，他们告诉我，在他们心中，重庆的美可以从不同角度欣赏。重庆利用地理环境多样性的优势，在全国各地居民心中，植下了属于他们自己的“山城”印象。

教师点评

文章语言朴素生动,描述了重庆市武隆仙女山的自然风光和“仙女山”名称的由来。开篇借神话故事,阐述了武隆仙女山的故事传说,营造出神秘的色彩,引发读者继续阅读的兴趣。接着描绘了武隆仙女山的自然风光,为文章的论题铺垫了前提。通过仙女山秀美、独特的自然风光点出小论文的论题——因地制宜促发展。武隆仙女山之所以能在重庆众多山之中脱颖而出,形成自身特色,成为重庆市区县打造旅游景区的成功典范,就在于武隆当地政府充分利用本地自然资源,因地制宜,在特色化定位、差异化发展理念的指导下走出了一条特色发展之路。最后,文章以小见大,以武隆仙女山的发展看重庆的高质量发展。矛盾具有特殊性,不同事物具有不同的矛盾。不同地区有自身的独特资源,要充分利用本地特色资源,做到一切从实际出发,将尊重客观规律与充分发挥主观能动性相结合,打造特色的可持续发展道路。

(指导教师:重庆市朝阳中学　冉美)

“桃花源”应该在我们心中

——在酉阳桃花源里的思考

重庆市朝阳中学高2027届16班　曾祥玲

“晋太元中，武陵人捕鱼为业……”这是东晋陶渊明《桃花源记》的开头，文中的捕鱼人在那日之前从没想过在一个战火纷飞的年代会存在一个独立于世间的“小社会”，在这里，他感受到了前所未有的惬意与欢愉，离开后久久不能忘怀，心中满是向往。同样，读到这篇课文的我，也对这样的一个小桃源有着深深的向往，而重庆酉阳就存在着这样的一个桃花源。

酉阳桃花源与陶渊明所写的桃花源还真有几分相似，有“夹岸数百步”的桃林、“初极狭，才通人”的山洞，这样奇特的地貌是怎样形成的呢？经专家勘察发现，这片桃花源在数万年前是与伏羲洞连为一体的自然溶洞，后因地质结构发生变化，桃花源上层部分向内凹陷，才逐渐形成了今天集“天坑、溶洞、地下河”于一体的罕见的喀斯特地貌。喀斯特地貌的形成需要经历上千年甚至万年的积淀，桃花源的美景并非全来自短暂的人工建设，更重要的是数年来的沉淀，所以这样的美景总是很稀少。

本以为这里游人如织，热闹拥挤，但这里的游客却并不多，原因之一可能是它独特稀有的地貌地势，在一定程度上影响了周围的交通建设。所谓“有得必有失”，桃花源失去了人流量，但得到了一个桃花源应有的清静，倘若一个“世外桃源”里人山人海，摩肩接踵，那它瞬间就会从“桃花源”跌落成“桃花园”。但将人山人海放进一些网红景点，反而突出了景点的魅力。不同的现象要一一对应不同的情景，这个搭配的准则就是人们的需求，我们享受快节奏时代带来的物质上或服务上的满足，同时也追求“出世”的精神满足。

对桃花源的各种美称都围绕在“人间仙境”这一意象，桃花源又是一个有特殊意义的意象——那便是与世隔绝和自耕自种。这是农耕社会中大部分人很向往的存在，因为他们希望活在一个没有压迫没有高税收的人间仙境。可为何在科技发达、民主至上的今天，有的人仍把这样一个农耕社会看作人间仙境呢？本应更享受发达的科技、便捷的社会，却还是将向往的眼光投到了与世隔绝的地方。其中，是得不到的东西永远在骚动呢，还是一种对体验农家生活的向往呢？如果真的让他们在此地生活，度过半生或者几年，他们还会向往这种生活吗？而对于真正处于农村，过着自耕自种自给自足的生活的人们，又有多少是感到满足的呢？我们不得而知。可答案也显而易见，不过是追求着自己认为美好的东西罢了。桃花源一直美好就会一直被人所向往，在不同时期给予人们不同意义。在现代，它是人们心中那份对田园生活不可磨灭的向往，是所追求精神的价值中不可或缺的一部分。

当你走在酉阳桃花源里，你又会不禁想起：初极狭，才通人，复行数十步，豁然开朗，土地平旷，屋舍俨然……理想中的桃花源与现实一一对应，给人以梦想照进现实之感，触手可及的理想才会更加想要抓住。来日方长，只要酉阳桃花源坚持做这一片能抓住人们心灵的理想之地，不被侵染，它一定会越做越好，期待从外地人口中听到对它的夸奖，将这份美传递给更多人，印刻在大家的心中！

教师点评

这篇文章以重庆市酉阳桃花源为写作对象，将酉阳桃花源的地形地貌、景观等自然特色与时代变迁相结合，展现了作者对桃花源的一些哲学思考，寄托了对田园生活的期许。文章结构清晰、语言流畅，蕴含了马克思主义哲学的发展观、联系观、价值判断与价值选择等哲理。

作者以东晋陶渊明《桃花源记》中的语句引入文章写作对象——酉阳桃花源，快速将读者的思路引导到这里，将《桃花源记》中理想的世外桃源与现实中的酉阳桃花源相联系。这充分体现了作者思路的巧妙，展现了人类意识的能动性。

作者介绍了酉阳桃花源喀斯特地貌的形成与变化，点出喀斯特地貌的形成需要经历上千年甚至万年的积淀，使文章更具哲学味道和感染力。一方面，作者从地形地貌的变迁感悟一切事物都是变化发展的；另一方面，作者发出“人们向往的眼光为何投到与世隔绝的地方”的疑问，引人思考不同生活中的价值选择，这是对价值观的导向作用、价值判断与价值选择等哲理的思考。

作者又以《桃花源记》中记载的场景结尾，再次强调理想与现实的结合，表达对酉阳桃花源的美好祝福，点出文章主旨。文章首尾呼应，让读者在欣赏美文的同时，也对生活方式进行思考，感受自然中孕育的哲理。

（指导教师：重庆市朝阳中学　冉美）

桃花源　重庆市朝阳中学高2027届16班　曾祥玲

群山万壑赴三峡

重庆市朝阳中学高2025届13班　刘芯瑜

“三峡楼台淹日月，五溪衣服共云山。”三峡至美，是长江在重庆创造的最瑰丽奇特的奇迹，它宛如一颗璀璨的明珠，以它惊人的险、迷人的秀以及壮丽的雄闪耀在人们的心中。

瞿塘峡是三峡中最短也是最险峻的一段，它全长只有八公里，却可以满足人们对“险”的所有幻想。瞿塘峡两岸如削，岩壁高耸，大江在悬崖绝壁中汹涌奔流，自古就有“险莫若剑阁，雄莫若夔”的美称。在这里，两岸的青山“连峰去天不盈尺，枯松倒挂倚绝壁”，水道被群山挤得狭窄；在这里，“飞湍瀑流争喧豗，砯崖转石万壑雷”，上游而来的滔滔江水只得加速通过，此时乘船而行，“虽乘奔御风，不以疾也”。山挡水路，水冲山去，“山”“水”这一对看似矛盾的个体，却因为这一挡，这一冲，赋予了对方新的“生机”，也只有这样的矛盾，才让瞿塘峡有了更加险绝的魅力。人们对瞿塘峡是又惧又爱，它的山之高峻、水之湍急，让人心惊胆战，可就是这高峻，这湍急，也让人心驰神往。瞿塘峡的美景是对勇敢者的褒奖。

“曾经沧海难为水，除却巫山不是云。”元稹的诗不仅让他与亡妻韦丛的那一段缠绵悱恻的爱情得以传世，也让巫峡流芳百世。巫峡，三峡最秀美的流段，素有“十里画廊”的美誉。这里云海浩渺，拥抱宇宙的辽阔。“放舟下巫峡，心在十二峰”，巫峡的红叶与神女峰向来令人向往——泛舟于巫峡，两岸枫红似火，荡漾着秋天气息的水波与满山沙沙作响的红叶交相辉映，组成一幅完美的画卷；“襄王有梦，神女无心”，云雾缭绕间，“神女”的真容若隐若现，那神秘的传说更让这美景平添一份幽幽。自古至今，历代文人雅士来往三峡泛舟至巫峡之间，被这山水美景吸引，吟诗作赋，留下无数千古绝唱——“暮春三月巫峡长，皛皛行云浮日光”“巫峡苍苍烟雨时，清猿啼在最高枝”“眼惊巫峡江山近，身在苏仙诗句中”……这些诗赋来自巫峡之景，又使巫峡之秀美因为浸润着笔墨香气与诗情画意而更加动人。

西陵峡的雄伟壮丽是大自然赋予的。当第一缕阳光洒落在峡谷中，山峦和江水的轮廓逐渐清晰，如同人生的曙光，带来新的希望与开始。这里的每一纹水波，每一片叶子都在阳光下舞动，仿佛在诉说着生命的坚韧不拔。西陵峡的雄伟壮丽，更是人民创造出来的——古有李白出蜀用“轻舟已过万重山”的豁然开朗寓其开阔的雄壮，今有三峡大坝之奇迹工程“更立西江石壁，截断巫山云雨，高峡出平湖。神女应无恙，当惊世界殊”——175米的蓄水位，如同巨人高高举起湖泊，用一种平静而震撼的姿势，完成文明对原始的教化，秩序对野性的改造。两千万余千瓦的装机容量，输出无尽的绿色能源，照亮了九州。这一雄伟的工程使三峡成为一个民族屹立着的自豪与骄傲。

泛舟于三峡之上，我仿佛听到江水与山峦的呢喃细语，他们诉说着千百年来的故事，见证了人与自然的和谐共生；他们以独特的方式展示了大自然的力量和人类的智慧。在这里，人与自然相互依存、相互影响、和谐共生、共同发展。

“自三峡七百里中，两岸连山，略无阙处。重岩叠嶂，隐天蔽日。自非亭午夜分，不见曦月。”这里有素湍绿潭，回清倒影，有悬泉瀑布，飞漱其间；这里清荣峻茂，良多趣味。这里的山水、云雾、峡谷，共同构成了一幅壮阔而又神秘的画面，让人感受到大自然的鬼斧神工和人民的伟大力量。

三峡犹如一部永续的生命史诗，它以细腻的笔触勾勒四季轮转的神奇画卷。我沉浸在这无尽的美景之中，见证生命与季节的璀璨交替，感悟生活的斑斓律动。三峡宛如一首未完待续的抒怀长卷，每个季节都是诗人的一行诗句，它们悄然诉说着时光流转的秘密，引导我用心去聆听大地的低语，学会珍惜这片土地赋予的成长馈赠。

彼岸，我不仅仰望三峡，更是投身其中，亲身经历风霜雨雪的洗礼。四季的更替，化作人生舞台的变奏曲，我紧握此刻，以独特的方式唱响三峡的赞歌，自然的赞歌。

教师点评

三峡，穿越了无数巫山云雨，无数蜀地烟霞，携带着这么多文人笔墨，又携带着这么多亘古哲思，奔涌而来。初看这篇思政小论文，先是沉醉于此文的旁征博引、语言流畅、文采独绝，惊讶于如此多的诗篇间那永恒的三峡，从瞿塘峡，到巫峡，再到西陵峡；再细细品味，才看到这山外山——作者把哲思与三峡美景如此紧密而自然地联系在一起。

作者能准确把握矛盾的普遍性与特殊性的关系。他列举出两个看似矛盾的个体，“山”与“水”。这山阻挡着水，这水拍打着山，二者互不相让，从某种程度上，二者也共同直面了这一矛盾。若非这砯崖转石的水，这寂静的山似乎少了那么几丝雄伟；若非这婉转险峻的山，这浩大的水估计也只能空然回旋，泛不起什么波浪。这个水可以避开山吗？可以，水在哪里不能长流？这山可以避开水吗？可以，山在哪里不能高耸？但是要解决问题，就必须具体分析，要化解矛盾，就必须直面矛盾！正是这矛盾的“山”与“水”，才造就了这绝美而伟大的瞿塘峡啊！

作者还准确把握了矛盾的普遍性、客观性和多样性。君可见，三峡的山水是互相联系的，它们从千年以前就已经形成并且客观存在，经历了这么多的风风雨雨，甚至人为改造，却从来没有因为客观因素而转移；君亦可见，三峡的山山水水与文人墨客也是相互联系的，从“曾经沧海难为水，除却巫山不是云”到“暮春三月巫峡长，皛皛行云浮日光”；从“巫峡苍苍烟雨时，清猿啼在最高枝”到“眼惊巫峡江山近，身在苏仙诗句中”。多少文豪，多少泰斗，寄情山水，荟萃其间，这无边的三峡两岸，记载了多少恩短情长，又见证了多少“文心雕龙”。这么多笔墨，普遍但多样，情异但景同。

作者更上一层楼，把人与自然的和谐相处在西陵峡这个地方体现得淋漓尽致。古有李白出蜀，写下了千古名句“两岸猿声啼不住，轻舟已过万重山”，可承想，这三峡水泛起了诗仙的一叶扁舟，逍遥的太白也有感而发而书下这脍炙人口的名篇，纪念这一段没有名字的三峡路，好一派人与自然的和谐与美好。再把目光放在今天，多少飞桥横渡，天堑化为通途，让人不禁想起毛主席那句“神女应无恙，当惊世界殊”。更让人吃惊的是三峡大坝的横空出世，把三峡之水高高举起，“高峡出平湖”，两千万余千瓦的装机容量，输出无尽的绿色资源，造福了多少百姓！这些都是人与三峡，乃至人与自然和谐共生的佳话。

“放舟下巫峡，心在十二峰”“飞湍瀑流争喧豗，砯崖转石万壑雷”“险莫若剑阁，雄莫若夔”“襄王有梦，神女无心”。我仿佛正伫立在这宏伟险峻的三峡之中，听猿猱清啼，看漫山尽染。同时，我又被其中隽永光辉的哲思所折服，它也犹如三峡一般永恒。想到现在，中国的发展越来越迅速，与世界的联系也越来越紧密，我们就更应该尊重自然、尊重客观规律，与自然和谐共处；同时，面临日益凸显的人地矛盾、文化矛盾、发展矛盾，我们也应该拿出改造三峡的勇气，敢于承认矛盾，勇于直面矛盾，用正确的方法解决矛盾！这样，我们才能在这片汹涌的形势下掌好舵，扬好帆，才能在华夏热土上牢牢地生根发芽。三峡，千古；但人类，万岁！

（指导教师：重庆市江北中学校　陈春利）

重庆三峡　重庆市朝阳中学高2025届8班　龚芊玥

弹生态之曲，谱繁华之歌

——重庆广阳岛的生态蝶变

重庆市江北中学校高2024届7班　王心怡

一城两江绿水柔，三山四面红花羞。在重庆这座高速发展的8D城市之中，还有一处人间秘境——广阳岛。重庆广阳岛位于重庆市南岸区明月山与铜锣山之间，是长江上游重庆段最大的江心岛。岛上有丰富的自然资源和历史文化，景色宜人。每当秋意渐浓时，山水环绕的广阳岛宛若一幅风景画，岛上山坡、溪流、树林和湿地相映成趣，远处铜锣峡云雾缭绕，长江两岸林木葱茏，一幅人与自然和谐共生的生态画卷徐徐展开，诠释着重庆这座山水之城的深厚底蕴，也书写着重庆坚持生态优先、绿色发展的生动篇章。

重庆成为直辖市以后，城市发展日新月异，毗邻市区的广阳岛面临着发展难题：是跟随城市发展的脚步大搞商业开发，还是选择保护好独有的自然生态资源？广阳岛给出了一份优异的答卷。十多年前，为了赶上城市发展的快节奏，广阳岛上大部分土地被规划为商业用地，政府规划了房地产开发量并实施了征地拆迁和平场整治。这样的规划将会给广阳岛附上城市的意蕴，但代价就是将严重破坏岛内原有的人文本色，千百年来形成的小尺度梯田将不复存在，生物多样性也将受到严重挑战。站在发展的十字路口，广阳岛该何去何从？2017年，在重庆市委、市政府的领导下，广阳岛坚决贯彻落实习近平生态文明思想，坚持人与自然和谐共生理念，贯彻落实长江经济带“共抓大保护、不搞大开发”的重要指示要求，果断选择了生态优先的发展路径，实施了护山、理水、保林、疏田、清湖、丰草的六步走战略，实现了山清、水秀、林美、田良、湖净、草绿，为更多动物提供良好的栖息地，丰富了生物多样性，还自然以宁静。

“绿水青山就是金山银山”，广阳岛在保护生态的同时也为经济发展注入了活力。广阳岛利用当地丰富的自然资源，大力发展乡村生态旅游，建成了上坝森林、高峰梯田、山顶人家、油菜花田、粉黛草田、胜利草场等观赏点，把广阳岛建设成为生态旅游的示范基地,来广阳岛旅游的游客络绎不绝。立足广阳岛风景秀丽之基,重庆市大力举办与生态有关的公益性活动,从而引智聚慧,为绿色发展助力。许多企业主动响应广阳岛智创生态城产业倡议,拥抱新能源和智能化,与广阳岛智创生态城的瑞方渝美签订了价值4000万元的新能源汽车变速箱壳体合同,为广阳岛的经济发展注入了新动能。在经济发展的同时,重庆市政府还岛于民,通过生态修复和旅游发展,提供更多的工作岗位,不断拓宽岛上居民的收入方式,增加岛上居民收入,使其生活日益美好。

生态保护为经济赋能,经济发展为生态护航。广阳岛合理兼顾了生态保护与经济发展的利益,真正做到了建设生态友好型经济。未来,广阳岛会以更加饱满的精神状态去寻找可持续发展的路径,通过合理利用自然资源和转型发展,实现生态与经济的良性循环,真正让广阳岛成为重庆一道独特而又亮丽的风景线。

教师点评

从哲学的视角看,文章作者运用矛盾分析法,描绘了重庆广阳岛直面城市发展难题,辩证处理生态保护与经济发展关系,成功实现生态蝶变的过程。文章主题明确,逻辑清晰,结构严密,内容深刻,展现了作者对广阳岛生态蝶变的哲学思考,蕴含了马克思主义哲学的物质和意识的辩证关系、社会存在和社会意识的辩证关系、发展观、联系观、矛盾观等哲理。

文章开篇通过描绘广阳岛风景优美、人与自然和谐共生的画面,直入生态优先、绿色发展的主题,体现了重庆广阳岛在发展过程中尊重客观规律,充分发挥主观能动性,正确认识和处理了人与自然的关系。然后运用辩证思维方法,重点从生态优先、经济发展两个维度论证了二者的辩证统一关系。首先,作者描绘了广阳岛在探寻发展之路时,直面城市发展难题,运用辩证思维,分析各种发展路径的利与弊,综合考虑自身地理区位优势和自然资源优势,走出了一条生态优先的发展道路。其次,作者阐释了广阳岛在生态优先的基础上,大力发展生态旅游,用生态资源赋能经济发展,经济发展护航生态保护,体现广阳岛在对立统一中实现了自身发展,是两点论与重点论相统一的方法论的生动实践。

文章通过广阳岛的生态蝶变,展现了重庆的自然之美和发展智慧,揭示了经济发展的统一性和多样性,引发了读者对人与自然关系、生态保护与经济发展关系的深度思考,启示我们要顺应自然、保护自然,实现人与自然的和谐共生。

(指导教师:重庆市江北中学校　陈春利)

用哲学的眼光看重庆——生活美

火锅聚粹融百味 风雨流转老渝州

重庆市朝阳中学高2025届12班 刘桉伊

“辣爆了,辣爆了,这是微微辣?这是微微辣?简直开玩笑!”眼瞅着这位外国小伙辣得鼻子、眉毛糗到一块儿去了,老板娘麻溜儿地送上一碗冰汤圆。“吸溜吸溜”,随着半碗冰汤圆下肚,小伙的表情舒展开来,后来他索性一口火锅,配三口冰汤圆,大家看着他手忙脚乱的,他自己却很是享受,还连连称赞道:“辣,但很快乐。”究竟是什么东西让这位外国友人“辣并快乐着”?这要从一块火锅底料说起。

灵草味浓,但多用益苦;八角除膻,又可增添芳香;香叶味辛,却能祛风除湿。至于甘松、香茅、小茴香,还有那些叫不上名的调料,都任凭它们去这红油锅中热浴,咕嘟嘟,咕嘟嘟,大油锅上腾起白烟,房里热得让人直冒汗,香味从锅里溜出来,肆意挑逗着人们的鼻息。师傅的大勺微微搅动,让这些素昧平生不相干的调料们迸发出前所未有的激情,全力释放着自己的芬芳。炭火尽情地燃烧,滚烫的油锅冒着泡,金灿灿,黄灿灿,真仿佛要把这全部香气收入囊中。

日落时分,华灯初上,轩霞点染,徜徉在重庆老巷里,让鲜香气环绕周身,任吆喝声充斥耳畔。火锅店的灯被一盏盏点亮,山城人的夜生活在麻辣扑鼻中正式开始。重庆火锅的特点,在麻不在辣。一口铜锅,聚万千精粹与神奇,浓人间百味于舌尖。店里的叫卖声、谈笑声、说话声此起彼伏。山城人像滚烫的火锅一样,从不压抑自己的情感,真诚而奔放,热烈而自由。大家齐聚一处,酒杯起落间,抿去万千愁。倘若再烫上几片毛肚,又来一盘肥牛,鲜红的肉片经过热油洗礼,再蘸上特殊的油碟,活像那姑娘的霓裳羽衣,滴着香油的美味让人垂涎欲滴,欲罢不能。

路长知水性，山转见渝州。重庆在这层峦叠嶂、隐天蔽日中演绎着山城传奇。忘不了，吊脚裙楼的灯火，两江交汇的洪涛，但作为重庆人，最馋的还是那口儿热气腾腾、冒着泡泡的红油锅，也是口齿中翻转的热辣滚烫。围炉聚炊欢呼处，百味消融小釜中。无论是鱼肉薄片的浸透入味，还是鸭肠毛肚的鲜香扑鼻，都少不了那一口红彤彤、香喷喷、麻嗦嗦的底料的功劳。

如果两家人争执不下，他们可不会“江南烟雨细朦胧”似的含蓄表达，也不会“西北风沙卷霜雪”似的一拍两散，“好嘛，那就吃鸳鸯锅嘛”，是他们特有的方式，两家中和，互不干涉。鸳鸯锅中间是太极五行中太极图的形制。阴阳相生，五行相生，达到中和之道，不偏不倚。在重庆成为网红城市的今天，“鸳鸯锅”的存在，不仅可以更好地满足广大食客的不同饮食需求，也向外界传达了重庆兼容并包，“和”满山城的文化特色。

火锅驱寒，夏以解表，冬以暖身。在重庆吃火锅为何更“巴适”？山城的气候是吃火锅这项活动的顶级底色。素霭迷空，密云笼日，烟雨薄纱，酒过三巡，涮过五味，不觉大汗淋漓，恣意畅快，筋骨舒畅，身强百倍。由此，小阴天的一顿重庆火锅，让八方食客连连叫绝。这里头藏着的不仅是以热制热的奇思，更是老重庆人的生活智慧。四川盆地底部又被褶皱山夹中间。川渝地形可谓密不透风，加上焚风效应和长江水汽，活生生地把重庆当成了一口大火锅。闷热潮湿的天气，食不果腹的生活，让从前长江上的船夫、纤夫们打起了屠宰场的主意，他们把显贵们不稀罕的内脏拿走，用烧开的小锅加各种香料炖煮去腥，几个人共同分享，不承想竟发现了此等玉盘珍馐还能除湿除热。由此，重庆火锅开始流传，民众逐渐喜爱这种独特风味，动物内脏再也不是没人要的东西，而是变成了当时劳苦大众的宝贝。

沧海横流，岁月成碑。重庆火锅在21世纪的当今对山城人民又有着怎样的意味？小雨怡情，绵绵地下着，我撑着油纸伞，穿过古街去寻找答案。路边苍蝇馆子里吃小面的阿姨说，她从外地回来的时候会吃火锅，重庆火锅对她来说是一缕浓浓的乡愁；卖菜的收银员阿姨说，她在天冷的时候会吃火锅，重庆火锅对她来说是一阵久违的温暖；打印店的老板说，他在逢年过节的时候会吃火锅，重庆火锅对他来说意味着一次美满的团圆。我的朋友，请看，重庆火锅，从始至终都是人民的火锅，因人民而产生，因人民而发扬，因人民而传承。它在重庆人民的生活中构筑了一道别样的辣椒红，热烈火辣，激情四射。它早已融入重庆人民的精神血脉，鼓舞着一代又一代的山城百姓接续奋斗，勇敢地面对一次又一次的困难，创造老渝州更美好的明天。

重庆火锅是历史和将来的交萃，是过去和现在的融合。从中我们足以窥见过去底层民众的含辛茹苦，也为他们的智慧和乐观所赞叹，它承载着重庆文化，也代表着重庆人民向世界发出的热情问候和诚挚邀请，"来吃火锅嘛，安逸得很！"

教师点评

文章以重庆火锅为主题，将山城的自然风光、人文景观、历史文化和人民生活紧密地联系在一起，深入挖掘火锅与山城人民生活的内在联系，表达了对底层民众的敬意。文章结构清晰、语言流畅，蕴含了物质和意识的辩证关系、社会存在与社会意识的辩证关系、矛盾的对立统一观点、矛盾的特殊性、以人民为中心等丰富的辩证哲理。

作者通过外国食客对"辣度"的惊讶，巧妙地引入重庆火锅这一主题，通过生动的描写和形象的比喻，将火锅的美味和山城人民的热情充分地展现出来。这是作者从生活出发、从实际出发，对重庆火锅的生动刻画，道出了重庆火锅别具一格的特殊性。

作者详细介绍了重庆火锅底料的制作过程和独特风味，还深入探讨了火锅与山城人民生活的紧密联系。通过讲述火锅的起源和发展，展示了重庆人民的智慧和乐观精神，同时也表达了对底层民众的敬意，蕴含了丰富的哲学道理。第一，蕴含了重庆火锅作为一种社会生活方式是人民群众社会实践的产物，是对物质与意识的辩证关系、社会存在与社会意识的辩证关系的哲理具有诗意的优美表达。第二，作者对"鸳鸯锅"的表述"阴阳相生，五行相生，达到中和之道，不偏不倚……更好地满足广大食客的不同饮食需求，也向外界传达了重庆兼容并包，'和'满山城的文化特色"，将矛盾的对立统一观点表达得淋漓尽致，更是与现实生活紧密结合起来，令人拍手叫绝。“动物内脏再也不是没人要的东西，而是变成了当时劳苦大众的宝贝。”是矛盾对立统一的具体体现。

在结尾部分，作者提出“重庆火锅在21世纪的当今对山城人民又有着怎样的意味?”的问题将文章主旨升华，得出重庆火锅是历史和将来的交革，是过去和现在的融合，不仅进一步强调了重庆火锅在山城人民生活中的重要地位和意义，同时也表达了对重庆这座城市的文化沉淀、魅力和活力的认同。

整篇文章立场正、选题精、评述清，巧妙地运用了各种修辞手法，如排比、比喻、拟人等，语言生动、形象、流畅、自然，令人回味悠长。

（指导教师：重庆市朝阳中学　周维）

楼台迭梦　重庆市朝阳中学高2026届15班　伍星宇

从山城步道品重庆味道

重庆市朝阳中学高2023届13班　王越

国庆假前，外地室友问我："哎，越越，重庆哪里生活气比较足啊？想出去走走。""生活气？在重庆这简单呀！"我思考片刻，"我带你们去山城步道呗！"因为这一次闲聊，国庆假期，我们宿舍的四个人风尘仆仆地去了山城步道，和世界各地的游客、路边售卖的本地居民一起体验重庆的烟火气息。

从被称为"黄色法拉利"的出租车上下来，室友叉着腰笑道："妈呀，晕死了，这个叔叔也太热情火辣了吧！""哈哈哈，我们重庆是这样的！"在一片欢声笑语中，我们向着步道出发了。

每一座城市都有其自己的温度与气息，重庆这座山城也有它独特的气息。重庆又被称为"雾都"，大雾之时，城内山色尽消，整个城市都进入"空山不见人，但闻人语响"的神秘境界。正是这样一座"雾都"，人们对它始终有着"犹抱琵琶半遮面"的遐想。在近几年电影媒体画面中，如《火锅英雄》《从你的全世界路过》《少年的你》……正在向大众慢慢掀起重庆的神秘面纱。俗话说不走步道，不到重庆。最能体现重庆烟火气的地方，便是山城步道了。

不到山城巷，不知老重庆。"山城巷步道"，作为重庆传统步道之一，连接着重庆的上下半城，是居民出行的交通要道。步道中古朴的青石板路、茂密的老黄葛树、斑驳的旧石墙、韵味十足的老旧店铺，承载着老一辈人的重庆记忆，同时也寄托着年轻一辈的美好生活愿景。这一条条山城步道，不仅是重庆市民生活、出行、游憩的重要通道，更是传承历史人文、提升城市形象的重要空间载体，将重庆的烟火气体现得淋漓尽致。截至2022年，重庆主城区已建成近60条山城步道，总长度约1207公里，分为街巷步道、滨江步道和山林步道三种类型。山城步道不仅是山城不可或缺的交通要路，还承载着市民休闲、健身、人文等多方面功能。

爬着石板楼梯，吃着板凳面，喝着盖碗茶，听着四面八方"妹儿，看一哈嘛……”的热情吆喝,皆是下里巴人式的人间烟火,是大地上的乡土山城。爬到步道半腰,外地游客们的步履逐渐缓慢,大多选择驻足观赏,室友开始嘟嘟囔囔,“哎哟,这也太难爬了!”我一边安慰“快了快了,上去吃火锅!”一边观察着,立马就区分出重庆人和外地人。土生土长的重庆人在爬坡上坎时永远都是抬头看天,低头赶路,身躯虽佝偻,但是在他们的精神世界中,似乎骨子里自带着一种不服气和骨气,偏是要与这潮湿的气息碰一碰、争一争。古话说“一方水土养一方人”,重庆人民这种始终热情积极的主观能动性反而为重庆打上了和煦热烈的烙印。

“妈呀,终于爬上来了,太多人了吧!”“好热闹!很少见这么多人!”走到山城步道最高点,室友们七嘴八舌地感慨着。俯瞰重庆全景,游江的慢船,颠簸的出租,横跨嘉陵江的千厮门大桥,天空缓驰的长江索道,遍览江景的轻轨2号线,都在洪崖洞亮灯的一瞬化作重庆的生活、文化符号,在嘉陵江水里倒映出绚烂星光。

“孃孃,四个人。”我走进火锅店冲老板喊道,“要得,坐哈,妹儿!”老板的热情和咕噜咕噜冒泡泡的火锅一样热辣滚烫。提到山城步道,其中最具盛名的防空洞火锅就免不了一提了。抗战胜利后,防空洞没有被遗忘和废弃,重庆人民充分结合地势条件和生活习惯,将防空洞改造成各类用途,洞内的生活也日益丰富多彩。山城步道的洞子火锅便极具特色,洞子火锅作为重庆的一道独特风景成为重庆网红美食,一到夜晚火锅店门口就有客人在排队等候。顺着飘香的味道走进店内,七拐八拐的防空洞连在一起,通道狭长,一排只能摆一桌。看似不起眼的简陋门面,一走进来却别有洞天,越往里走越宽敞,一家又一家火锅店“驻扎”其中,堪称美食界的“柳暗花明又一村”。

洞子火锅内特制高大的桌凳,锅下炭火熊熊,锅里汤汁翻滚,我们居高临下,眼巴巴地盯着锅中的菜品,举杯挥箸。盛夏临锅,冷风习习的防空洞和火辣的火锅堪为绝配。在炉火熏烤中汗流浃背,吃得起劲时脱掉上衣赤膊上阵。重庆人吃火锅的豪放与气吞山河之势是其他地区无法相比的,这正是巴渝饮食文化的体现,是古老巴民族勇武豪放的性格和饮食文化心理的表现。

吃罢火锅,我们一行人放下碗筷,站在步道上吹嘉陵江的晚风,有一搭没一搭地摆着龙门阵,欣赏山城江、山、湖交融,滩、崖、丘陵错落,一条条绿色步道穿梭逡巡在山林之间,犹如跳动的脉搏,串联起重庆的山、水、人、城。

此刻,群山在脚下,江河在眼底,夕阳暮光打在黄葛树的枝丫上,枝叶婆娑,树影斑驳,晃动着一整个重庆的故事。或许是这座8D城市的奇幻引力,或许是重庆的烟火向四处飘散了太远,又或许是山城的别称本就足够动人。重庆,让你始终相信城市生活的美。

教师点评

文章深刻剖析了重庆山城步道所蕴含的生活哲学与文化底蕴,从哲学的视角揭示了人与自然、人与社会、人与自我之间错综复杂的联系,这些联系是事物存在和发展的核心要素。

通过对山城步道的细腻描绘,文章生动地展现了人与自然和谐共生的画面,同时也凸显了人类尊重自然规律与发挥主观能动性的智慧。步道不仅是重庆市民生活、出行、游憩的重要通道,更是承载了老一辈人的重庆记忆与年轻一辈的美好愿景的载体。古朴的青石板路、茂密的老黄葛树等元素,不仅体现了人类对自然的敬畏与尊重,也展示了人类适应与利用自然环境的智慧。

文章进一步通过描绘重庆人的性格特点和生活方式,揭示了人与社会之间的紧密联系。重庆人民在爬坡上坎时展现出的坚忍与不服输的精神,以及吃火锅时的豪放与热情,都是巴渝文化的生动体现。这种文化不仅塑造了重庆人的性格,也深深地影响了他们的生活方式和行为习惯。同时,步道上的休闲活动,如吃板凳面、喝盖碗茶等,更展现了社会生活的丰富多彩和人与人之间的互动交流。

文章还通过对重庆自然风光和城市景观的描绘,引发了人们对人与自然关系的深刻思考。在俯瞰重庆全景时,人们可以感受到自然与城市的和谐交融,以及人类与自然环境的相互依存。这种感受不仅增强了人们对自然环境的珍惜与保护意识,也促使人们反思自己在城市生活中的角色和定位。同时,欣赏山城步道的美景和体验重庆的生活气息,也让人们更好地认识自我、理解自我,并在与自然和社会的互动中找到生活的意义和价值。

文章不仅充分展现了城市生活中人性的复杂性和多样性,揭示了人类生活的多样性和丰富性,更重要的是,它提醒我们要珍惜自然环境、尊重社会文化、关注自我成长。只有在这样的基础上,我们才能实现人与自我的和谐悦纳、人与社会的共同进步以及人与自然的和谐发展。这是一篇充满智慧和洞见的文章,值得我们细细品读和反思。

(指导教师:重庆市朝阳中学　汪春安)

墨韵山城　重庆市朝阳中学高2026届15班　罗远翔

悬崖上的山城明珠

——洪崖洞的华丽转身

重庆市朝阳中学高2025届12班　伍欣宇

在巴山蜀水的深处，隐藏着一段沉睡的历史，它曾是默默无闻的旧城角落，历经沧桑变迁，却在时代的涟漪中苏醒，绽放璀璨。它，如一部跨越时空的史诗，交织着古老与现代的旋律，从废墟中崛起，成为万众瞩目的焦点。它蕴藏着岁月的痕迹，又充满了现代的活力，是过去与未来的交汇点，是古老与现代的融合体。这一切的蜕变与魅力，都隐藏在一个名字之中——洪崖洞。

月光洒在悬崖峭壁上，古老的树木似乎会在夜色中低声细语，诉说着它们穿越千年的等待。洪崖洞，这个名字仿佛自带历史的回音，自东汉时期开始，它便以那险峻的地势和秀美的风光吸引着人们的目光。每当人们提及它，都会想起那段古老而充满传奇的历史。岁月如歌，洪崖洞在漫长的岁月里，不仅见证了重庆的沧桑变迁，更留下了江隘炮台、明代城墙等无数宝贵的历史遗迹。这些遗迹，如同历史的碎片，拼凑出洪崖洞丰富的历史画卷。

而巴渝十二景之一的“洪崖滴翠”，更是为这片土地增添了几分神秘与浪漫的色彩。每当清晨的阳光洒落在翠绿的崖壁上，那晶莹的露珠便如同珍珠般滴落，发出清脆悦耳的声音，仿佛在诉说着洪崖洞古老而美丽的故事。

回望峥嵘岁月，洪崖洞的民居群多数始建于20世纪三四十年代，那是一个充满动荡与变革的时代。重庆作为当时中国的战时首都，吸引了众多知识精英、公职人员、富商前来定居。他们的到来，使重庆的地皮房价飞涨，许多普通民众难以承受。于是，在城市的边角地带，他们因地制宜，用杉木、楠竹和一些廉价的材料搭建起简易的吊脚楼或棚户，作为栖身之所。这些建筑虽然简陋，但每一块石头、每一片瓦片都承载着厚重的历史记忆，见证了重庆人民艰难岁月中的坚忍与顽强。

在那个特殊的时期，重庆的大街小巷充斥着各式各样的吊脚楼房和临时棚户。尽管它们简陋而粗糙,但它们却是那个时代重庆人民的真实生活写照。每当战火纷飞、炮火连天之际,这些建筑总是不可避免地遭到破坏。然而,面对家园的破碎与损失,重庆人民却从未放弃过重建家园的信念与决心。他们擦干眼泪、强忍悲痛,迅速开始重建家园的行动。这种顽强的生命力与坚韧不拔的精神,正是洪崖洞民居群的独特魅力所在。

老重庆的生活节奏悠闲而自在,因地制宜、依山而建的房屋虽然杂乱无章,却散发着井然有序的浓厚的生活气息。依山傍水的环境使这里的居民能够享受到清新的空气和宜人的景色。虽然色彩单一,但每一处都透露着朴实与真挚。人们在这里聊天、打牌、喝茶,享受着属于他们的悠闲时光。在洪崖洞内,狭窄的巷道和陡峭的坡道交织成网,形成了独特的城市景观。居民们在这里生活,彼此之间相互照应,形成了一种亲密的社群关系。

这座巴渝古迹,历经风雨洗礼,如今在重庆的怀抱中熠熠生辉。在时代变迁的浪潮中,见证了文化的传承与创新,成为重庆的璀璨明珠。

2003年,重庆市政府斥资3.85亿元,对洪崖洞片区进行旧城拆迁改造,使这片沉寂已久的土地焕发出新的生机。然而,洪崖洞作为一条商业街,并未立即引起人们的瞩目,甚至在开街的前五年都处于亏损状态。然而,正是这份沉寂,为洪崖洞日后的辉煌埋下了伏笔。这座一度被忽视的巴渝古迹,在《千与千寻》的助力下焕发出新的生机。日本游客发现它与《千与千寻》中的油屋惊人的相似后,消息立刻席卷网络。借着短视频的春风,洪崖洞迎来了真正的黄金时代。旅行博主们纷纷打卡此地,视频的传播让全国游客为之疯狂,纷纷前来打卡。仅2017年,洪崖洞接待的游客就从原来的400万人次激增至1200万,超过了当年故宫的游客量。

随着洪崖洞视频传播量的飙升,重庆旅游也迎来了爆发式增长,游客流量的井喷式爆发,使重庆成为炙手可热的“网红城市”。而当2019年6月《千与千寻》在中国首次上映,这部经典动画电影为洪崖洞的人气再次献上了有力的助攻,使洪崖洞持续走红,成为重庆乃至全国的旅游新宠。

洪崖洞的走红并非偶然,而是其深厚文化底蕴与现代旅游开发完美结合的必然结果。为了吸引更多游客,洪崖洞引入了专业的团队和资源,进行了一系列的升级改造。这些升级不仅提升了景区的颜值,更提高了游客的体验度。同时加强了交通体系的建设,缓解了景区内外的交通压力。千厮门大桥旁边建设的大扶梯和滨江路到朝天门路段的交通慢行系统,为游客提供了更加便捷的通行方式,也提升了游客的游玩体验。随后进行的外墙翻新和灯饰提升工程,使这座古老的建筑焕发出新的生机。白天,洪崖洞以其独特的建筑风格吸引着游客的目光;夜晚,璀璨的灯光则将整个建筑装点得如梦如幻,使其成为游客拍照留念的绝佳地点。通过与重庆旅投、小天鹅集团等企业的合作,洪崖洞引入了更多的文化和旅游资源,丰富了景区的内容。这些文化元素也让洪崖洞成为重庆文化重要的展示窗口。

"人生代代无穷已,江月年年望相似。"万家灯火在山间闪烁,宛如星辰洒落,将整个山城装点得如梦如幻。青石板路蜿蜒曲折,两旁的商铺琳琅满目,各种特色小吃和手工艺品让人目不暇接。望向江水,碧波荡漾,宛如一条丝带穿城而过。江面上波光粼粼,舟船穿梭,渔歌互答,书写着独属于重庆的诗与远方。站于江边,江风轻拂,听水声潺潺,仿佛与大自然融为一体。漫步于青砖木楼之间,感受着那混合着火锅香的晚风,仿佛能听到历史的回响和现代城市跳动的脉搏。

洪崖洞,这座位于重庆的历史文化地标,历经沧桑,涅槃重生。它保留了巴渝文化的精髓,将传统的建筑艺术和民俗风情融入现代旅游开发中,让游客在欣赏美景的同时,也能感受到浓郁的文化氛围。同时,洪崖洞对创新思维的运用让传统与潮流相得益彰。在保留传统的基础上,洪崖洞不断引入新的元素和理念,如灯光秀、互动体验等,让游客在沉浸式的环境中感受到不一样的文化魅力。这种创新思维,最终让洪崖洞在众多的旅游景点中脱颖而出。

洪崖洞的前世今生,就像一首流传千年的诗篇。在这里,传统与现代交织出绚烂的火花,自然与人文共同绘出一幅不朽的画卷。洪崖洞的转型升级,不仅是对巴渝文化的传承,更是对现代文明的拥抱。它以其独特的方式,诠释着传统文化的魅力与现代文明的进步,成为重庆不可或缺的一部分。

教师点评

《悬崖上的山城明珠——洪崖洞的华丽转身》,选择了重庆网红景点"洪崖洞"为切入点,以生动的笔触和丰富的历史细节,描绘了洪崖洞从默默无闻到成为瞩目焦点的转变过程。文章通过对洪崖洞前世今生的描绘,展示了洪崖洞深厚的历史文化底蕴,揭示了它如何在现代社会中焕发出新的生机,是马克思主义唯物辩证法发展观、联系观、矛盾观在大美重庆之洪崖洞之上的具体体现。

第一部分,文章开头便引人入胜,以巴山蜀水之美作为背景,描绘出一处沉睡的历史和绽放的璀璨。通过跨越时空的史诗般的叙述,激发读者兴趣,将读者带入了一个充满神秘与浪漫之地——洪崖洞。

第二部分,文章详细描述了洪崖洞的历史遗迹和古老传说,如江隘炮台、明代城墙以及"洪崖滴翠"等,这些元素共同构成了洪崖洞丰富的历史画卷。同时,文章还通过描绘20世纪三四十年代重庆民居群,展现了重庆人民在艰难岁月中的坚忍与顽强。洪崖洞的发展是前进性和曲折性的统一,是量变和质变的统一,道路曲折但是前途光明。

第三部分,文章转向洪崖洞在现代社会的变迁与发展。从旧城拆迁改造到商业街的兴起,再到借助网络力量成为网红景点,洪崖洞经历了一系列华丽转身。作者详细记录了这一过程中的关键节点和事件,如《千与千寻》的助力、短视频的传播以及旅游资源的引入等,这些元素共同推动了洪崖洞的人气飙升和旅游业的蓬勃发展。这是联系普遍性、多样性和客观性的充分体现,蕴含了矛盾双方对立统一,共同推动事物发展的哲理巧思。在描述洪崖洞现代转型的过程中,作者还辩证地强调了文化保护与旅游开发的平衡。通过引入专业团队和对资源进行升级改造,不仅提升了洪崖洞的颜值和游客体验度,还保留了其独特的历史风貌和文化底蕴。这种平衡的处理方式使洪崖洞在吸引游客的同时,也成功地传承了巴渝文化。认识到了矛盾的普遍性和特殊性,做到了具体问题具体分析。

最后,文章以富有诗意的语言收尾,将洪崖洞的夜晚描绘得如梦如幻,给读者留下了深刻的印象,引起深刻的思考和带来重要的启示。

(指导教师:重庆市朝阳中学 周维)

重庆记忆——洪崖洞 重庆市朝阳中学高2026届16班 徐晓雅

看“背篓专线”，话重庆温度

重庆市朝阳中学高2023届14班　肖莹

“城郭生成造化镌，如麻舟楫两崖边。”重庆，一座大自然鬼斧神工而成的山水之城，亦是众人皆晓的网红城市。当蜿蜒曲折的山路碰上宛如盘龙的立交，当红砖青瓦的矮小旧居偶遇赛博朋克的摩天大厦，当古老质朴的居民面对高速发展的现代都市，当历史沉淀与当今发展相互交织，山水之城将会碰撞出怎样的火花？

拂晓，坐落在嘉陵江边的山城才刚刚苏醒，轨道交通4号线却早已热闹非凡。最先映入眼帘的是一个个年迈佝偻的身影，他们或担着沉沉的果篮子，或背着大大的菜背篓，尽管是肉眼可见的重量压负在这孱弱的身子上，他们仍憋着一口气，忍住那股累，状似轻松地快步向前，只为尽快赶上早班列车，抢寻一个市场上的绝佳摊位。同样要乘坐列车的，有提着公文包的上班族、背着书包的学生娃，甚至你会看见早起赶去漫展的cosplay（角色扮演）的年轻一派。这样看似矛盾却又意外和谐的一幕，让我们窥见了重庆这座网红城市颇有温度的一面。

小小的车厢，却包纳着百态万象。不难看出，重庆这座山水之城既有“万物皆可煮”的红油火锅，亦有“海纳百川”的城市格局，一条“背篓专线”背后所承载的不只是老百姓的人间烟火气，更是一座城市为民惠民利民的治理温度。但其实，“背篓专线”的背后还隐藏着许多不为人知的故事。

“背篓专线”连接城乡两端，促进共同发展。当整个城市还在熟睡，远离市中心的另一边却灯火通明，菜农们早早收拾齐整、带好照明设备、背上背篓奔向自家菜地开始摘菜。于是，就着头上微弱的灯光，他们快速而又利落地摘下了一筐又一筐新鲜的蔬菜瓜果。稍作处理后，他们便在夜色朦胧下背着沉甸甸的菜背篓踏上了奔波之旅。通常来讲，从小镇到轻轨站往往需要三十到四十分钟的路程，不仅路崎岖难走，这些菜农也大多是上了年纪的老人，因此这段路途中少不了气喘吁吁,但好在越往前视野越开阔,队伍也愈发庞大,离轻轨站也越来越近。一位爷爷在采访中说:“虽然我们要走一段小路,但现在轻轨很方便,以前还要转好多班公交车才能到。”“背篓专线”在城乡发展不平衡的情况下,为城乡共同发展架起了一座温暖便捷的桥梁,为社会与大自然间开辟了一条新路径。

“背篓专线”管理灵活多变,尽显人间温情。菜农们到达轻轨站后,工作人员会提早打开闸门,让菜农们早点赶去市场。在过安检时也灵活机变,一改传统的机检模式,改为手检,这些小小的细节尽显温情,根据菜农的实际需求解决各项问题,在乘坐轻轨处也有专门的工作人员帮助菜农抬背篓,挑扁担,同时维持相关秩序,让轨道交通系统正常运行。重庆轨道交通管理层也积极听取采纳群众意见,上线了“背篓专线”方言版语音播报,进一步便利了菜农们的出行。

然而,“背篓专线”的设立,亦在公众间激起了波澜。有网友提议,在重庆的人流高峰时段,应当限制菜农携带菜筐的行为,理由是这样的行为可能会过度占据车厢空间,给其他乘客的出行带来不便。对此,官方给予了充满温情的回应:只要乘客的行为和携带的物品符合规定,他们便不会进行干涉。

在疾驰的轻轨上,公文包与背篓看似是两个截然不同的世界,但实则它们承载着相同的使命——一家人的生计。公文包中可能装着的是商务人士的合同与文件,而背篓里则装满了菜农们辛勤劳作的成果。这两者又有何本质的不同呢?随着网红景点和摩登大楼的崛起,我们似乎渐渐遗忘了,在现代化的都市背后,仍有许多乡村乡镇在默默地维持着古老而朴实的生活方式。那些看似与时代脱轨的菜农们,实则通过他们高质量的蔬果,为我们的餐桌增添了丰富的色彩,也提升了我们的生活质量。我们所看到的“公文包”背后,或许正是一背篓一背篓辛勤背来的硕果。重庆的这一独特选择,正是城市包容性的生动体现。这条轨道交通线路,不仅追求了高效和速度,更在细微之处展现了便民惠民的温度。重庆人民也多次表示,这条轻轨线,既能容纳下都市精英的公文包,也能接纳菜农们的背篓扁担。对菜农们多一分理解和包容,我们的社会就会多一分和谐与温暖。

“背篓专线”的故事仍在继续书写新的篇章：近日，一家充满爱心的企业为辛勤的菜农们免费提供了防空洞作为卖菜的场地。这一善举，无疑为这些每天清晨就忙于采摘、背负蔬果进城的菜农们，提供了更为便捷、舒适的交易环境。这条“背篓专线”不仅是菜农们希望的载体，更是他们驶向美好生活的方便路。

在这繁忙而富有活力的城市，“背篓专线”像一条流动的血液，串联着城乡，连接着生活的两端。它无声地传递着重庆的温情与美好，展现着这座城市对民生的深切关怀。每一次车厢的开启与关闭，都仿佛在诉说着重庆的包容与和谐，传递着这座城市的温度与力量。

重庆，一个既现代又充满温情的城市，在快速发展的同时，始终不忘对民生的关怀与呵护。让我们共同期待，“背篓专线”能够继续书写更多的温情故事，让这座城市的温情与美好，如春风般温暖每一个人的心。

教师点评

本篇论文结构清晰、逻辑严密、论述深入、语言生动，以“看‘背篓专线’，话重庆温度”为题，巧妙地将重庆独特的地理人文景观与“背篓专线”这一民生现象相结合，不仅展现了重庆的城市魅力，更深入挖掘了其中蕴含的联系观、矛盾观以及群众观等哲学道理。

文章开篇即引人入胜，通过生动的描绘和对比，将重庆的复杂性和包容性展现得淋漓尽致，为后文的深入论述奠定了坚实的基础。作者通过“背篓专线”这一具体现象，深刻剖析了城乡融合与共同发展的重要性。在城乡发展不平衡的背景下，“背篓专线”为菜农提供了便捷、高效的交通方式，使城乡资源得以有效流通，促进了城乡之间的交流与融合。这一过程体现了马克思主义哲学中关于事物普遍联系的观点，即城乡之间、人与自然之间都是相互联系、相互依存的。

文章通过“背篓专线”这一案例，探讨了包容与和谐在社会发展中的重要作用。作者提到了“背篓专线”上公文包与背篓扁担的看似矛盾却又和谐共存的现象。这种包容与和谐不仅体现在城市治理上，更体现在人与人之间的相互理解和尊重上。这一矛盾现象展现了城市发展中现代与传统、效率与公平的对立统一关系。这种对立统一是事物发展的普遍规律，也是推动社会进步的重要动力。

文章也强调了“背篓专线”背后菜农们的辛勤付出和贡献。一座城市的高效运转和不断发展离不开城市之中每一个默默付出的人，正是有了人民群众的艰苦奋斗才能成就一条专线，保一方平安，促一路发展。这体现了人民群众是历史的创造者，是社会历史的主体，人民群众创造了社会物质财富和精神财富等哲学观点。而“背篓专线”的出现也体现了党和政府以人民为中心，坚持了群众观点和群众路线，尊重人民、关心人民、服务人民。

作者在结尾部分对“背篓专线”的未来发展给予了积极展望，并强调了其在传递重庆温情与美好中的重要作用。这一结尾不仅呼应了文章的主题，更深化了文章的中心思想，使读者在感受重庆温度的同时，也思考了如何在现代社会中实现城乡融合、人文关怀和包容和谐等哲学问题。

（指导教师：重庆市朝阳中学　李雁）

大美重庆　重庆市朝阳中学高2023届11班　阳灵馨

江风拂面明月悠，华灯璀璨人影游

——“华灯初放不夜城”重庆的醉人夜景

重庆市朝阳中学高2025届8班胡禹桐　13班周宴冰

江风拂面明月悠，华灯璀璨人影游。依我看，重庆的夜景是醉人的，它不必等夜幕降临，自晚霞悬空便已动人心弦，这是一种无须过多修饰就足以使人如痴如醉的美景。

“不览夜景，未到重庆。”在夜晚，重庆这座魔幻8D城市才真正闪烁出它独有的光辉，这里高楼林立，霓虹闪烁，火树银花，美如诗画，引无数游客竞折腰。

我曾背上背包，去一览大西北的夜景。昏暗的雾霭逐渐缝合无边无际的草原，眼前的一片碧绿变成深灰和湛蓝，我抬头仰望天上的星星，企图以此窥望这片古老大地的过去。我曾漫步北京街头，又是一种别样的夜景。灯光辉煌，霓虹璀璨，川流不息，物欲横生，让我不知不觉沉醉在她的夜里。我曾看过金陵的夜景。有道是“烟笼寒水月笼沙，夜泊秦淮近酒家。”秦淮河蜿蜒的河流是金陵这个美人盈盈一握的腰肢，桨声灯影，岸边是吴侬软语的弹唱，让我觉得自己好像回到了那个歌舞升平的夜晚……

但沉吟至今，西北的夜景让我觉得荒凉孤独；而北京的夜景让我觉得繁华得不够真实，南京的夜景又让我觉得太过于商业化……兜兜转转，历历万乡，我终是放下了背包，最后还是痴迷故乡的一地灯光。

若只是比灯，重庆不敌自贡灯会壮观；若只是比夜，重庆不敌西北大草原的星空绚烂；若只是比景，重庆不敌香港维多利亚港迷人……可为何每每假期将至，重庆便已一派繁华景象，人流如织，川流不息？重庆除了有传统的灯光夜景外，它还有自己的魅力：过去与现在、传统与时尚、自然与人文有机结合，浑然一体。这是重庆的独特之处。倘若你来了重庆，你可在朝天门望两江交汇，船只向前奔涌而去，在洪崖洞赏古韵吊脚楼在同一瞬间灯光亮起，在南山上俯瞰整个城市夜景，感受整座城市的脉搏，让人不禁感叹，还是咱大重庆的夜景抚慰人心。

细嗅重庆夜景，它是从傍晚的蓝调时刻开始的。橘色的夕阳与地平线深情交吻后，街灯在暗淡的傍晚渐次亮起，悠悠地散发出微弱却华丽的光芒，将万物拉长，分割了光的形状。远处的灯光也亮起了，似无数繁星闪烁，高楼大厦的灯火也跟着呼应，把整个街道照得熠熠生辉。此刻，重庆虽暮夜已至，但明月初明。

城市如此，人亦如此。这座城市的夜景不止于灯火，更在于"慵懒"的重庆人民。这并非贬义，而是对于这种特有现象的概述——重庆有它自己的时区。怎么理解呢？无人问津非美景，匆忙一日的重庆人民在夜幕降临，夜色温柔时，开始了自己真正的慢生活，烧烤火锅夜啤酒，炸串醪糟小龙虾，一应俱全，无一遗漏。三五好友相伴，和着江风，漫游桥头，看江边灯火，这才叫一番滋味。这是独属于重庆的快与慢，在喧嚣里找到自己的静谧夜景，与灯火相遇，与烟火相遇，与自己相遇。

这是重庆夜景最特别的一点，它是有人情味的，充满了市井的烟火气。放慢时间，去看黄昏时分的重庆，去聆听小巷里面传来的老式自行车的铃声，去品尝某家不起眼的小店，去探访充满人气的南山小茶馆，在这，只需点上半壶茶，我们就可以聊半天关于重庆的故事。

夏天奔涌着的热气在晚上停息，但是嘉陵江的水依然浩浩汤汤，奔涌向前，数不尽的年轻人带着梦想来到了这里，他们冲着嘉陵江大喊"夏天永不过去！"当重庆灯火点燃的那一刹那，许多人都拿起了手机，用相框框住重庆波涛汹涌的江水和绚烂的万家灯火。当游轮驶过江边，轻轨穿过桥面，晚风拂过眼前，这就是重庆的烟火气、人情味，也是为什么重庆夜景独特而令人神往的一大原因。

我曾在书里看到一位作家这样描述重庆：生活在重庆真的很幸福，不生活在这里的人是不能描述出那种感受的，我不会因为它不够都市而感到它比其他城市逊色，相反，我很喜欢这里，因为这里有我喜欢的人间烟火，也有车水马龙。而在这座城市，让我始终相信失去的人会在这里重新相遇。但是没有失去过的人大概是不会懂我的这种感受的，也不会明白重逢对我而言的意义重大。

这或许便是家乡的意义，总有毫末让人流连。重庆夜景不是割裂的，它有人与自然和谐共生的山水一色，有市井小民的烟火气息，有非物质文化的薪火相传……集万千美好于一体，以自身地理优势、人文背景、历史文化为主导，是最具个性又不失共性的壮观风景，这是特属于重庆的绝世风光。

教师点评

人应当在旅途中寻找风景。作者描写了在自己的旅途中看见过许多不同的夜景，有大草原的辽阔苍茫，有北京城的灯红酒绿，有金陵城的笙歌繁华……最终，作者将敏锐的目光对准重庆的夜景。

文章也凸显了实践的作用，肯定了人的作用。正是一代又一代的重庆人以愚公移山的精神在悬崖峭壁上凿出通途，开出平地，在其上建起林立的高楼，才有了如今灯光与高楼的交相辉映的魔幻8D，才有了如今“吊脚楼上赏清风”的人间烟火气。

作者强调了矛盾的普遍性与特殊性的辩证关系。重庆的夜景或许与北京、南京一样，都是由灯光和夜色组成，但它凭借着它独特的优势在中国夜景排行榜上蝉联桂冠——那是因为它拥有与其他城市与众不同的景色“人间烟火气，最抚凡人心”。

作者从实际出发，发现了重庆夜景的独特之处与精华所在，文笔轻快，句子灵动，用文字将一幅重庆夜景图展现在我们面前。

（指导教师：重庆市朝阳中学　程莉）

夜景　重庆市朝阳中学高2025届13班　王秋睿

三峡河谷黄金果，重庆名片奉节橙

重庆市朝阳中学高2025届12班　曾欣怡

“园柑长成时，三寸如黄金。”诗人杜甫寓居夔州，在管理柑橘园时写下了这一诗句。《新唐书·地理志》载，夔州土贡柑橘。在唐代，杜甫口中的“金果”则是宫廷御用之品。夔州，即现在的重庆奉节，作为重庆市的东大门，位于山峦叠翠、江水潺潺的长江之滨、三峡之畔。“金果”，是生长在这片土地上的一种脐橙——奉节脐橙。

跨越历史的长河、历经时间的沉淀，接受实践的考验，奉节脐橙在一代代人的唇齿间、味蕾上和心灵间镌刻并延续着自己独特的香甜。每当深秋时节，那漫山遍野的脐橙树便挂满了金黄的果实，仿佛是大地母亲用她的巧手精心绣制的一幅锦绣画卷。可以想象：农人锄禾之余，闲摘柑橘，轻剥薄皮，爽口多汁的果肉是对辛劳的一种慰藉；诗人手挽竹篓，漫步橘园，择优而取，悠然庭院间，品无核少络的脐橙的细嫩酸甜；宫廷金碧辉煌处，橙黄与果实色泽相映，众人谈笑间，咬上一口，酸甜适中的味道便在口腔中弥漫开来，余味清香。在日常生活中，脐橙应季时，各处的水果店总能看见奉节脐橙圆润的身影，其营养丰富，老幼咸宜。长期食用，可以补充人体营养、促进新陈代谢、健康益智、清热润肺、止咳化痰，大家乐于购买食用，亦可馈赠亲友。

奉节脐橙能够在品类众多的柑橘中脱颖而出，源于长江三峡河谷深厚的滋养。长江三峡河谷地区，山林景色秀丽、河水水质清洁、气候独特适宜、空气温和清新、生态环境优良。在长江三峡的深处，有一个古老而神秘的地方——奉节。奉节县的柑橘栽培历史悠久，可以追溯至汉代，其产区位于三峡库区，具有“无台风、无冻害、无检疫性病虫害”的三大柑橘种植生态优势，是世界上少有的脐橙特产生态带。这里，风光万千，引人入胜。晨曦初露，奉节便在云雾缭绕中醒来。江水悠悠，泛起层层涟漪，如同细碎的银色鳞片在阳光下闪耀。远处的山峰，若隐若现，宛如害羞的少女，半遮半掩，透露出几分妩媚。然而，奉节最引人注目的，还是那漫山遍野的脐橙树。深秋时节，脐橙树上挂满了金黄的果实，沉甸甸的，压弯了枝头。那金黄的色彩，在阳光的照耀下显得愈发璀璨夺目，将整个奉节点缀得如同童话世界一般。那一个个金黄的脐橙，仿佛大自然赐予奉节人民的珍宝。“橘生淮南则为橘，生于淮北则为枳。”三峡河谷的优良地理条件是奉节脐橙品种优质的客观因素，也是其他脐橙无法比拟的优势所在。从每年的三月开花，到十二月成熟，经历了三峡河谷夏季炙热的阳光照射、冬季冷冽的寒风洗礼，奉节脐橙的每一口都是自然的滋味，每一粒果肉都饱含阳光的味道。

奉节脐橙在发展进程中闪闪发光。源自长江三峡河谷的奉节脐橙丰美了河谷的秀丽，以脱颖而出的风味，满足了人民群众的味蕾，为人民增添了生活的惬意，同时也在人民群众不断更新的生产技术中，走向更为优质的自己。时代进程中的奉节脐橙不止于此，它跟随时代的潮流迈出矫健步伐，从山谷中走出。“新鲜是奉节脐橙的招牌，我们可以做到，昨天在树上，今天在路上，明天在舌尖上。”这是水果商在2024年“奉上好品万吨奉节脐橙进山东”活动上自信满满的介绍。政府搭台，脐橙“唱戏”，700吨奉节脐橙进山东，鲁渝协作从对口支援走向双向协作。在对口支援中，奉节脐橙是重庆捧出的心意，汇聚起向上的力量；在经济发展中，奉节脐橙是奉节人民引以为豪的甜蜜产业，是老百姓口袋里沉甸甸的收入，是乡村振兴的重要支柱和农民增收致富的重要渠道。此外，奉节脐橙还因科技的进步踏入了医疗保健行业。奉节脐橙是中国柑橘的佼佼者，被称为“南国嘉果”，是重庆的一张闪闪发光的名片。

三峡河谷造就了味道鲜美的奉节脐橙，奉节脐橙也承载着这片土地的历史与文化。奉节柑橘种植历史悠久，品种繁多，承载着当地人民的智慧与勤劳，也见证了这片土地的繁荣与发展。“西风初作十分凉，喜见新橙透甲香”“一年好景君须记，最是橙黄橘绿时”……是人们为奉节脐橙送上的好诗，这些诗句充盈着奉节脐橙带来的甜蜜与满足。

在奉节脐橙收获的季节，人们在品尝甜美滋味的同时，也必然会深深地感受到这片土地所散发出的韵味与魅力。果农们围绕着他们的摇钱树精心采摘，小心翼翼地将果子装入篮子，运往市场。那满载而归的笑声，也必然饱含着对这片土地深深的热爱与感激。

教师点评

《三峡河谷黄金果，重庆名片奉节橙》将视角聚焦在重庆奉节县的奉节脐橙，提出了重庆奉节脐橙是河谷地区的黄金甜果，是重庆的一张名片的论点，并通过奉节脐橙与人民的关系、与三峡河谷的关系、与时代发展的关系进行了论证。文章逻辑思路清晰、叙述客观准确、有理有据。文字精简，既有事实的叙述，也有情感的充分表达，同时蕴含了作者具有意义的哲学思考。

首先，作者通过追溯历史，将奉节脐橙的历史渊源与文化内涵相结合，从杜甫的诗句到《新唐书》的记载，展现了奉节柑橘作为宫廷御用之品的辉煌历史，丰富了文章内容，也赋予了奉节脐橙更深厚的文化底蕴。作者发挥主观能动性联想了农人、诗人和宫廷中人等不同人物对奉节脐橙的喜爱，生动地表达了人们对奉节脐橙的真挚情感，容易引起读者的共鸣。

其次，作者对奉节脐橙为什么能脱颖而出进行了分析，得出主要是源于长江三峡河谷的深厚滋养。奉节脐橙的优质是由三峡河谷客观的气候、水质、土壤等地理环境条件决定的，是不以人的意志为转移的。作者的论述蕴含了辩证法联系的普遍性、客观性和多样性。

再次，作者将视角转移到奉节脐橙在发展进程中的重要作用，包括对乡村振兴、农民增收致富、医疗保健行业、双向协作等方面的作用，论证了“重庆名片”这一观点。这种对现实问题的关注，使文章具有更强的时代感和现实意义，也让人对奉节脐橙的未来充满期待。作者做到了用联系的观点看问题、用发展的观点看问题。

最后，文章回到奉节人民的身上，表达了奉节人民对三峡河谷馈赠给奉节这一珍宝的感激，描绘了时代背景下的美好画面。

（指导教师：重庆市朝阳中学　周维）

三峡河谷　重庆市朝阳中学高2025届8班　任茜睿

品小面香韵　探巴蜀幽怀

重庆市朝阳中学高2023届14班　牟笙歌

你要写重庆，就不能只写重庆，你要写“三千年江州城，八百年重庆府”的璀璨历史，写“江流自古书巴字，山色今朝画巨然”的山水画卷，写逢山开路，遇水架桥，写蜀之道立于群山之上。

在这方热土上，万象更新，每一景、每一物皆令我心驰神往。然而，若论及挚爱，莫过于品味那碗地道的重庆小面，它承载着重庆的韵味，如同这里的风土人情一般，深邃且醇厚。

“老板，来二两小面！”你是否经常在重庆的街头听到这样的声音？那是人们与小面的默契约定，无论是西装革履的白领，还是青涩质朴的学生，都能在这一碗小面中找到自己的满足。

在面粉的转化之旅中，它历经了无数次的揉捏与拉伸，如同诗人的细腻笔触，轻轻描绘出它从粗犷到柔美的转变。这些看似微不足道的动作，悄然间将面条的质地雕琢得愈发柔韧。面条渴望在沸水中翻腾，褪去生涩，化为一道美味的佳肴，这是对熟度的追求，而过度的热情与时间的推移又可能让面条在沸腾中失去原有的筋道与弹性，口感尽失，这就需要制作者的匠心独运，他们凭借丰富的经验和精湛的技艺，精准地把握锅中的每一个细节，一碗入魂，香气绕梁。

小面的灵魂深藏于那些独一无二的调料之中，既承千年传统之精髓，又展今朝风尚之个性，辣与麻、酸与鲜，共同谱写了一曲小面的传统乐章，悠扬而持久，令人陶醉其中。每一味调料都如同盛开的花朵，以其独特的芬芳，为小面增添了无尽的风情与韵味。复合酱油如浓墨重彩，油辣子如烈火烹油，各自展现着独特魅力，让人为之倾倒。辣而不燥，麻而不烈，酸而不涩，甜而不腻，这些味道相互交织、相互融合，既不过于张扬，又不过于平淡，犹如山城的个性，坚韧而不失温柔，恰到好处地体现了小面的鲜美与魅力。

在这片多雨多雾的土地上，辣椒成了重庆人餐桌上的灵魂伴侣。湿润的气候使人易生湿气，而辣椒的辛辣之味刚好能够驱寒暖身。岁月沉淀，古智如流，悄然间融入巴渝之血，镌刻成味觉的锦绣华章。每当夜幕降临，华灯初上，重庆的街头巷尾便弥漫着辣椒的香气。虽然每家面馆制作油辣子的手法各异，用料各有千秋，但他们都在用自己的方式诠释着小面的独特风味，此乃手艺之匠，文化之守。食客们仿佛穿越时光，品味着重庆的千年韵味与文化的厚重深沉，让每一口都成为对这座城市的诗意告白，诉说着深情的眷恋与赞美。

重庆小面犹如诗中的佳句，流淌着山城的韵味与历史的痕迹。一碗小面，映照着重庆人民的热血与坚韧，犹如长江之水，奔腾不息。面条如丝如缕，缠绕着岁月的情感，牵动着游子的乡愁。那火红的辣椒宛如山城的热情，热烈而奔放，让人心生温暖。

小面里，藏着重庆的历史记忆。它见证了这座城市的沧桑巨变，也见证了重庆人民的不屈与奋斗。在抗战的烽火中，它曾是战士们的精神食粮；在改革的浪潮中，它陪伴着人们走过风风雨雨。小面，不仅是重庆人口中的美味佳肴，更是这座城市的文化符号和历史见证，它宛若一棵古老的参天大树，根系深深扎入重庆的土壤，枝叶则伸向广阔的天空，承载着重庆的过去、现在与未来。

华夏美食的锦绣长卷中，重庆小面犹如林间瀑流，纯如山泉之精，朴如青石之质，藏着山城之秘，载着大地之醇，面条翻飞，似云雾缭绕山间，红油荡漾，如夕阳映照水面，沁人心脾处，回味无穷。

在长江之滨，山城重庆，有一缕风情，穿越了千年的烟雨，依旧在舌尖上跳跃，触动心灵——这便是重庆小面。它化作家常的诗行，飞舞于市井之间。品味小面之香醇，韵绕舌尖；寻觅巴蜀之风情，情愫在心间。

教师点评

文章不仅是对重庆小面这一地道美食的深情赞美，更是对巴蜀深厚文化底蕴的哲学探索。从文章中，我们可以看到作者对重庆历史、风土人情以及小面背后所承载的人民群众发挥的主体作用，乃至巴蜀文化的深刻理解和独到见解。

文章对“三千年江州城，八百年重庆府”的描绘，展现了重庆深厚的历史底蕴。这种历史的沉淀，不仅仅是时间的累积，更是文化的传承和发展。作者巧妙地将历史与美食相结合，以小面为媒介，让读者在品味美食的同时，也能感受到历史的厚重。这体现了马克思历史唯物主义的基本原理，即历史是人民群众创造的，人民群众是社会历史的主体。巴蜀美食的传承离不开广大人民群众的坚守。

文章对小面制作过程的细腻描写，不仅展现了匠人的精湛技艺，也反映了“精益求精”的工匠精神。这种对技艺的执着追求和不断完善的态度，正是我们当代社会所需要的。它告诉我们，无论是做事还是做人，都应该追求卓越，不断超越自我。这体现了马克思主义哲学中的价值观的导向作用。启示我们应该正确地进行价值判断与价值选择，在劳动中不断发挥正确价值观的指引作用，不断在个人与社会的统一中实现自我价值和社会价值。

文章对重庆小面独特风味的描述，也展现了巴蜀文化的独特魅力。这种魅力不仅体现在美食上，更体现在巴蜀人民的精神风貌上。他们坚韧不拔、热情奔放、勇于创新的性格特质，正是巴蜀文化的精髓所在。作者通过对小面的赞美，实际上也在赞美巴蜀人民的优秀品质和精神风貌。这体现了中华优秀传统文化的独特魅力，彰显了文化自信。

文章通过对小面的深情赞美和对巴蜀文化的探索，传达了一种积极向上、热爱生活的人生态度。它告诉我们，无论身处何种环境，都应该珍惜生活中的美好瞬间，用心去感受和品味生活的韵味。这种态度不仅是对生活的热爱，更是对人生的尊重。

综上所述，文章不仅是一篇关于美食的赞美文，更是一篇关于文化、历史和哲学的具有深度的探讨文。它让我们在品味美食的同时，也能感受到文化的魅力和哲学的智慧。希望作者能够继续保持这种敏锐的洞察力和深刻的思考能力，为我们带来更多优秀的作品。

（指导教师：重庆市朝阳中学　李雁）

漫步山城步道　丈量文化底蕴

重庆市南开两江中学校高2025届4班　梁意萱

重庆，也称山城，是“城是一座山，山是一座城”的简练描绘。爬坡上坎，长江和嘉陵江穿城而过，形成了独具特色的自然山水城市风貌。它充满着人间烟火，蕴含着厚重的文化底蕴，要感受其中，山城步道，是个不错的选择。

沿着条条“步道”，拾级而上，缓慢而行，既能饱览上下远近美景，也能饱享厚重文化底蕴的熏陶。

拾级而上，感受着步道悠久的历史。山城巷步道，是一座城市的历史遗迹、文化古迹，也是城市生命的一部分。20世纪90年代的山城步道是当地市民往来于上、下半城的主要通道之一，为当地居民提供了出行的便利。从观音岩经石板坡到中兴路，步道沿线古朴的青石板路、茂密的老黄葛树、斑驳的旧石墙、韵味十足的老旧店铺，承载着老一辈人的重庆记忆。有人说，不到山城巷，不知老重庆。

细微改造，就能展现城市智慧发展理念。近年来，为进一步完善重庆慢行系统，保留历史文化遗迹，重庆市规划与自然资源局编制完成《重庆市主城区山城步道专项规划》。为兼顾保护和发展，在改善人居环境的同时，尽可能保护山城巷的历史文化底蕴，塑造城市特色，重庆市便选择“微改造”，下“绣花针”功夫。“微改造”，既原汁原味展现山城特色，通过环境美化和设施完善，让营业30多年的火锅店和杂货铺在这里延续，又引入新兴业态和现代设计，让富有特色、时尚精致的小卖部、文创店、咖啡馆在这里共生，并涵盖了公园、医院、学校、居民区、农贸市场、历史遗迹、地铁站等，体现出不同城市功能区贯通协调的理念。

“万物有所生，而独知守其根。”历史文化街区的微改造，改掉的是破败和落后，留下的是历史和文脉。突出地方特色，让城市留住记忆，让人们记住乡愁，城市发展的文化之“根”才不会丢。山城巷经过重新打造，对老建筑加强了保护，不仅有“山水颜值”，更有“文化气质”。

如今，这里已成为热门的“网红景点”，每天吸引着成千上万的游客和本地市民前来“打卡”。顺着山城巷步道的青石台阶拾级而上，沿途串起了抗建堂、菩提金刚塔、第一水厂塔、古城墙、仁爱堂、厚庐石库门、山城巷等独具老重庆风味的历史景点，以及重庆作为世界反法西斯远东指挥中心时期的遗迹。漫步在山城巷步道，在石板坡段，游人还能看到在崖壁上修建的一条可观江景的悬空栈道。栈道外侧是悬崖，内侧紧靠古城墙。在栈道上驻足凭栏远眺，长江两岸的美景尽收眼底：悬空步道不断穿梭在崖壁与山林之中，游人沿着步道领略着山城的立体与繁华。在长江边，金汤门古城墙，顺山势而建。古道加修后，增设有八个观景平台，更加美观实用。

深入巷道，可挖掘出意想不到的生活惊喜。步道的防空洞有一家专门卖熨斗糕的摊子，摊位不大却井井有条——所有制作工具和做好的熨斗糕都摆放得整整齐齐，老板十分热情好客，总招呼着过路的行人买一块来尝一尝。巷子里还有能喝茶的地方，选一处坐下，点上一碗坝坝茶，欣赏着周边的美景，更能体会山城的岁月安好；炸洋芋的香味弥漫在整个巷子里，路过的人都忍不住往店里探一眼；点一碗二两的豌杂面，由于生意实在太好，很多人直接坐在门口的板凳上吃，热气腾腾，更是能感受到人间的烟火气……这便是当地居民生活的真实写照。耿直又勤劳，豁达又宽容，热情又好客，这样的性格更是刻在每个重庆人的骨子里。

循着石阶，体味到重庆人的淡淡乡愁。一条山城巷，半世故乡情。它们悬于崖壁边，缀在瓦梁，嵌入砖缝，然后和着一缕淡淡的桂花香，煮进一碗山城汤圆，让人间烟火与国际都市一脉相连。在山城巷，你也许因仁爱堂的祷告而身心洁净；也许透过厚庐的窗棂倾听历史的风声；或者静静地守在一棵黄葛树下，从清晨到日暮，等待一盏盏温暖的灯火，照亮重庆的夜晚。

水成为重庆的血脉，山则撑起它的骨架。因江而生，川流不息；依山而建，巍峨魔幻，岁月和生活彰显着巴渝文化的广度和深度，也见证着重庆的奔腾发展……

教师点评

这是一篇文化韵味浓厚的思政小论文。文章以山城步道为线，探索重庆的历史文化和故土情怀，绘就了一幅重庆人民美好生活的人文画卷，探索了重庆尊重客观规律与发挥主观能动性相结合的发展之美，展现出了人与自然和谐统一达到最佳状态的联系之美。

在逻辑结构方面，作者紧紧围绕重庆厚重的文化底蕴的主题，纵横结合、由浅及深地展现重庆文化底蕴。首先，作者从时间角度出发，讲述山城步道作为文化古迹，在20世纪90年代就为人民生活提供出行便利，是城市生命的重要见证，承载着老一辈人的重庆记忆。其次，作者从空间角度出发，探索山城步道中展现的立体又丰富的文化特色。它兼顾了保护和发展，在改善人居环境的同时，不断塑造城市特色，不仅有“山水颜值”，更有“文化气质”。

在语言表达方面，作者观察细微、文笔细腻，运用了大量的排比，展现了山城步道自然之美的同时，也凸显了重庆的人文之美，如“熨斗糕都摆放得整整齐齐”“点上一碗坝坝茶”“炸洋芋的香味弥漫在整个巷子里”“点一碗二两的豌杂面”……头脑当中瞬间就展现出一幅美好的画面：吃着小面、喝着茶、闻着炸洋芋的香气，欣赏着长江两岸的美景，领略着山城的立体与繁华。

在哲学思考上，文章通过漫步山城步道的所见所闻所感，反映了巴渝文化的深度和广度，润物无声地表达出人与自然和谐共生的哲思，也自然而然地将发展观、联系观融入骨血之中。文章描绘细腻生动，作者的真诚与对重庆日常生活的喜爱让每一位读者都能深深地感觉到这是一篇情感真挚的“文化味”小论文。

（指导教师：重庆市南开两江中学校　郭用洪）

那代表性的一角　重庆市朝阳中学高2026届16班　蒋雨椁

三 用哲学的眼光看重庆——文化美

周公馆

——风雨中的红色堡垒

重庆市朝阳中学高2026届10班 李瑞桓

重庆,从古老钓鱼城军民抗击元军,到当代人民群众与自然灾害的顽强抗争,这座城市见证了无数英勇事迹的诞生。今天,我们将目光转向抗日战争与解放战争时期,探寻中国共产党人在这里的光辉印记。回想那段波澜壮阔的历史时期,在国民党统治区内有一处红色标记尤为引人注目——那便是位于中山四路深处的周公馆。这座中西合璧的建筑,在写着“曾家岩50号”的蓝色标牌映衬下,显得愈发庄重而神秘。它不仅仅是一处简单的住所,更是中国共产党人在险恶环境下进行斗争的坚强堡垒。

那是一段黑暗的岁月,日本侵略者肆意践踏我们的土地,山河破碎,民族危亡。在这样的背景下,国共两党迎来了第二次合作,共同抗击日寇。重庆,作为当时的战时首都,自然成为抗战的重要阵地。然而,随着战事紧迫和人员聚集,中共中央和八路军驻重庆办事处的住宿条件变得异常紧张。为了解决这一问题,邓颖超以周恩来的名义租下了这幢小楼的大部分空间,对外称之为“周公馆”。这个地点紧邻国民政府,与各界精英交流极为便利,顺理成章地成为我党开展抗日民族统一战线工作的重要据点。

虽然周公馆的位置非常关键,但环境却错综复杂。出门向西仅百米,便是军统局戴笠的官邸;东面则紧挨着国民党警察局。周围常有伪装成商贩的特务潜伏,使得周公馆处于严密的监控之下。所有人员的出入都需接受严格的盘查,甚至往来信件也常被截留。这里仿佛被一张无形的网紧紧包围,黑暗中无数双眼睛都在窥视着这里。不仅如此,周公馆内部也暗流涌动。剩余的房间被租给了几位国民党高官,他们也时刻监视着中国共产党人的一举一动。

在这样的环境下要想开展工作,其难度可想而知。然而,就是在如此险恶的环境下,伟大的中国共产党人却展现出了惊人的智慧和勇气。他们不畏强敌,不惧艰险,坚定地为抗日战争的胜利而努力,为民族独立和人民解放而奋斗。周公馆,这栋平平无奇的大楼,在历史的洪流中屹立不倒,默默见证了中国共产党人在国民党的白色恐怖中勇毅前行、夺得胜利的历程。

时光荏苒,今天,我们站在周公馆门前,凝视着周总理的雕像,看着络绎不绝的游客,心中依然充满感慨。那段艰苦卓绝的历史虽然已经远去,但曾家岩50号却被永远铭记。共产党人为了人民的福祉而英勇奋斗的事迹,被镌刻在一根巍峨的柱子上,那柱子上赫然写着"为了人民"四个大字,熠熠生辉,永垂不朽。

游览周公馆的过程中,我心中不禁涌起对中国共产党人为何能顽强拼搏的深深好奇。在那特务密布、精神压力沉重的年代,他们如何在国民党和反动派的阴影下坚持信念,这样的环境,紧张程度绝不亚于真实的硝烟战场。他们的成功,无疑得益于坚定的意志,激昂的精神,还有那份革命乐观主义精神。但这些,都还不是最关键的。在翻阅了大量历史和政治学书籍后,我终于找到了那个决定性的答案,这也是许多历史学家一直在探寻的谜底,那就是他们的信仰——马克思主义。因为他们是忠实的马克思主义者,深信马克思主义哲学中的那句"道路是曲折的,前途是光明的"。这句话正是他们走过曲折,最终迎来光明的真实写照。他们从不怀疑,即便道路再曲折,前方的光明总会到来,因为他们是信仰马克思主义的中国共产党人。这种信仰不仅仅是一种政治信仰,更是对生命意义、世界本质和人类前途的深刻洞察。正是凭借着这种信仰和斗志,他们才能够走完那段曲折的道路,最终迎来光明的前途。在学习马克思主义哲学时,我曾觉得那些理论很难理解,但当我了解了周公馆的历史,亲眼看到那座历经沧桑的建筑后,我才真正体会到那些理论的深刻含义。在这里,哲学不再是空中楼阁，而是扎根于泥土，与生活紧密相连的智慧之源。远远地望着周公馆，那些理论不再是空洞的文字，而是中国共产党人走过艰难岁月的真实记录和宝贵经验。

教师点评

这篇思政小论文如一扇审视人类社会发展重要转折点的窗口，带领我们走进周公馆，去探寻共产党人如何在历史的洪流中坚守信仰，推动社会的进步。文章以细腻的笔触描绘了山城的历史沉淀之美，这种美在周公馆得以完美体现，彰显了重庆在抗战时期的重要战略地位；通过深情赞颂重庆人民的英勇斗争之美，褒扬了重庆人民坚韧不拔的民族精神和爱国情怀；通过红色文化的传承，展现了重庆深厚的信仰之美；以革命乐观主义精神为引领，擘画了重庆充满希望的未来之美。整篇论文流畅而深情，让读者在字里行间领略到了重庆这座城市的独特魅力和深邃内涵。

更为难能可贵的是，论文不仅是对历史的回顾，还有从这段历史中提炼出的深刻哲学思考，展现出作者深厚的历史素养和敏锐的哲学洞察力。例如，在探讨共产党人的成功秘诀时，作者指出信仰不仅给予了他们坚定的政治方向，还让他们在精神层面上获得了一种超越现实的力量。这种力量，正是马克思主义哲学中关于人的主观能动性和精神力量的生动体现。

作者通过“道路是曲折的，前途是光明的”这一哲学观点，来解读共产党人面对困境时的乐观与坚定。这种观点，既是对人类历史发展规律的深刻把握，亦是对人生境遇的积极面对。通过共产党人的奋斗历程，我们看到了社会变革的必然性和前进的动力。这种前进，是历史的必然，也是人类社会不断追求进步与发展的体现。

在整篇文章中，作者始终保持着清晰的逻辑线索，段与段之间的过渡自然流畅，没有突兀之感。从对周公馆的描述到历史背景的阐述，再到信仰力量的探讨，文章层层递进，逐步深入，让读者在阅读过程中不断产生共鸣和思考。作者的文字功底扎实、表达能力出色，使得整篇文章如行云流水般自然流畅，引人入胜。同时,作者通过自身的感受和思考,将抽象的哲学理论与具体的历史事件相结合,赋予了哲学生命力和实际意义。

然而,论文在史料引用和论证方面还有改进的空间。建议作者在后续研究中,进一步挖掘和整理相关史料,提高论证的严谨性和说服力。尽管如此,这篇思政小论文已经以其独特的视角和深刻的思考,为我们展现了一个多维度的、立体而鲜活的重庆,让读者在领略城市之美的同时,也感受到了重庆的历史之美、共产党人的信仰之美和重庆人民的精神之美。

(指导教师:重庆市朝阳中学　陈静)

繁华渝都　重庆市朝阳中学高2023届11班　阳灵馨

金鳞岂是池中物　一遇风云便化龙

——铜梁龙舞展现重庆独特文化

重庆市朝阳中学高2026届10班　刘祉忻

口含宝珠，虬角劲健，长髯飞鬓，伴随着锣鼓升天，一条身形硕大的青龙游走在雨丝云片之中，即将上演一出青龙绞柱的戏码，这便是铜梁龙舞的演出现场。

铜梁龙舞是流传于重庆市铜梁区的一种以龙为主要道具的舞蹈艺术形式。清光绪年间《铜梁县志》记载："上元张灯火，自初八九日至十五日，辉煌达旦，并扮演龙灯、狮灯及其他杂剧，喧阗街市，有月逐人、尘随马之观。"事实上，铜梁龙舞兴起于明，鼎盛于清，早在500多年前郑和下西洋进行文化交流之际，九州大陆的一个角落里就已悄然滋生了一种极具艺术性、富含蓬勃生命力的民间文化，即铜梁龙舞。据传，该艺术形式最早是铜梁区的农民在庆祝丰收和祈福时表演的，寄予着人们对风调雨顺、丰收平安的殷切期望，承载着当地人民对吉祥和团结的美好心愿。

场景拉至最初的龙舞活动，此时的主角还只是一条以绳索为骨、竹篓为干的火龙——一条有骨无肉的火龙，尽管舞龙时龙身施放烟火，气氛热烈，但缺少了血肉的灌注，演员舞得再认真再卖力依旧缺少韵味。中期的正龙登上了铜梁龙舞的大舞台，正龙头大颈长，以篓作节，节内点灯代火，不过仍然体态不全，缺乏真实感。经过铜梁人的不懈努力，终于制作出一条灵气十足、有骨有"肉"的肉龙。现如今，智慧的铜梁人民利用时代发展带来的契机，对传统肉龙进行了创新设计，集狮头、鹿角、虾腿、鳄鱼嘴、乌龟颈、蛇身、鱼鳞、蜃腹、鱼脊、虎掌、鹰爪、金鱼尾于一身，在龙口内加入新的机关和装饰，使其蕴含天地之灵韵，万物之精髓，更有吞云吐雾、气动山河之势。重庆铜梁人民自古以来的不屈精神，促进着铜梁龙的持续进化，逐渐为其注入了灵魂，这种精神不仅塑造了铜梁龙的雄壮之姿，更通过铜梁龙舞的形式，将铜梁人民几百年的艰辛奋斗与最终的成功辉煌演绎得淋漓尽致。

铜梁龙在全中国乃至全世界的舞台上游动着、翻滚着、穿梭着、盘绕着，游若宛转蛾眉、滚似行云流水、穿行挥洒自如、盘绕婀娜多姿，一旁打火花的铜梁汉子更是捕捉到无数闪耀瞬间，舀出一瓢又一瓢的铁水，用健硕的手臂抡出壮观的弧线。火树银花之中，飞龙犹如身披黄金甲，以破竹之势冲上云霄。而演员们手持把柄，倾注全身精力只为呈现出完美的舞台效果。他们肩负着铜梁人民的期望与骄傲，在每一个鼓点中沉醉，每一次龙头的抬起都凝聚着他们的热情与努力。落下的每一滴汗水，只是他们长年累月、日复一日刻苦练习的冰山一角，而每一滴溅在身上的铁水，对他们来说也早已习以为常。

黄廷炎，重庆铜梁人，2008年2月被评定为第二批国家级非物质文化遗产项目铜梁龙舞代表性传承人，现已80多岁高龄的他仍坚持着龙舞文化的传承工作。他说："龙身象征着中华民族，舞龙是在歌颂我们的中华民族，我们为了把这个工作继续传承下去，把我们中国优秀的传统文化继续发展下去，所以我们传承人就有这个义务和职责，辈辈代代，都要把我们中华第一龙继续舞下去。"很多人都为他这番话和他坚持不懈的精神所打动，也渐渐有许多青年人慕名而来或是自告奋勇地决定为传承龙舞文化出一分力。当然，这还不够。铜梁区政府和相关文化机构以及社会各界同样高度重视铜梁龙的保护与传承。他们通过多种举措，如强化培训、举办赛事、组织演出等，致力于传承和弘扬铜梁龙文化，期望这一独特的文化形式能被更多人了解和欣赏。我们每一个人也应当肩负起责任，虽然个人力量有限，但只要我们团结一心，共同参与到铜梁龙舞的宣传与传承中去，就能将点滴之力汇聚成文化传承的磅礴大河。

再次观赏铜梁龙舞，所带来的不仅仅是视觉上的震撼，更能深刻感受到民族团结的力量与坚毅的民族精神。那舞动的龙身之下，不仅站立着奋力表演的艺术家们，更站立着无数铜梁人民、中华儿女。他们齐心协力，共同撑起龙的骨架，挺起民族的脊梁，与威武的龙一同勇往直前，昂首冲向蓝天。这也正是他们坚定不移地为中华民族伟大复兴而奋斗，为国家的繁荣富强而拼搏的生动写照。

教师点评

铜梁龙舞不仅是重庆铜梁的名片，更是中国的名片。

文章写到铜梁龙舞从最初的以绳索为骨、竹篓为干的火龙，到中期正龙的改进，再到现代肉龙的创新设计，充分体现出铜梁龙舞在肯定中否定，在否定中肯定，不断革新发展，与时俱进，增强自身的活力和生命力。

铜梁龙舞作为一种集体艺术形式，其表演需要众多演员的共同努力和配合。文章通过描述演员们的辛勤付出和团结协作，展现了集体力量的伟大。同时，也强调了个人在集体中的价值和作用，如黄廷炎等代表性传承人的坚持和贡献。这让我们去思考集体与个人的关系，即集体是由个体组成的，个体的努力和贡献对集体的发展至关重要，我们要将个人实践放在社会中，实现个人与社会的统一。

同时，文章还描述了演员们长年累月地练习，以及他们为了呈现完美舞台效果所付出的努力和汗水，不仅体现了坚持不懈和努力奋斗的精神，还可以看到量的积累在事物发展中的重要作用，坚持不懈努力奋斗的精神是我们个人成长和成功的重要品质之一，即只有通过不断的努力和奋斗，才能实现个人的目标和价值；坚持不懈努力奋斗的实践也是能将铜梁龙舞精彩呈现的重要前提。

重庆铜梁龙舞以其精湛的技艺和深厚的文化内涵，展现出独特的魅力，不仅体现了民间艺术的精华，也传承了中华民族的精神风貌，其所蕴含的团结、勇敢、进取的精神，与实现中国梦所倡导的民族精神相融通。它激励着我们为了共同的理想和目标，不断努力奋斗，勇往直前。正如龙舞中所展现的那样，无论面对多大的困难和挑战，我们都要像龙一样，拥有不屈不挠的精神，共同为实现中华民族伟大复兴而努力拼搏。

（指导教师：重庆市朝阳中学　唐俊）

漫步重庆母城　品味巴渝文化

重庆市南开两江中学校高2025届4班　陈珂瑶　罗笛瑞

这里曾经是巴王故都，青铜铮铮，巴国之音在这里觉醒；这里曾经满目疮痍，国民党反动派在这里杀戮，秋风破碎，但星星之火仍可燎原，凤凰总会涅槃重生。沧海桑田，如今的这里山河已改旧颜，人民生活多姿多彩，道路桥梁四通八达，新兴产业蓬勃发展。这里是山城，是雾都，是重庆，是我们的故乡。

漫步长江之际，赏“白鹤梁记录水文三千”。白鹤梁上唐人所见的石鱼及长梁，是古代涪州人用来观测长江枯水水位的独特标尺。水位高低事关出水作业，巴渝人民依靠这一独特的智慧，大大降低了渔船事故的发生，保障渔民收成的同时也保障了自身安危。把枯燥的数字记录变成富有文化内涵的艺术创作，并将这些记录与观看石鱼出水、预测丰收等当地民俗活动结合起来，使它们成为当地人的自觉行为，从而拥有长久的生命力。在过去，每当白鹤梁露出水面，文人雅士便会结伴泛舟，驻足梁上，吟诗作赋，题铭记事。他们或述心中理想，或叹江上风光。关于白鹤梁题刻的收录，最早见于北宋著名历史地理学家乐史所著的《太平寰宇记》，他在谈及黔州风俗时说：“开宝四年，黔南上言，江心有石鱼见。上有《古记》，云：‘广德元年二月，大江水退，石鱼见，部民相传丰稔之兆。’”此后，地方小志皆有谈及，多有收录。另外，《艺文》收录有白鹤梁题刻部分内容，主要包括明代李宽的《石鱼记》等。《中国长江三峡大辞典》有白鹤梁黄庭坚题刻、白鹤梁王择仁题刻、白鹤梁萧星拱题刻、白鹤梁杨明时题刻、白鹤梁董维祺题刻、白鹤梁王正策题刻、白鹤梁谢彬题刻、白鹤梁孙海题刻等。现如今，收录白鹤梁题刻的，多属于方志、辞典类工具书，主要有《涪陵市志》《涪陵辞典》《中国长江三峡大辞典》《涪陵历史人物》《神奇涪陵》，这个水下丰碑，有古代劳动人民的智慧，栩栩如生的石鱼，宽阔的长梁，见证了江水的起起落落和古今文人墨客的豪情壮志。

漫步歌乐山下，观“白公馆浩然正气长存”。进入重庆市白公馆爱国主义教育基地，白墙上醒目地书写着黎又霖壮怀激烈的狱中绝笔。黎又霖是抗战时期中共南方局的地下党员，具有多重身份和领导职务。他于1949年8月在重庆被秘密逮捕，关押于重庆白公馆，同年11月27日在大屠杀中壮烈牺牲。在关押期间，他平均三四天被审讯一次。特务头子徐远举曾亲自审讯黎又霖，最初用高官厚禄利诱，想通过他了解民革在西南的整个组织和军运、策反等情况，黎又霖断然拒绝徐远举的要求。国民党特务又施以酷刑拷问，逼其招供。他多次遭受酷刑，特务用烧红的铁刷刷其前胸后背，黎又霖几次难抵剧痛陷入晕厥，但始终未向敌人吐露半句有关组织和同志的情况。黎又霖秉性刚直、嫉恶如仇，对革命事业忠心耿耿，在狱中的对敌斗争中，他大义凛然、毫无畏惧，表现了中国共产党人坚贞不屈的崇高气节，受到狱中难友们的尊敬。1949年11月25日，中国人民解放军挺进重庆，重庆解放在望，黎又霖和难友们热切期望的革命胜利即将到来。面临崩溃的蒋介石政权孤注一掷，垂死挣扎。黎又霖心潮澎湃，拿出珍藏的竹签子笔，写下了《狱中诗四首》，藏在牢房的隐蔽处。“革命何须问死生，将身许国倍光荣。今朝我辈成仁去，顷刻黄泉又结盟。”何其刻骨铭心，何其没世不忘！像黎又霖这样的人在中国革命史上不计其数，正是有了先辈们的碧血丹心，为国捐躯之满腔热血，才换来我们现在的安居乐业、强国复兴。

漫步明月湖畔，赞“00后学生创人文科技成果”。明月湖的美不仅在于它的自然风光，更在于其人文科技的发展。这里有很多科技创新基地，其中就有一个国际智能产业科创基地，不断助力科创人才培养。“00后”学生郦铖、王梓昂是明月科创实验班的两名学生，他们说道：“想做一个盲文阅读器，为视觉障碍人群解决阅读难题。”怀揣着这一梦想，他们日复一日，初心不改。经过一年多的日夜奋战，2024年2月，团队终于拿出了一个全新版本的盲文点显器样品，解决了盲文点显器外形笨重、应用场景窄、生产成本高等问题。初生牛犊不怕虎的年轻人们更是数次奔波，在历经9次迭代、6次用户测试后，像样的产品终于问世。使用过该阅读器的盲人任晓蕊泪流满面：“感谢这项科技的发明，使我黑暗的生活注入了知识的光芒，我不再是一人面对未来的恐惧。”郦铖表示，在未来，他们将继续持之以恒，用热心、用科技为盲人服务。在明月湖科创基地，同郦铖一样的创业者不胜枚举。明月湖科创基地通过全要素扶持、全周期孵化、全方位服务等方式，努力培养具有科创思维的高端人才。如今已有一大批本土“硬科技”在这里生根发芽，它们让未来科技不再冰冷，使科技带着温度融入更多普通人的生活。

面向过去展望未来，我们的山城不仅有悠久的历史，更有坚定的红色信仰，还有光明的科技未来。这里，是重庆，这里，是我们的故乡！

教师点评

这篇文章以漫步重庆的方式，带领读者领略了这座城市的深厚历史文化、坚定的红色信仰和光明的科技未来。文章结构清晰，分别从白鹤梁、歌乐山下的白公馆、明月湖畔的科创基地三个地标，生动描绘了重庆自然人文、历史现实的多重面貌。

在描述白鹤梁时，文章巧妙地融合了历史、文化和自然景观，展现了重庆作为山城、雾都的独特魅力。通过提及白鹤梁上的石鱼、长梁以及文人墨客的题刻，突出了古代劳动人民的智慧和豪情壮志，同时也体现了方志、辞典等文化载体的重要性。

文章通过歌乐山下的白公馆，展示了重庆的红色历史和坚定信仰的力量。通过对以黎又霖为代表的革命先烈的描绘，强调了他们为了革命事业而展现出的坚贞不屈的崇高气节，进一步彰显了红色文化的价值。

文章转向明月湖畔的科创基地，赞美了“00后”学生利用科技创新为社会发展所作的贡献。通过具体案例的叙述，揭示了科技与人文的紧密结合，以及科技如何为普通人生活带来实实在在的改变。这也预示着重庆乃至整个社会的光明未来。

总体而言，这篇文章不仅展现了重庆的历史底蕴和现代风采，更传达了对家乡深深的热爱与敬意。文章语言流畅优美，情感真挚动人，是一篇优秀的思政小论文。

（指导教师：重庆市南开两江中学校　郭用洪）

多元重庆　重庆市朝阳中学高2026届15班　王永绮

赤诚之心

——王朴精神的红色印记

重庆市朝阳中学高2026届10班　陈彦羽

在重庆这片融合了山水之美与人文精髓的土地上,不仅有自然景观引人入胜,更有深厚的英雄文化令人敬仰。这里,曾涌现出无数英勇儿女,他们用鲜血和生命谱写了一曲曲壮丽的史诗。其中,王朴烈士的事迹尤为感人,他的精神是重庆英雄文化中的璀璨瑰宝,通过他的故事,我们可以更深入地领略重庆的人文之美。

王朴烈士的一生,是对共产主义理想执着追求的一生,他用实际行动诠释了人性的光辉。他的母亲金永华女士在重庆解放后的言行,更是对王朴精神的生动注解。她曾深情地说:“我把儿子交给党是应该的,享受特殊待遇是不应该的;我变卖财产支持革命是理所应当的,接受党组织归还的财产却是不合适的;作为烈士的家属,继承他的遗志是我们分内之事,而将王朴的光环作为向组织索取的资本,则是绝对不可取的。”这“三应该三不应该”,不仅体现了金永华女士的高尚品格,也从一个侧面展现了王朴烈士精神的深远影响。这种精神,正是重庆这片土地上最为宝贵的财富,是重庆之美的灵魂所在。

王朴,原名兰骏,生于重庆市渝北区一个富裕之家。他自小受《岳飞传》等爱国故事熏陶,孕育了深厚的爱国情怀。在复旦大学求学期间,他深受陈望道等进步教师影响,开始深入研读马列著作和进步报刊,这些经历让他的思想受到了真理的深刻洗礼,逐渐坚定了共产主义信仰,明确了革命的人生方向。随后,王朴放弃了原本富裕的生活,毅然选择投身革命。在他的感召下,他的母亲金永华也毅然加入支持革命的行列,母子同心,共同为革命事业贡献力量。他们不仅变卖家产筹集经费,更是以身作则,为革命事业树立了光辉的榜样。接近成功之际,王朴遭遇叛徒出卖,于1948年4月27日被捕入狱。在黑暗中,他坚守信仰,即使面对敌人的非人酷刑也永不叛党。1949年10月7日,新中国成立的消息传入狱中，王朴与狱友们虽未能亲眼见证解放，却在前往刑场的路上高呼革命口号，将光明留给人民。

他之所以选择危险且艰苦的革命道路，是因为他深信革命信念和共产主义理想的价值远超物质追求。王朴的选择，彰显了自由意志的伟力，这既是对个人命运的勇敢挑战，更是对人生价值的高尚追求。他的这一选择，不仅体现了其个人非凡的勇气和坚定决心，更凸显了他对社会责任和历史使命的深刻理解和主动担当。他与母亲这种“舍小我为大我”的牺牲精神，更是践行集体主义价值观的现实写照，是人的社会属性的生动展现。

王朴的英勇事迹和崇高精神是重庆之美的重要体现，他代表了那个时代重庆人民的奋斗精神和爱国情怀。他的一生虽短暂，但精神永存，激励着后人不断前行。他的一生诠释了自我实现与社会价值的和谐统一，展现了人性中的真善美，以及面对困境时的坚韧不拔。

在新时代，我们应继续传承和发扬王朴精神，珍视重庆这片热土所孕育出的独特文化和精神风貌。这不仅是对个人品质的提升，更是对社会责任的担当。只有将个人命运与国家发展紧密相连，将个人梦想融入中国梦，我们才能在新的历史起点上不断进步，才能为实现中华民族伟大复兴贡献力量，让我们的城市、我们的国家在英雄精神照耀下，创造出更加美好的未来。

教师点评

这篇文章深情地赞美了重庆的自然美景和人文精神，通过介绍王朴烈士的生平事迹以及其母亲金永华女士的言行，展现了重庆英雄文化的深刻内涵和深远影响，强调了新时代传承和发扬英雄精神的重要性。这不仅是对个人品质的提升和社会责任的担当，将个人价值与社会价值统一起来，更是对中华民族伟大复兴事业的贡献。

人的价值是个人价值与社会价值的统一，人既是价值的创造者，也是价值的享受者，而人的真正价值在于对社会的责任与贡献。王朴放弃富裕生活投身革命，体现了他对社会价值的非凡追求，即通过参与伟大的社会变革来实现社会价值。他的选择是对个人命运的勇敢挑战,展现了他对社会责任和历史使命的深刻理解和主动担当。

同时,王朴与母亲金永华女士的"舍小我为大我"的精神,还体现了集体主义价值观。在集体主义哲学中,个体利益往往被置于集体利益之下,为了集体利益,个体可以作出牺牲。王朴与母亲的行为正是这种集体主义精神的生动写照,只有实现个人与社会的和谐统一,才能推动社会的进步和发展。

王朴烈士体现出的集体主义、理想与信念等哲学主题不仅丰富了我们对王朴烈士精神的理解,也为我们提供了思考个人价值、社会责任和历史使命的重要视角。在新时代,我们应该继续传承和发扬王朴精神,为实现中华民族伟大复兴贡献自己的力量。

(指导教师:重庆市朝阳中学　唐俊)

方言之花葳蕤开，文化之光耀时代

——以重庆方言为例

重庆市南开两江中学校高2025届4班　唐诗涵

刘章曾落墨："忆乡音，试乡音。乡音常在唇，说话讲情真。"同一种语言在不同地域形成的变体，就是方言。方言是文化的活化石，是一个地区浓浓故乡情、悠悠风土景的一部分。"吾乡方使吾心安，吾心安处是吾乡"，在异国他乡听到一句"雄起"便能使重庆人心间暖上一暖，甚至会"老乡见老乡，两眼泪汪汪"，把酒言欢共叙情长。

重庆方言魅力独特，承载着重庆的文化传统和地域特色。它包括独特的发音、词语和语法结构，以山城人特有的音调加之幽默风趣，显得热情好客而独树一帜。重庆方言在音韵上有着明显的特点，如舌尖音变为齿龈音、轻声变调等，这些特点使重庆方言在语音上与普通话有着明显的区别。在词汇和语法上，重庆方言也有许多独特的表达方式，如："啷个办"表示疑问；"老汉儿"指父亲；"打幺台"表示吃东西补充能量；"宝气"表示某人的语言、行为大失水准，令人大跌眼镜；等等。这些词语和表达方式丰富了重庆话的内涵，也反映了当地人的生活态度和文化特色。

重庆方言历史悠久，融合着古汉语的独特魅力与巴渝精神。重庆隶属历史悠久的巴渝大地，其方言经过漫长的演变才成为今天的样子，而重庆方言中的一些字词，正是对普通话中古语词的继承与保留。就如"黢(qū)"字，古书《集韵》中解释道："黢，黑也。"可见"黢"字的本义就是黑，现在重庆方言中的"黢"也是表示"黑"，如"这屋头黑黢麻孔的，还不把灯打开？"意思就是"这屋里黑漆漆的，怎么不开灯？"古韵用字生动形象，重庆方言将这些特征巧妙融合运用，形成重庆特色。

但反观当代现实，日升月落，春秋更迭，世间万物都在不断变化，方言慢慢淡出了我们的生活。一方面，我们身处新时代，时代标语是"讲好普通话，做好普通人"。而更深的原因是：在当代生活中，许多人觉得方言是土话，甚至觉得说方言有失面子。再者，无论是学习还是工作环境，大多数人都来自五湖四海，人们之间大多以普通话交流，也缺少了说方言的氛围。

目前，重庆方言的传承现状并不乐观，随着城市化的推进和现代化的发展，重庆方言面临着逐渐被边缘化的风险。许多年轻人更倾向于使用普通话或网络用语，而忽视了传承重庆方言的重要性。因此，重庆方言的传承亟须得到重视和保护，需要通过多种途径来促进方言的传承和发展。

重庆方言的发展前景是光明的。随着人们对地方文化的重视和传统文化的复兴，重庆方言有望得到更好的保护和传承。开展方言教育、举办方言文化活动、推广方言文学作品等方式，可以加深人们对重庆方言的认识和热爱，进而推动方言的传承和发展。

总的来说，重庆方言作为一种具有独特魅力的方言，值得我们珍惜和传承。只有通过不懈的努力和持续的关注，才能让重庆方言在现代社会中绽放出更加绚丽的光芒，为重庆的语言文化增添新的活力。我辈当接收和传承，让文化的火焰万古不熄。“愿似山花吐芬芳，方言之花葳蕤开！”

教师点评

本文是一篇对重庆方言进行深入且富有感情的探讨评述类思政小论文。文章结合重庆方言发展实际分析了重庆方言的独特魅力，展现出重庆方言既有个性魅力，又有汉语词的文化共性。同时又结合时代，分析了当前重庆方言面临的发展困境，探究其发展趋势。

文章情感真挚，内容丰富。文章开篇就引用了刘章的诗句，巧妙地将乡音与乡愁联系起来，展现了作者对家乡方言的深厚情感。接着，文章从重庆方言的独特性、历史渊源、面临的挑战以及未来展望等多个角度进行了阐述，内容充实、结构清晰。

文章观点明确，见解独到。文章明确提出了重庆方言在现代社会所面临的挑战，如城市化、现代化对方言的冲击，以及年轻人对普通话或网络用语的偏爱等。同时，作者也提出了自己的见解和建议，如通过方言教育、文化活动等方式来保护和传承方言，这些观点都具有一定的前瞻性和可行性。

文章逻辑严密，论证有力。文章在阐述观点时，都进行了充分的论证。例如，在谈到重庆方言的历史渊源时，作者引用了《集韵》等古籍中的解释，增强了文章的说服力。同时，文章也注意了前后文的逻辑关系，整篇文章结构紧凑，逻辑严密。

文章结尾有力，寓意深远。文章结尾以一句“愿似山花吐芬芳，方言之花葳蕤开！”作为收束，既总结了全文的主旨，也表达了作者对重庆方言的美好祝愿和期待。同时，这句话也寓意着方言文化在现代社会中的繁荣和发展。

综上所述，这篇文章是一篇优秀的方言文化评述论文，既展示了方言的独特魅力和历史价值，也对其在现代社会中的传承和发展提出了切实可行的建议，唤醒读者不断了解和关注方言文化的发展，为传承和弘扬中华文化作贡献。

（指导教师：重庆市南开两江中学校　郭用洪）

浪漫重庆　重庆市朝阳中学高2026届16班　周玉茹

石篆山石刻造像中的文化交融与碑证定名

——论大足石刻的文化与哲学美

重庆市朝阳中学高2021届2班　刘森睿

大足石刻始凿于唐而鼎盛于南宋，是重庆一处重要的文化胜地，也是中国石窟史上的辉煌篇章，其中的石篆山石刻更是生动地展现了我国儒释道文化交融共生的文化面貌与石窟艺术民族化、生活化的现实价值。

一、“批判继承与古为今用”的文化内核

石篆山石窟，坐落于重庆市大足区三驱镇佛会村，是大足石刻的璀璨篇章。它以儒、释、道三教合流的独特魅力而著称，成为中华民族文化成就的重要标志之一，对研究文明演进具有举足轻重的价值。其中，“6号孔子十哲龛、7号三身佛龛、8号老君龛”等石刻，更是生动展现了宋朝人深厚的精神信仰与独特的审美追求。

在孔子十哲龛中，孔门弟子们衣冠整齐，神态各异，或双手捧笏，或捋须深思，均流露出儒家文化的文质彬彬与典雅庄重。而龛外护法神的形象，则透露出儒释文化交融的微妙迹象。三身佛龛中，毗卢佛、释迦佛、弥勒佛的造像，与孔子十哲龛截然不同，他们面带微笑，面容温和宁静，服饰简约而轻薄，体现了宋朝内敛而和谐的审美观念。这种审美追求不仅体现在石刻艺术上，也深深影响了宋朝的诗歌、绘画和瓷器等艺术领域。

老君龛则展现出道教文化的庄严与神秘。老君坐像及两侧的大法与真人，头束道髻，身着长袍，手持法器，与佛像相比更显严整，与孔像相较则更具神性。这三处刻像相互呼应，形成三教合一的造像群，不仅展现了宋朝三教合流、互相包容的文化面貌，也体现了宋朝人在儒释道文化熏陶下形成的重风雅、尚自然和谐的审美观念。

宋朝对儒释道文化的接受并非盲目，而是基于深厚的历史背景和文化根基。文人士大夫们以儒家文化为根基，培养出“以天下为己任”的政治责任感与高尚的君子品格；同时，汲取道家“自然无为”的思想精髓，追求心灵的宁静与自由；并吸收佛教的慈悲与智慧，寻求心灵的平和与解脱。这种批判继承与古为今用的态度，使宋朝形成了独特的时代品格，并对中华民族精神的形成具有深远影响。

诚然，儒释道文化中不乏糟粕，但只要我们能批判继承、古为今用，就能从积极的文化因子中汲取精神与文化力量。道教之“道韵”推动了我国方言音乐的发展，佛经翻译对音韵的考究更是促进了我国诗歌的演变。儒释道文化的交融不仅塑造了宋朝人的独特品格，也为我们今天提供了宝贵的文化财富。如今，我们所具备的道德意识、社会责任感以及面对困难时坚忍与温和的品质，正是这些传统文化在我们心中生根发芽的体现。这种传统文化，无疑是我们民族生存与发展的坚实根基。

二、“和实生物，同则不继”的文化矛盾与和谐共生

石篆山的刻像不仅展现了儒、释、道三教合流的和谐与包容，更揭示了这一融合背后漫长而曲折的历程。自汉代至宋代，三教文化以“波浪式前进和螺旋式上升”的态势持续发展。在这个过程中，儒家凭借其深厚的正统地位，始终发挥着主导作用，以中庸之智调和着佛、道二教。而佛、道二教则在相互渗透中，经历了此消彼长的复杂演变。

尽管我们常常强调佛、道之间的对立性，但实际上二者在文化层面的相互渗透性极为显著。道家提倡的“致虚极，守静笃”“心斋”“坐忘”等理念，在道教中衍生出了“烦恼妄想，忧苦身心……得悟道者，常清静矣”的修心法门；而大乘佛教则认为所有众生都具备“常住真心”，因不明自心清净而流转生死，若能修禅证道，即可成就无上正等正觉。无论是《清净经》还是《楞严经》，二者都强调了心灵的宁静与自由，展现了文化上的共通之处。

在文本方面,道教经典在体例上受到佛教经典的深刻影响。例如,道教《度人经》中的“道言”与佛教《阿含经》中的“世尊,如是我闻”等,都体现了二者在用语上的相互影响。然而,尽管存在共性,佛、道二教在理论上仍有显著区别。道教理论中蕴含了丰富朴素的辩证法思想,而佛教故事则更多地体现了唯心主义的认识。

在释道影响力交织的进程中,儒家的“折中”发挥了至关重要的调和作用。这与深植于民众心中的“中庸”思想紧密相连。正因如此,尽管佛教与道教在历史上存在种种矛盾,但它们仍能和谐共生,相互影响、相互转化、共同发展。

面对儒、释、道三家文化的发展,我们应当采取科学的态度,在遵循其发展规律的同时,致力于发掘其新的时代价值。以辩证的眼光,从传统文化的深厚土壤中汲取养分,为当代社会注入更多的文化活力与智慧。

三、“实事求是,把握联系”的哲学追求

根据《大足石篆山石窟造像补遗》的详细记录,我们了解到,除了广为人知的1~9号龛,21世纪初还意外发现了10号炽盛光佛十一活曜龛、11号观音菩萨龛、12号山王龛。尽管这些新发现的刻像和题记存在残缺,但通过将其与元祐年间僧希昼所书的《严逊记》碑文相互印证,我们得以初步确定它们的龛名。这一发现不仅解决了考古工作者长久以来的疑惑,也进一步丰富了我们对大足石刻文化的认识。

刻像的发现是考古工作的重要突破,而对刻像定名的严谨态度更体现了考古工作者实事求是的工作原则。这种精神不仅是马克思主义科学研究方法的体现,也是文献工作者恪守的工作准则。正如一位历史学家所说,“有一份材料,说一份话”,对“志公和尚龛”名称的修正也彰显了这种严谨的学术态度,如《大足石篆山石窟“鲁班龛”当为“志公和尚龛”》一文所述。

在史学研究中,我们遵循“二重证据法”,既重视文献资料的挖掘,也不忘傅斯年先生“上穷碧落下黄泉,动手动脚找东西”的谆谆教诲。这种科学态度不仅

是文献、文物工作者应当遵循的准则，也是未来学术道路上的每一位学子所应秉持的内在要求。

尽管《严逊记》中记载的刻像有十四处，但目前已发掘的刻像尚未能完全填补这一空白。然而，这些发现已经对探究大足石刻文化的丰富性产生了深远影响。文物工作或许看似枯燥，但其在发掘中华文明中所起的作用不容忽视。正如一位文物工作者所言："无论从事何种工作，都是实现个人价值的不同方式。我始终认为，从事文物工作并非仅仅是管理、技术或服务，而是在为他人提供精神食粮。当我们看到观众专注的目光时，便能深切感受到这份工作的意义。因此，我认为是大足石刻让我得以发光发热，而非我给予它多少。"

大足石刻中的石篆山石刻作为儒、释、道三教交会的圣地，蕴含着深厚的哲学内涵和文化价值。从这些宗教文化中，我们可以领略到中华文化博大精深的魅力。石篆山石刻不仅让我们窥见了宋代的精神文化风貌，更让我们感受到了传统文化对后世的深远影响。

中华文化源远流长，大足石刻只是其中的一颗璀璨明珠。以更加包容、科学、专业的眼光去发掘其中所隐藏的文化与精神力量，正是人文学科的重要价值所在。让我们共同传承和发扬华夏文脉，让这份宝贵的文化遗产得以薪火相传，代代相继。

教师点评

这篇文章结构清晰，在讲述儒、释、道三家文化关系的同时，立足辩证唯物主义，从文化与哲学的角度展示了大足石刻中石篆山石刻"三教合流"的独特面貌。

首先，文章从文化出发，从艺术审美、文化思想等方面介绍了儒、释、道各自的文化特点及其在石篆山石刻中的体现，同时以"扬弃"的态度肯定了传统文化中积极的因素，以及优秀文化所带来的鼓舞性的精神力量。

其次，文章从儒、释、道三家的相互影响、融合处落笔，展现了中华文化数千年来不断融合发展、矛盾运动的态势。

最后，通过碑文内容对石龛名称进行再次的“确证”，反映了考古、文献工作者实事求是的态度，再从石篆山石刻的文化与哲学内涵，上升到人文学科的价值体现，以鼓励有志于走上人文学科道路的学子坚定信心、勇担使命。

总之，文章展现了大足石刻丰富的文化与哲学价值，展现了重庆这座遍布道场的古城深厚的文化底蕴，揭示了文化发展的客观趋势，启示我们要以辩证的态度看待传统文化，并从中汲取源远流长的精神力量。

（指导教师：重庆市朝阳中学　冉美）

笔下渝风　重庆市朝阳中学高2026届10班　陈美含

根植历史，繁茂未来：黄葛树下的重庆精神

重庆市朝阳中学2025届高13班　周宴冰

重庆人对黄葛树有一种固执的喜爱。

小学时，学校中央便有一棵六十多岁的黄葛树，三层楼高，郁郁葱葱，那里承载着我童年的全部回忆。秋时，大街上的梧桐和银杏都掉了叶子，只有黄葛树依旧苍翠，留下一树难得的绿。可春天万物复苏时，它却开始翠减。小小的我趴着窗子，看着满地的枯黄，不懂怎么唯独它与春天格格不入。那时的我不懂植物的生长规律，只天真地认为它是为了让我们在冬日还能看见"春"的希望，才坚守到春阳之时。

绝大多数重庆人记忆中都有黄葛树的影子。父辈记忆中的黄葛树是童年玩伴，它的树叶罅隙间漏出的月光投影在灰白的墙上，便足够他们想象七大洲四大洋；如果有一只小虫子，那便会是征服海洋的无敌海舰，即将起航去寻找金银岛的宝藏。而在爷爷那辈人的记忆中，黄葛树是一个好伙计，在累的时候送出一片清凉，在饥荒的时候，黄葛树的叶与果也是充饥的粮食，给他们一线曙光……

重庆人与黄葛树的缘分又从何而起？

地处长江与嘉陵江交汇处的重庆镶嵌于山谷之中，四周山峦起伏，从东北向西南，像大地的"琴弦"。"琴弦"加上四周的高地，构成了禁锢重庆发展的强大力量。显而易见，这样的自然环境并不适合城市的发展。二十世纪初，费正清从空中俯瞰重庆，他说"此地并不适合人类居住，因为没有平坦的陆地"。山地多、平地少，地质构造复杂，让城市的建设变得异常艰难。然而，正是这样的环境，选择了倔脾气的重庆人——你要留在这里，就要有敢拼、敢干、敢闯的性情。他们在这片土地上，创造了属于自己的故事。214万年前的重庆巫山，中国最早的人在此思考，漆黑的夜里，我们去往哪里寻找光明；公元前316年，人们就开始在这里建城；中国历史上第一个皇帝秦始皇将这里命名为巴郡；公元1189年，中国的南宋时代，这里被命名为"重庆府"，这个名字使用至今。现在的重庆，人

们赐予它无数称号:“雾都”“火锅之都”“赛博魔幻城”“桥都”……成为中国标签最多的城市。没有“天时”！没有“地利”！没关系，我们有“人和”！为了在山地中获得足够空间，吊脚楼等建筑形式被广泛使用，见缝插针，重岩叠嶂，现在的楼房设计依然参考了它。为了避免复杂的地质构造，重庆的轻轨，穿楼而过，攀岩走壁，重庆成为一个可以在轻轨上看风景的城市；重庆多山多河，如同重庆的血脉，贯穿整个城市，这样的地理环境容易造成人群分裂，但一座座跨山跨河大桥连接了血脉，使重庆人民团结在一起……高山断不了我们的前路，大江也挡不住我们的通途，重庆人化腐朽为神奇，变天堑为通途，正如习近平同志在纪念毛泽东同志诞辰130周年座谈会上的讲话所说:“人民，只有人民，才是创造世界历史的动力。”重庆的发展史，正是这句话的最好诠释。

而在这段历史中，黄葛树，这种生命力旺盛的植物，也成了重庆人民创造历史的见证者。

黄葛树，对于重庆人来说，不仅仅是一种植物，更是一种精神的象征。它的根，深深地扎进了重庆的土地，与重庆人民的生活紧密相依。它的叶子，如同绿色的波浪，随风起伏，昭告着旺盛的生命。它的身影在重庆随处可见，它扎根在地下，生长在石缝，藏在石墙……有些黄葛树经年累月与建筑物相互支撑，变得浑然一体。它的存在，犹如一把绿色的伞，为这座城市遮挡风雨，也告诉外地的人重庆的故事:“我就像当年硬要在重庆扎根的重庆人——虽然艰难，但绝不放弃，我拥有绝地逢生、绽放生命的勇气!”二十世纪八十年代，黄葛树被誉为重庆“市树”。毋庸置疑，它成为这座城市的一张名片，代表着重庆人民的坚毅，见证着重庆人民所创造的传奇。

自古以来，重庆就是长江上游重要的交通枢纽和商贸中心。唐朝时期，重庆已成为繁华的港口城市，有“蜀江千帆过，万井波声浮”之美誉。宋朝时期，重庆更是成为西南地区的政治、经济、文化中心，这时，他们说:“蜀中一日千里。”在这段历史中，黄葛树见证了重庆人民的勤劳和智慧，见证了这座城市的繁荣与发展。1890年，重庆开埠，成为近代中国最早开放的通商口岸之一。西方列强的入侵，使重庆逐渐沦为半殖民地半封建化的城市。然而，重庆人民并没有屈服于侵略者，他们顽强地抵抗外侮，维护国家尊严，他们愈战愈勇，他们有着江湖侠气。1937年，抗日战争全面爆发。在战争中，重庆人民坚韧不拔，共赴国难，为抗日战争的胜利作出了巨大贡献，都说无川不成军，而川军里面有三分之一是重庆籍。黄葛树见证了这段历史，见证了导弹打不断的筋骨，见证了防空洞里面的功勋。

新中国成立在中国历史上具有深远意义。1949年10月1日，中华人民共和国在北京天安门广场宣告成立，这一历史事件不仅为中国人民赢得了民族独立，也为世界和平与进步作出了贡献。新中国成立后，重庆，这座历史悠久的山城，迎来了它的另一个高光，这座山城经历了翻天覆地的变化。广大市民在党的领导下，积极参与城市建设和社会发展。重庆，这座曾经的战略大后方，变成了西南地区的经济、文化、交通中心。城市基础设施不断完善，工业和服务业迅速发展，人民生活水平持续提高。1950年代，重庆人民在党的指引下，投身于城市建设的大潮中。嘉陵江大桥、菜园坝大桥的建成，如同两条巨龙，横跨江面，将重庆的两岸紧密相连，极大地改善了城市交通，也为重庆的经济发展注入了新的活力。特别是在1997年，重庆成为继北京、上海、天津之后的第四个直辖市，标志着重庆在中国改革开放和现代化建设中扮演着越来越重要的角色。直辖后的重庆，以更加开放的姿态，吸引了大量国内外投资，推动了经济的快速增长。城市面貌日新月异，高楼大厦拔地而起，交通网络四通八达，科技、教育、文化等各项事业全面发展。在这个过程中，重庆人民始终保持敢于拼搏、勇往直前的精神。他们凭借着对美好生活的向往，以及对祖国的深深热爱，用自己的勤劳和智慧，将重庆从一个传统的内陆山城，变成了一个现代化的大都市，从嘉陵江向更远处走去，也吸引更多的人来此，见证它的美丽。重庆人的奋斗，正如黄葛树一般，坚韧不拔，生命力旺盛，无论风雨如何，都能顽强地生长，见证着历史的变迁。

《衣冠西渡》中说重庆是“若美之芝加哥，若俄之莫斯科”。我说：“不！”重庆是巴郡，是江州，是上帝的折鞭处，是如今的网红城市，更是重庆人的重庆。重庆人的勇敢、豪迈、敢干、团结给了这座城市英雄的底色，也使它与众不同。

历史是人民创造的，人的精神是城市精神的底色，从古至今，重庆人民在各个历史时期都发挥了至关重要的作用。他们为保卫国家、民族独立和人民解放，付出了巨大的牺牲。新中国成立后，重庆人民在党的领导下，开始了新的生活。他们投身于社会主义建设，为国家的繁荣富强作出了重要贡献。在城市的发展过程中，重庆人民始终坚定信念，用自己的智慧和勤劳，谱写着新的历史篇章。正是这些普通而伟大的人民，创造了重庆今天的辉煌成就。在历史的风雨中，黄葛树始终屹立不倒，成为重庆人民战胜一切困难、走向胜利的象征。展望未来，重庆将继续发挥自身的优势，积极参与国家"一带一路"建设和西部大开发战略，为实现中华民族伟大复兴的中国梦作出更大贡献。重庆人民将始终保持敢于拼搏、勇往直前的精神，为实现全面建设社会主义现代化国家的目标而努力奋斗。黄葛树，作为重庆发展的见证者，也将继续在这片土地上，扎根生长，见证重庆的辉煌未来。

啊！现在的我好似明白重庆与黄葛树的缘分从何而起，因为我们都是这片江，这座山所滋养的生灵，我们本就相似，我们都靠自己征服了脚下原本崎岖贫瘠的土地，让这里成为别人口中不可能的传奇。

黄葛树，这个坚韧不拔的见证者啊，静静地矗立在重庆这片大地，它的存在仿佛在诉说着一个道理："只要你内心向阳，怎么会发现背后的阴影与脚下的泥泞？"历史是由人民创造的，正是这些普通而伟大的人民，用他们的智慧和力量，披荆斩棘，书写了重庆的不可思议。这是一部充满拼搏、奋发向上的史诗，激励着我们不断前行，我们也会成为一把火炬，让重庆在历史的长河中，绽放出更加璀璨的光芒。

教师点评

千年重庆城，风雨总兼行。一棵黄葛树，多少故园情。作者以对黄葛树的回忆与逸闻起笔，兼之以千年重庆城波澜壮阔的发展历程，从而构建出一个完整的故事线。在这个故事中，不仅将黄葛树与重庆城深深捆绑，还在其中探讨了矛盾的特殊性，人民的历史主体地位，事物发展的前进性与曲折性，人与自然、现代与历史、发展与挑战的辩证关系等因素，共同谱写了这一热辣滚烫的城市华章。

作者通过描绘重庆悠久而艰难的建城史，强调了人民在历史发展中的主体地位。正如费正清当年对重庆的评价：“此地并不适合人类居住，因为没有平坦的陆地。”但就是在这样恶劣的环境下，重庆人民却爆发出了如黄葛树一般的生命力，这一段重庆的历史是一段人民的历史，而这唯一的执笔人，毫无疑问就是重庆人。

作者还敏锐地捕捉到了事物发展的前进性与曲折性。正如这春日翠减，冬日蓬勃的黄葛树，在它生长的漫长过程中，也会遇到许多曲折——重庆又何尝不是如此呢？在重庆的建城史上，不乏坎坷与曲折，但这又怎么能阻止重庆前进的步伐呢？面对困难，重庆人民从未退缩，他们以坚韧不拔的毅力，在逆境中砥砺前行。

纵观全文，字里行间，处处都有矛盾；而重庆建城史的成功，正得益于对每个特殊矛盾的分析与解决。文章从重庆奇异的地貌、深厚的历史风俗、五花八门的建城往事，展示了重庆的独特性与特殊性。又从普遍性的角度出发，探讨了特殊性背后所蕴含的普遍规律。重庆人民在正确发挥主观能动性的前提下，又坚持具体问题具体分析，一次次困难被迎刃而解，筑就了今天的重庆城。

作者善于通过事例与哲理相结合，再辅之以生动的语言和精妙的文笔，使这篇论文既具有理论深度又兼备可读性。特别是黄葛树与重庆城在潜移默化中的捆绑、融合，到最后的互为一体，更是对重庆历史的生动体现，文章行云流水，语言优美流畅，生动的例子与作者的故事交相辉映。

这篇论文会对读者尤其是学生产生积极的影响与启示。它不仅能让学生更加深入地了解重庆的历史与文化，增强文化自信、民族自信；也能让学生切实学习到生动的文章表达能力；还能让学生感受到身边的哲学原理，学会用哲学原理分析身边事物，用哲学思维看待世界，提升能力素养；更能为学生树立一种正确价值观。而学生在这种正确价值观的指导下，才能树立远大理想，坚定信念，为自己的将来，为家乡重庆乃至中国的明天，添砖加瓦！

（指导教师：重庆市朝阳中学　程莉）

黄葛树　重庆市朝阳中学高2025届8班　李相廷

青山有思，白鹤忘机

——于白鹤梁觅火辣山城的中国式温柔

重庆市朝阳中学2025届13班 刘芯瑜

想起山城重庆，你的脑海中浮现的是怎样的图景？是纵横交错的轻轨线路，是横跨江上的座座长桥，是麻辣滚烫的火锅，还是灯火阑珊的夜景……好像这一切的印象都是热闹繁华的，但是山城并不是只有似火的热情，更有似水的柔情，“何当共剪西窗烛，却话巴山夜雨时”，浸润着文化底蕴的“中国式”温柔也在这巴山蜀水中得到了极致的体现。其中不得不说的便是这沉睡于长江心的白鹤梁。

“江山云雾，皆若有情，浮沉世事，何须多问？”

白鹤梁的名字来源于一个民间传说。相传在北魏时期，尔朱通微不愿与篡夺皇位的族兄尔朱荣同流合污，选择了遵从自己的内心和道德，在涪州白鹤云集之石梁上遇一名“白石”之渔人后，在此修炼，后乘白鹤仙去，此处因此得名白鹤梁。

自唐迄今，历代文人雅士、官吏商贾，过往涪陵，恰逢出水石鱼，便会泛舟来到白鹤梁上，驻足流连、吟诗作赋，题铭江心。石梁上的题刻纵横交错，篆书如石，古朴厚重；隶书如松，严谨刚毅；行书如流，自然顺畅；草书如舞，灵动飞扬；楷书如镜，端庄规范。四大书法家颜真卿、柳公权、苏轼、黄庭坚的手迹也在此相映成趣。其中最著名的要数黄庭坚的题字“元符庚辰涪翁来”。白鹤梁集历代名家书法之大成，汇集了文学、书法、绘画、石刻艺术，展示了不同艺术形式之间的相互关系和相互影响，体现了古代文学和艺术之美的统一性和整体性，所以又有“水下碑林”的美誉。

无论是浪漫梦幻的传说，还是美轮美奂的水下石刻，都向我们诉说着千百年来的文化故事，“转瞬即逝之物，也会因碑铭世代长存”。千重浪起，天地浮沉，了然飞去几千秋，但白鹤梁一直在这里，见证着中华文化的浪漫主义情怀。

“白鹤绕梁留胜迹，石鱼出水兆丰年。”

白鹤梁，犹如镶嵌在长江之上的璀璨明珠，见证了千百年来的江水起伏。这座天然石梁，因其独特的地理位置和形态，成为古人观测水位变化的重要标志。江水涨时，白鹤梁隐没水下；退时，又重见天日。这种周期性的变化，为人们提供了宝贵的水文信息。涪陵人民自古以来便依赖白鹤梁预测洪水和旱灾，他们积极地在石梁上刻下精美图案和文字，记录水位的起伏。这些石刻不仅具有艺术价值，更珍贵的是，它们是历史的见证，反映了古人对自然环境的观察和理解。

在这些图案和文字中，最具标志性的当属石鱼。那么，古人为何用石鱼标记枯水位呢？在农耕时代，早春的降雨往往关系着一年的收成，求雨便是“天大的事”，是最重要的祭祀活动。在长期的渔猎生活中，巴人先民发现，大雨来临前，气压低，鱼儿会浮出水面，此时捕获最为容易。人们由此联想到鱼和雨的关系，视鱼为吉祥物。将鱼的形象刻于枯水位，在干旱年份，以祈雨水丰沛，五谷丰登，也就不足为奇了。同时，石鱼也寓意着繁衍生息，与古人多子多福的愿望密切相关。这些石鱼，承载着先民对爱情和生育的向往，充满了人文主义精神。

白鹤梁是文化的载体，以其独特的历史作用、文学艺术作用和水文作用，成为长江文化的重要组成部分，也为我们提供了一扇了解历史和自然的窗口。

站在白鹤梁上，我仿佛能听到江水的呢喃细语。它诉说着千百年来的故事，见证了人类与自然的和谐共生。它以独特的方式展示了大自然的力量和人类的智慧。在这里，人与自然相互依存、相互影响。人们通过对白鹤梁的观测和研究，了解了中华文化的博大精深和长江水位的变化规律，从而能更好地对白鹤梁文化元素进行保护和传承，使这一宝贵的文化遗产得以延续，同时也更好地利用水资源、防范洪灾。

白鹤梁的存在让我们明白，人与自然可以和谐共生、共同发展。我们应该尊重自然、保护自然，与大自然建立起一种可持续的和谐关系。这便是白鹤梁所显示出的火辣山城的“中国式”温柔。

教师点评

重庆这座独特的城市，宛如一幅错综复杂的立体画卷，其魅力源于它多重的元素与特质。无论是被誉为“雾都”的朦胧之美，还是作为“山城”的独特地貌，抑或是夜晚灯火璀璨的绚丽景色，乃至本文所提及的“山城温柔”，它们共同构成了重庆不可或缺的魅力标签，吸引着来自四面八方的游客。这些元素不仅是重庆的符号，更是推动这座城市持续发展的动力源泉。

作者以哲学的眼光，深入剖析了白鹤梁这一名胜古迹所蕴含的丰富内涵。白鹤梁不仅是一处自然与人文完美融合的景观，更是重庆历史文化的缩影，承载了这座城市深厚的文化底蕴。

“白鹤梁”之名，本身就承载着一种对人民立场的坚守，象征着尔朱通微那种不愿随波逐流、坚守自我价值的决心。他的价值选择，即弃家学道，不仅彰显了他个人的高尚情操，更映射出白鹤梁所承载的深厚文化底蕴和人民赋予它的物质与精神双重财富。

历史，从来都是由人民书写的。其中，白鹤梁作为一个独特的符号，是书法、文学、绘画、石刻艺术等多种独特元素的完美融合，构成了一个无法复制的艺术瑰宝。这些元素共同组成了白鹤梁这一整体，形成了其无可替代的、最优的艺术表达。

古代巴人凭借他们的智慧和勇气，深入观察江水的周期变化，并巧妙地将其记录在白鹤梁上。在这一过程中，他们不仅通过实践来认识水位的变化，更用这些认识去预测洪水灾害和指导抗击旱灾的实践。石鱼作为丰收和富饶的象征，其背后蕴含的是巴人对生活的热爱和对自然的敬畏。

白鹤梁，不仅是大自然规律的见证者，更是人与自然和谐相处的典范。我们应当像作者所倡导的那样，尊重自然，保护自然，与自然和谐共处，以实现可持续发展的目标。

整体来看，作者的论述流畅，既有对事实的客观陈述，又有对主题的深刻议论。每一个细节都透露出作者的深思熟虑和独到见解。结尾部分，作者以明确而不失深度的主题升华和行动呼吁，展现了其深邃的哲学思考和浓厚的人文关怀。选题上,白鹤梁不仅是对家乡文化的深情宣传,更是对历史与环境问题的深刻反思。整篇文章行文充实有力,逻辑论证清晰,是一篇很有可读性的思政小论文。

（指导教师:重庆市朝阳中学　程莉）

白鹤梁　重庆市朝阳中学高2025届8班　龚芊玥

红色城口:革命精神照耀未来之路

重庆市朝阳中学高2026届10班　黄妍绮

城口,位于巴山之腹,仁河之源。这个重庆东北部的小县,虽地处偏远,却有着厚重的历史。它曾是第二次国内革命战争时期全国第二大苏区——川陕革命根据地的重要组成部分,因此被誉为“红色城口”,也是重庆市唯一建立了各级苏维埃政府的革命老区,革命事迹熠熠生辉。如今,城口县建立了红军纪念公园,以传承红军精神,缅怀革命先烈。“革命精神耀巴山,红色经典永流传”,城口的革命历史和红色文化将永远激励着人们前行。

城口与红军,如同水与鱼,相互依存,密不可分。1929年,共产党员李家俊在城口和万源的交界处创建城万红军,并举行了誓师大会,宣布起义,这就是震惊川渝的固军坝起义。次年,号角声起,在火光冲天中紧闭的城门被打开,城口成为川渝地区首个被地方红军占领的县城,并建立了完备的苏维埃政权组织体系。自此,红军和城口人民通过苏维埃紧密联系在一起。城口人民竭尽全力支持红军,不仅倾其所有保证红军的后勤供应,还积极参与红军的各项活动。红三十三军295团司号班班长刘武彩曾深情地回忆:“在城口战斗期间,是城口人民养活了我们,只要是能吃的东西,他们就送给我们吃,有的人家把看家狗都杀了送给红军吃。”据统计,城口人民通过各级苏维埃政权向红军捐献了超过10万公斤的粮食、5000余双草鞋、2000多顶斗笠,以及大量的蔬菜和肉类,这些都为红军的生存和战斗提供了坚实的物质基础。在军事行动上,城口儿女们也展现了他们的英勇与决心。1935年,500多名城口籍红军战士毅然跟随红三十三军踏上了艰苦卓绝的长征之路。尽管长征途中充满了艰辛与牺牲,但最终,这些勇敢的红军战士用他们的生命与热血,吹响了长征胜利的号角,也让革命的火种在城口这片土地上熊熊燃烧,代代相传。

红军与城口,如同木与林,紧密相连,休戚与共。“军爱民,民拥军”,城口民众成为红军坚强的后盾,源于红军一心为民的初心。红军纪念公园内,一把仅余三根羽毛的鹅毛扇，见证了1934年城口“鸡窝寒”疫情中，王维舟创建红军药房和医院，免费救治百姓的义举。此善行令“鸡窝寒”迅速得到控制，也深深感动了城口民众。他们珍藏了王维舟留下的鹅毛扇，并将其陈列于纪念馆，以表对红军的敬意与感激。在红军的引领下，城口实行了土地革命，民众终获梦寐以求的土地与自由；建立“列宁小学”，贫雇农子女得以免费接受教育；同时，农业发展、交通建设等举措，均彰显了红军为民服务的坚定信念，也进一步深化了军民之间的深厚情谊。

城口与红军之间的深厚联系，远超出军事的范畴，它更像是一种精神的交融与哲学的契合。红军所秉持的先进革命理念，在城口这片土地上找到了共鸣。城口人民，作为劳苦大众的代表，他们的愿望和利益与红军的理念不谋而合。在并肩作战的岁月里，双方结下了坚不可摧的深厚情谊。这种联盟，早已超越了世俗的利益纠葛，它代表着人民的历史选择，是正义战胜邪恶、新生取代腐朽的坚定立场和信念的体现。

英烈奋击昔峥嵘岁月，吾辈安享今盛世太平。英烈们以鲜血和生命铸就的“智勇坚定、排难创新、团结奋斗、不胜不休”的伟大红军精神，正是推动城口振兴与建设的强大精神力量。在党的坚强领导下，今日的城口以现代产业体系为基石，不断加强科技创新，推动绿色产业与生态旅游的并行发展，同时深植红色文化，以红军精神为引领，继续书写新的传奇。城口所荣获的“中国生态气候明珠”“大中华区最佳绿色生态旅游名县”以及“全国森林旅游示范县”等荣誉，正是它辉煌的历史延续。我们缅怀先烈，不仅是为了铭记历史，更是为了从中汲取前行的智慧和力量。在和平繁荣的今天，我们更应深刻领悟先烈们的牺牲精神，将红军精神代代相传，为开创更加辉煌的未来而不懈奋斗。

教师点评

这篇文章展现了革命历史与地域文化之间的紧密联系，探讨了红军精神在当代社会中的深远意义。作者不仅回顾了城口作为革命老区的光辉历程，更从哲学角度阐释了红军精神与城口发展的内在联系，展现了历史与现实的交融与呼应。

在描述城口与红军的关系时，作者巧妙地运用了水与鱼、木与林的比喻，生动展示了二者之间相互依存、紧密相连的关系。这种关系体现在城口人民对红军的全力支持，以及红军为城口带来的解放与建设上，军民之间构成了一种良性循环，深刻反映了事物间的相互联系与作用。文章也很好地体现了继承与发展的观念。城口在革命年代所形成的独特红色文化，在当今时代依然得到良好的传承与发展。城口人民通过各种方式，如建立红军纪念公园等，不仅铭记了历史，更将红军精神融入日常生活及城市建设中，实现了红色文化的创造性转化与发展。

作为一种强大的精神力量，红军精神的能动作用在文中得到了深刻体现。它不仅在革命时期推动了城口的斗争与发展，更在当代成为激励城口人民奋发向前的不竭动力。这种精神的重要性不言而喻，充分展现了人类意志与信念的巨大能量，是推动历史车轮滚滚向前的重要因素之一。

文章还透彻阐释了群众观点和群众路线的核心意义。红军因坚守为人民服务宗旨、与人民群众紧密联系而在城口获得广泛支持，这也是当代城口发展的基石。同时，城口人民对历史的深刻理解和尊重也跃然纸上，他们将历史资源与现实需求相结合，通过发展红色旅游产业等，实现了经济与社会效益的共赢。

从价值观的角度来看，这篇小论文传递了积极向上的情感。通过缅怀先烈、弘扬红军精神，作者引导我们珍惜现有的和平与繁荣，更激发了我们为构建更加美好的未来而努力奋斗的热情。这种正能量的传递，对于凝聚人心、推动社会进步具有深远的意义。

总体而言，这篇文章不仅是一次精彩的历史回顾，更蕴含着深邃的哲学思考和丰富的内涵。它鞭策我们铭记历史、珍惜现在，并怀揣对未来的美好憧憬，共同为中华民族伟大复兴而持续奋斗。

（指导教师：重庆市朝阳中学　陈静）

缅怀先贤遗志　赓续卢作孚精神

——演绎重庆北碚兼善文化美

重庆市兼善中学高2021届12班　高澜馨

筚路蓝缕为学子，一片冰心在教育。在探讨教育的真谛时，让人不禁想采一撷历史的流光，掬一捧铿锵的璀璨，献给这位中国近代伟大的实业家、教育家——卢作孚先生。纵观卢作孚先生的一生，发展教育始终是浓墨重彩的一部分。

面对几千年封建统治所造就的国民素质低下问题，卢作孚先生认识到了教育的重要性，他始终认为教育为救国之不二之法门。随后，中国爆发了提倡崇尚自然、讲究实用、发展科学技术等的新文化运动，时任《川报》社长兼总编的他，深受新文化运动的影响，积极投身其中。卢作孚先生也更加深刻地体会到教育是国之大计、民之所盼。

卢作孚先生提出“学校不是培育学生，而是教学生如何去培育社会”的教育主张，并以《孟子·尽心上》中的“穷则独善其身，达则兼善天下”中的“兼善”为校名，创办了“私立兼善初级中学”，普及平民教育，启迪民智，从此“兼善教育，兼善天下”成为兼善中学始终不渝的办学目标，他希望通过发展教育，将置身于战争苦难中的人民拯救出来，使天下之人皆能受教育、懂科学，并以学识而为国家作出贡献。

卢作孚先生的兼善教育理念对后世产生了深远的影响。他超越了时代的局限，提出了全面发展的教育目标，并认为教育的根本目的在于人的全面发展，即“兼善”。“兼善”是指德智体美劳五育并重，旨在培养出既有道德修养、知识水平，又有健康体魄、审美情趣和劳动技能的全面发展的人才，强调教育的全面性和平衡性。此外，卢作孚先生的兼善教育理念还强调教育的社会责任感。他认为，教育不仅要为个人发展服务，更要为社会进步作出贡献，教育不应仅仅局限于校园，而应与社会紧密结合，培养学生的社会责任感和服务意识。

九十余载风云激荡，初心如磐，兼善中学牢记卢作孚先生的教育愿景，以实干和创新形成了“舍得干，在兼善”的兼善精神。兼善师生在追求教育均衡优质发展上“舍得干”，在追求师生个人全面优秀发展上“舍得干”，在兼善教育与求学的这块土地上“舍得干”。兼善中学坚持以“卢作孚精神”为思想引领力，办兼善天下的学校。正心修身、立己达人，激励着一代又一代兼善学子用实干来达成上善若水，格物致知。

教师点评

缅怀先贤遗志和赓续卢作孚精神是一种对历史和文化的深刻反思与尊重，卢作孚先生的兼善教育理念，不仅是对个人全面发展的追求，更是对社会进步的深刻思考，同时也是对人性、道德和社会价值的探索与追求。

作者呈现了卢作孚先生积极向上的价值观念，他强调个体在追求自身利益的同时，也要关注他人的利益和社会的整体福祉。卢作孚的这种精神体现了对公平正义、诚信友爱、社会责任等价值的尊重和追求，对于我们树立正确的价值观、人生观，以及推动社会的进步与发展具有重要意义。也为人们在面对人生和道德抉择时提供了重要指导。

作者从事物的运动、变化和发展等角度，看到卢作孚精神不是一成不变的社会意识，而是随着社会历史发展而不断完善和深化的。从“兼善教育，兼善天下”的办学目标，到“舍得干，在兼善”的教育情怀，卢作孚精神在实践中不断发展，以适应不同时代、不同文化背景下社会的客观需求。

卢作孚精神不仅停留在理论层面，更强调将理念转化为实践，作者结合马克思主义哲学中关于实践的观点，使卢作孚精神中追求真理的实践精神与马克思主义哲学高度契合。实践是检验认识真理性的唯一标准，卢作孚精神鼓励人们在日常生活中践行善行，通过实践去验证真理，这正是马克思主义哲学所强调的实践精神。

不忘本来才能开辟未来，善于继承才能更好创新。作者追溯历史，回看走过的路的同时远眺前行的路，形成首尾呼应的卢作孚精神传承路，使读者在生动的历史事件中体味和践行卢作孚精神。

（指导教师：重庆市兼善中学　陈杰）

兼善文化　重庆市兼善中学高2026届10班　陈美西

忆革命往昔　传红岩精神

——游红岩村有感

重庆市江北中学校高2024届7班　陈静宜

红岩村，原名红岩嘴，位于重庆市沙坪坝区化龙桥红岩村13号，因其地质属丹霞地貌，地质成分主要为侏罗纪红色页岩而得名。20世纪30年代，这里曾是黄花岗七十二烈士之一饶国栋的胞妹饶国模女士经营的大有农场——“刘家花园”。农场内有一幢并不出众的灰色老建筑。老建筑四周绿树环绕，门前芭蕉树郁郁葱葱，这幢楼就是抗日战争时期中国共产党在国统区的指挥中心——中共中央南方局和八路军驻重庆办事处驻地。周恩来、董必武、林伯渠、吴玉章、叶剑英、王若飞、邓颖超等老一辈无产阶级革命家曾在此生活、工作。抗战胜利后，在重要历史转折关头，毛泽东从延安到重庆，与国民党进行和平谈判，曾在此居住。那时的红岩村，在风雨如磐的斗争岁月中孕育了红岩精神，如大后方一盏不灭的明灯，照亮中国革命前行的道路。如今，走进经过全面保护修缮的红岩村，一栋小楼，一张木桌，一把藤椅，简朴肃穆，凝固了时光，也让这段历史继续照亮前路，精神永放光芒，激励着我们不忘昨日苦难辉煌，无愧今日使命担当。

伟大实践培育伟大精神。

全面抗日战争时期，以周恩来为代表的中共中央南方局在发展和壮大抗日民族统一战线的斗争中培育和形成了红岩精神。1937年7月7日，全面抗战爆发，中国共产党倡导，在抗日民族统一战线的旗帜下，以国共合作为基础，全国各族人民共同抗日。1939年1月，中共中央南方局在重庆设立，代表党中央全面领导南方地区的中共党组织，巩固扩大抗日民族统一战线。1939年12月，抗日战争进行得如火如荼，但国民党却先后发动了三次反共高潮，进攻敌后抗日根据地，并在国统区内大肆杀害共产党人，迫害进步力量，抗日民族统一战线内部矛盾多次激化。此时，红岩村的政治环境非常险恶，周围特务密布，岗哨林立，过往行人都要被一一盘查，进出都受到严密监视……在这样极其艰苦险恶的环境中，以周恩来、董必武为代表的中国共产党人高举抗日民族统一战线旗帜，高喊“发展进步势力，争取中间势力，孤立顽固势力”，不断壮大抗日民族统一战线，不断扩大民主进步力量。同时，勇于自我革命，从思想上、政治上、组织上不断加强党的自身建设，开创了革命统一战线和党的建设的新局面，培育和形成了伟大的红岩精神。

解放战争初期，以毛泽东为首的中共代表团在重庆谈判斗争中进一步丰富和发展了红岩精神。在抗战胜利后的重要历史转折关头，为了国家前途和民族命运，毛泽东、周恩来、王若飞组成的中共代表团肩负着争取和平与民主的时代使命，置个人安危于不顾，以“弥天大勇”奔赴重庆，入驻红岩村，同国民党进行和平谈判。历时43天的重庆谈判，毛泽东深入虎穴而保持镇定自若，处险不惊，在与国民党针锋相对的谈判桌上，做到有理有节、不卑不亢，在与各阶层人士的会见和接触中，胸怀坦荡、坦诚相见。为维护重庆谈判成果和政协决议，南方局共产党人继续开展广泛的人民民主统一战线工作。这些革命斗争实践表现出来的争取中国光明前途的使命担当，敢于斗争、善于斗争的政治品格，海纳百川的宽广胸怀，处危若安的胆识气魄，进一步丰富和发展了红岩精神。

伟大精神指引伟大实践。

在伟大实践中培育的红岩精神是中国共产党人和中华民族的宝贵精神财富，对后来的革命斗争和中国特色社会主义事业产生了深远影响。红岩精神体现了中国共产党人的初心和使命，承载着共产党人的崇高理想信念和革命气概，展现了坚定不移的政治立场、百折不挠的革命意志，以及在复杂恶劣环境中的高尚品德和牺牲精神。红岩精神似一盏明灯，为迷雾中的人民指引希望的方向，鼓舞人民抗战到底；红岩精神似一座堡垒，领导了中国南方10万余名党员，他们展现了高度的战斗力、组织力、号召力、凝聚力，创造和积累了党的建设新成果、新经验，开辟了中国革命新境界；红岩精神似一块磁铁，把各阶层爱国民主力量凝聚在一起，为中国共产党领导的多党合作和政治协商制度的政治格局形成奠定基础。新时代，习近平总书记强调了弘扬红岩精神的重要性，要求全党大力发扬红色传统、传承红色基因，赓续红色血脉，始终保持革命者大无畏的奋斗精神。新时代，这是一个大有可为的时代，是属于我们的时代。红岩精神为中国青年照亮了前行的道路，赋予了我们强大的精神力量。告诉我们要不忘昨日苦难与辉煌，从历史中汲取智慧和力量；要坚定理想信念，提高自身本领，敢于斗争，勇于斗争，善于斗争，牢记使命，勇于担当，以青春之奋斗开创更加辉煌的明天。

红岩村，无数革命先烈曾在这里顽强斗争、保家卫国，他们的事迹不会被遗忘，红岩精神永远被铭记。每一位英雄，都是一个信仰的高地，一座精神的丰碑。高地无言，挺起民族的精神脊梁；丰碑无声，夯实国家的信仰根基。愿吾辈青年保持红岩精神的火种而生生不息，在砥砺自我的同时发扬红色传统，造就一个红色的世界。

教师点评

这篇文章将视角聚焦在红岩精神的发源地——红岩村，通过回看走过的路，远眺前行的路，展现了中国革命斗争历史与红岩精神之间的辩证关系，探讨了红岩精神对当今时代的深远意义。文章主题鲜明、论点明确、逻辑清晰、论据充分，在结构与内容的呈现上，都体现出作者的哲学思考。

从结构上看，作者采用总—分—总的逻辑架构。遵循历史逻辑，开篇第一段介绍了红岩村的历史发展，将红岩精神的产生与革命斗争历史相结合，提出了革命斗争孕育了红岩精神，红岩精神又照亮前路，激励前行的观点。作者分两段进行了论证，全面抗日战争时期和解放战争初期的斗争实践形成和发展了红岩精神，红岩精神作为宝贵的精神财富，具有强大的精神力量，它推动了中国民族民主革命运动的发展，在当代社会又为人们奋发前行提供了不竭动力。这充分体现了实践与认识相互作用、辩证统一的哲学思想。

从内容上看，文章也很好地体现了在历史前进的逻辑中前进的哲学思想。通过追溯共产党人的斗争历程，我们看到了共产党人坚定的政治立场，崇高的理想信念，敢于斗争、善于斗争的政治品格，刚柔相济、锲而不舍的政治智慧，以诚相待、团结多数的宽广胸怀，勇于自我革命的鲜明品格等，彰显了中国共产党的先进性，也让我们领悟到中国共产党带领中国人民取得革命胜利的历史必然性。

综上，这篇文章通过回看走过的路，远眺前行的路，目的是进一步坚定自己的路。该文不仅逻辑清晰地追溯历史，更蕴含着深邃的哲学思考和丰富的内涵。它鞭策新时代青年铭记历史、珍惜现在，赓续红色传统，弘扬红岩精神，在砥砺自我中为中华民族伟大复兴而持续奋斗。

（指导教师：重庆市江北中学校　陈春利）

人文艺术助推城市发展

——重庆黄桷坪的华丽转身

重庆市江北中学校高2024届7班　刘悦

“山从人面起，云傍马头生”，这是地势陡峻的山城；“风起两江，气蒸巴渝”，这是云色迷蒙的雾都；“行千里，致广大”，这是日新月异的重庆。在8D魔幻的重庆城中，有一处文艺青年必打卡的人文艺术摇篮——黄桷坪。

黄桷坪位于重庆市九龙坡东南段，临长江，有公路、铁路过境，沿江设有车渡、轮渡，是重要的陆运水运衔接区。2007年，黄桷坪迎来了老旧城市改造的华丽转身，一跃成为世界最大的涂鸦街。黄桷坪涂鸦街全长1.25公里，在保留城市功能的同时，不断散发出艺术气质，墙体表面的涂鸦汇聚了成千上万艺术家的灵感，他们用明艳的色彩和粗犷的线条，描绘出属于自己的城市大片，彰显了重庆城市的艺术魅力和文化之美。

熠熠生辉，改新面而进，成就人文艺术摇篮。

20世纪五六十年代，商船货运来往于黄桷坪，一座接一座工厂安营扎寨于此。作为重庆发展的重要枢纽，她终日尘面，浓烟滚滚，为了经济发展撸起袖子加油干。随着时代变迁，黄桷坪昔日的繁华已渐渐褪去，留下了时代发展的斑驳印记。新世纪初期，为拂去工业的尘土，一场艺术与工业的交接仪式在黄桷坪拉开帷幕。依托四川美术学院的资源优势，结合重庆高低错落的地势，800多名工人、学生及艺术家耗费大量资源，历时100多天，使风格多趣、栩栩如生、荒诞又不失美感的涂鸦跃然墙上，老旧的居民楼一改旧容，黄桷坪老街也焕然一新。

重庆人民开放、包容的人文风情，促成了涂鸦复兴这条路的可实践性。在涂鸦街初稿出炉后，建设者们深入民众中调查、充分考虑民情民意，九易其稿，最终将涂鸦艺术与当地现实生活相结合，塑造了一幅幅完美的画卷。住在黄桷坪的老人说：“这里以前灰蒙蒙的一片，现在能见到蓝天白云，老旧的居民楼也好看多了。”如今高耸的烟囱还矗立在原地，但浓烟已不复存在，取而代之的是艺术和人文的风情美。用新颖多彩的涂鸦装饰老旧的居民楼墙壁，通过涂鸦艺术改造工业旧城，重庆扬长避短，创造性地解决了老旧工业城市改造与发展的难题。

灯面相映，拾新阶而上，书写城市发展新辉煌。

“东风夜放花千树，更吹落，星如雨。”车水马龙，火光灯色，人间烟气起。重庆作为夜景之城，天色将暗时便点起灯，万千星点之光汇成洋洋明流，仿佛银河降临人间。而当现代灯光技术与黄桷坪的涂鸦特色相撞，独属于这里的华光便在光海中脱颖而出。

在数字化建设的时代主流与重庆数字大会号召的背景下，2023年，重庆首届国际光影艺术节在黄桷坪举行，为黄桷坪再现盛世艳况博得了契机。十七年来，涂鸦街吸引了无数游客来到黄桷坪打卡拍照，同时也留下了风格各异的涂鸦作品。如何在新的历史节点上，继十七年涂鸦特色阶梯，开后世黄桷坪发展新局？这是困扰黄桷坪地方负责人的又一道难题。在多方力量的精巧构思下，他们给出了一份完美的答卷：用科技赋能涂鸦！现代灯光技术与黄桷坪当地的特色涂鸦交相辉映，3D投影带领着涂鸦们从墙里走出来，活起来。灯光秀上，束束虹灯亮起，随着音乐律动；幕幕动画变幻，流淌时代华章。3D投影与黄桷坪当地的特色涂鸦交相辉映，连工业时期的大烟囱也变成了动情摇晃的“荧光棒”。五光十色，绚烂的是色彩，更是黄桷坪十七年不变的风华；光移影动，灵动的是形态，更是黄桷坪创新发展的慧心巧思。站在涂鸦文化的时代底蕴上，乘着数字建设的科技东风，重庆人民用艺术创新使重庆成为一座熠熠生辉的科幻魔都。

到黄桷坪来一次“city walk”吧！漫步在黄桷坪的街头，在这里领略独特的人文风情与新时代交相辉映的创意景色；带上明艳的颜料，在这里描绘属于自己的生活片段、城市大片；或是来一场极限酷跑，在不断挑战自我中感受城市的位移艺术……两江春水东流去，云卷云舒，大雾又四起，待雾散春来，我们期待黄桷坪“长空万里风光好”，一起看黄桷坪发展更上一层楼。

教师点评

这篇文章主题明确,逻辑清晰,结构严密,内容生动。从哲学视角看,文章坚持辩证唯物主义和历史唯物主义观点,运用辩证思维方法,动态地分析了黄桷坪如何通过涂鸦艺术破解城市发展难题,利用人文风情助推城市创新发展。

第一,坚持辩证唯物主义的观点看待城市发展。黄桷坪结合地貌特点,依托四川美术学院的艺术、人才等优势,用新颖涂鸦装饰老旧墙壁,把老旧的工业街道变身为璀璨的人文艺术摇篮。这一创新性的发展是一切从实际出发,实事求是,是尊重客观规律与发挥主观能动性的生动诠释。

第二,坚持用历史唯物主义的观点把握城市发展。文章描绘了黄桷坪在探索城市发展道路中,把城市发展与时代变迁相结合,在充分调查民意、了解人民呼声的基础上,用新颖涂鸦装饰老旧墙壁,让现代灯光投影与特色涂鸦交相辉映,实现了从工业蒙尘到涂鸦改造再到灯光璀璨的华丽蝶变,展现了重庆市政府如何立足时代、与时俱进,尊重人民美好愿望,发挥人民主体作用,书写城市创新发展新篇章。

第三,坚持矛盾运动观点,运用辩证思维方法分析黄桷坪的城市发展。文章描绘了黄桷坪面对老旧工业城市转型的发展难题,充分挖掘自身优势,创新性地利用人文艺术帮助老旧工业街道换新颜,成功破解这一难题。进入新时代,城市发展站在了新的历史方位上,黄桷坪又面临着如何开启城市发展的新局面的难题,在多方力量的精巧构思下,黄桷坪利用科技让人文涂鸦"活"了起来,又一次创造性地解决了时代难题。文章充分体现了世界是普遍联系的、变化发展的,也生动诠释了在矛盾的对立统一中不断推动事物发展这一哲理。

综上所述,这篇文章让读者不仅能感受到重庆这座城市的人文魅力,更领悟到重庆发展中所展现的哲学智慧。它通过黄桷坪老街华丽转身的生动实践,揭示城市发展的统一性和多样性。同时启示我们在探索发展道路时要立足自身资源、坚持与时俱进、尊重社会文化、勇于开拓创新,以实现人类社会的可持续性发展。

(指导教师:重庆市江北中学校　陈春利)

吊脚楼　重庆市朝阳中学高2026届6班　唐烽恒

用哲学的眼光看重庆——科技美

漫漫修远路，云帆行沧海

——魔幻轨道交通的科技路

重庆市朝阳中学高2024届1班　邓立华

千里的罡风吹过千厮门大桥，疾驰的列车呼啸而过，行人驻足侧目，思绪随风一同飘远。

很多人应该都有一个夙愿，即使相隔万里之远，也要能“千里江陵一日还”。人生代代，人们总是在不断地追求、靠近这个夙愿。从车马悠悠行千载，到近代的机器交通工具，人们正一步步地实现日行千里的愿望。

重庆也不例外。

无论是初来乍到，叹山城之魔幻的外地旅客，还是习以为常，静坐在车厢里穿行于高楼大厦的重庆居民，没有任何一个人不会对重庆的轨道交通叹为观止。感叹的不仅是其速度之疾、设计之妙，更是背后所蕴含的高科技。

万丈高楼要先修地基，轨道交通也要先挖隧道。重庆轨道交通在建设中充分展现了先进的轨道开掘技术。在轨道交通15号线一期6标两江大道站至复盛站区间的建设中，施工队遇到了不小的难题。此区间单线总长3105米，最大纵坡为-37.5‰，隧道埋深约10.3至70.9米，具有开挖面积大、大纵坡、大埋深等特点，地质条件复杂，施工难度大。面对严峻挑战，项目管理团队科学制定施工方案，以科技赋能轨道交通，提质增效，推动技术升级。团队研发出动力分散式新能源电机车，辅助盾构机在前奋勇开掘。建设过程中还应用了移动数据方舱技术，全过程管控工程建设情况，确保项目安全、高效掘进。

“有善始者实繁，能克终者盖寡。”好的运营管理才能让重庆轨道交通长久。

重庆轨道交通在管理中不断提升智能化水平。通过引入先进的智能监控系统、智能票务系统和智能调度系统,重庆轨道交通能够实现对整个系统的智能化管理和优化调度,提高了运营效率和安全性。10号线二期车站闸机处增设智慧边门,内置高清摄像头、扬声器等智能传感模块,能精准识别人脸特征,使车站人员、维修人员等授权人员无障碍出入车站付费区与非付费区。还支持智能客服中心一键开关闸门,在车站紧急模式下能与进出站闸机同步执行放行操作。10号线新增乘客计数系统,通过安装在车门和车厢之间的传感器检测并统计上下车的客流人数以及车厢间的人员流动情况,并在动态地图上显示所有车厢的拥挤度,还能对运营流量进行记录,因时而动,顺势而为。在大数据与人工智能如此发达的当下,重庆轨道交通运用人工智能,提升了轨道交通管理的智能化水平。

此外,重庆轨道交通还在环保科技方面作出了积极努力。采用了节能减排的新型电力技术和清洁能源技术,使轨道交通系统在运行过程中更加环保和可持续,有助于提升城市空气质量和减少对环境的污染。10号线二期首次采用了智慧能源管控节能系统,管理人员可以远程集中监视、管理能源设备,实现智能化、绿色节能运行。科技、环保同时紧抓,重庆轨道交通贯彻创新和绿色新发展理念,以环保之行动,增添城市之绿色。

最后,在乘客服务方面,重庆轨道交通也借助科技手段不断提升服务质量。例如,利用先进的信息技术,为乘客提供出行信息查询、车站导航、车厢拥挤度查询等便捷服务,同时也在车站和列车内部引入了智能化设备,提升了乘客的出行舒适度和安全性。轨道交通10号线二期车站现已配备升级后的智能客服中心,集票卡处理、语音问询、信息查询于一体。无工作人员值守时,乘客可通过智能客服中心自助服务设备完成票卡处理、行程规划、站内导航、乘客服务相关信息的展示等操作。9号线列车上,车厢创新打造智能触摸屏,有网友体验后发现,点击智能触摸屏,可显示景点、周边美食等信息。真正做到了轨道交通以人民为中心,依靠人民搞建设,建设成果由人民共享。

夜色催更,城市的脉搏悄然跳动。华灯初上,无数条流动的光河融成一幅梦幻缱绻的画卷。光辉璀璨的洪崖洞注视着列车驶过千厮门大桥。在这座英雄城市的土地上，轨道交通建设已然走过六十余载的时光。回顾这段历史，有眼光超前的规划团队，有默默建设的工人，有为筹集资金绞尽脑汁的轨道人，无数的星光汇成一团火，点燃了重庆轨道交通最美的烟火。尽为山城有坦途，甘为轨道螺丝钉。

时而优雅飞天，时而遁地不见，时而穿楼入户，时而疾驰田野。无数个世界之最，无数条建成的交通线，无限扩大的辐射范围。总之，重庆轨道交通所展现的科技成果既是对城市交通发展的积极回应，也是科技创新在城市发展中的生动体现。相信随着科技的不断进步和发展，重庆轨道交通将会在未来呈现出更多令人期待的科技亮点，为城市交通注入更多活力。

山城路远且漫漫，飞车云帆沧海行。

教师点评

文章生动描绘了重庆轨道交通发展中现代科技与城市规划的结合。它以惊人的速度、卓越的设计和背后的先进科技，征服了每一个初到重庆的人，也让每一个重庆居民为之骄傲。

在科技飞速发展的今天，重庆轨道交通展现出的科技成果令人瞩目。文章开篇就通过描绘疾驰的列车和千里的罡风，展现了一切事物都处于运动与变化发展中的哲学思想。

文章强调，重庆轨道交通在科技修建、智能化管理、环保科技、乘客服务等方面都取得了显著成就，这些成就之间相互联系、相互促进，共同推动了重庆轨道交通的发展。事物之间的联系是普遍的，发展是事物前进的必然趋势，重庆轨道交通正是在这种联系与发展中不断进步。

从文章中我们可以知晓在重庆独特地形下修建轨道交通的困难程度，但最终在党和国家以及人民的不断努力下，重庆魔幻轨道交通坚持人民主体地位，依靠人民搞建设，充分发挥人民群众的主观能动性，做到了一切为了人民、一切依靠人民，建设成果奉献人民，这是人民性与实践性的哲学思想的体现。重庆轨道交通的建设成果，正是人民实践的智慧与汗水的结晶。

文章结尾以“山城路远且漫漫，飞车云帆沧海行”作为总结，表达了对未来充满希望的哲学态度。未来是充满无限可能的，只要我们不断追求进步、勇于创新，就能在城市交通发展的道路上不断前行，为城市的发展与繁荣注入更多活力。

（指导教师：重庆市朝阳中学　唐俊）

轨道交通　重庆市朝阳中学高2024届1班　刘怡琳

赛创新之力，问无疆之界

——赛力斯立足时代要求，打破产业界限

重庆市南开两江中学校高2025届4班 郑喜月

风雨载途，沧桑巨变。过往几十年间，我国新能源产业迎来翻天覆地的变化。从攻坚探索到自立自强，从扎根萌芽至蓬勃发展，行业面貌焕然一新，科研之路成就斐然。时代发展浪潮席卷，对产业进步提出了新的要求，崭新的力量在新能源领域不断喷薄。赛力斯汽车作为我国新能源领域不容忽视的力量，积极参与时代潮流，为推动新能源产业发展作出了卓越贡献。

立足时代要求，赛力斯汽车以创新驱动产业发展。

出于对动力革新和环境保护的要求，2009年，国务院颁布《新能源汽车产业发展规划（2012—2020年）》等文件，明确对新能源汽车发展包括财政补贴、税收优惠、购车限额豁免在内的一系列支持政策。2012年，党的十八大明确提出"坚持走中国特色自主创新道路，实施创新驱动发展战略"；同年，国务院发布《节能与新能源汽车产业发展规划（2012—2020年）》，自此，我国坚持纯电驱动战略，新能源汽车产业进入快速发展阶段。得益于良好的政策环境和我国生产力发展的客观现实，在如火如荼的汽车动力革新中，赛力斯汽车应运而生。2016年1月，赛力斯汽车在硅谷成立。次年，习近平总书记在党的十九大报告中指出"我国经济已由高速增长阶段转向高质量发展阶段"。在此阶段，赛力斯专注自身科研进展，积极响应国家创新驱动发展战略号召，加强科技创新和产业创新的深度融合，推动发展方式转变和创新，促进高质量发展在新能源领域的实现。赛力斯于2019年发布首款新电动汽车SF5；2021年，赛力斯已拥有全球技术专利超1000项并拥有两江智慧工厂，实现关键程序100%自动化和24小时自动监测。赛力斯汽车发展革新契合了我国创新驱动发展和高质量发展的战略要求，牢牢把握住了时代发展脉络，肩负企业创新使命，但赛力斯汽车的发展与追求，远不止于此。

打破产业界限，赛力斯汽车以中国智造进军世界舞台。

赛力斯汽车不仅是新能源汽车领域的佼佼者，更是展现大国形象的中国企业。当我国芯片领域仍受制于人，半导体产业面临一系列禁售封杀时，赛力斯与华为正式达成深度合作，转换发展领域，形成合力，推动中国新能源产业发展，打造我国新能源产业的独特领先优势。2021—2024年期间，赛力斯汽车与华为联合，相继推出AITO问界系列车型，销量居高不下。2023年6月17日，赛力斯首次欧洲万里行活动在荷兰正式启动，并于6月21日在挪威完成欧洲首批终端交付。谈及中国车企的全球化战略，赛力斯积极布局海外市场，重点市场区域将涵盖澳大利亚、新西兰、印度在内总人口数量占比世界人口30%的国家。预计2030年，泛东南亚地区的市场销量将突破1500万。赛力斯汽车积极参与全球化进程，推动中国企业在世界范围内持续发展，在占领中国新能源科技行业“智”高点的同时，以大国企业的形象带动世界新能源汽车产业发展，是中国科技“智”造水平和大国企业形象的生动呈现。

立足时代发展之基，打破世界产业壁垒。在科研产业的创新追求下，跃动着大国精神。奔赴时代洪流的道路上，赛力斯奋力迈进，永不止歇。

教师点评

本文是一篇深入阐述赛力斯汽车如何在新能源产业的浪潮中立足并取得显著成就的文风简练、思路清晰、逻辑严谨的思政小论文，具有很强的吸引力、说服力和感染力。

一是具有吸引力。开篇引人入胜：文章以“赛创新之力，问无疆之界”为标题，富有诗意地引出了主题，即赛力斯汽车如何立足时代要求，打破产业界限。这种开头方式能迅速吸引读者的注意力，激发阅读兴趣。

二是具有说服力。背景分析准确：对新能源产业的发展背景进行了深入分析，使读者对文章的主题有更深入的了解，同时为后文分析赛力斯汽车的发展奠定了坚实的基础。重点突出：文章以“立足时代要求，赛力斯汽车以创新驱动产业发展”和“打破产业界限，赛力斯汽车以中国智造进军世界舞台”两部分为主干，分别强调了赛力斯汽车在创新发展和全球化布局方面的成就，这种结构安排使文章重点突出，易于理解。论据充分：文章在阐述赛力斯汽车的发展成就时，引用了大量的数据和事实，如“2019年发布首款新电动汽车SF5”“2021年，赛力斯已拥有全球技术专利超1000项”等，这些论据充分证明了赛力斯汽车在新能源领域的领先地位和创新能力。

三是具有感染力。语言流畅易理解：文章语言流畅，表达清晰，用词准确，没有冗余和烦琐的叙述，文章易于阅读和理解。结尾升华引共鸣：文章结尾部分对赛力斯汽车的发展进行了高度概括和评价，将其与大国精神和科技创新紧密结合，提升了文章的思想高度和感染力。

总之，文章语言流畅，表达行云流水，蕴含着丰富的哲学智慧，例如赛力斯立足时代要求，把握物质和意识的辩证关系，一切从实际出发，在攻坚克难中将发挥主观能动性与尊重客观规律相结合，用发展的观点看问题，树立创新思维，以中国智造进军世界舞台等丰富哲思。

（指导教师：重庆市南开两江中学校　郭用洪）

云端之上的巫山奇迹

——人与自然和谐共生的哲学思考

重庆市朝阳中学高2026届10班　张湘灿

伴随着发动机的轰鸣声，飞机迎着朝阳起飞，绚丽的晨光仿佛为树木披上了一层金色的外衣，巫山机场又开始了新的一天忙碌的工作。这里，正如毛泽东曾经描绘的那样："一桥飞架南北，天堑变通途。"如今，巫山机场也在云端之上搭建起了一座通往美好未来的阶梯，让千里之遥变得触手可及。

在设计巫山机场之初，绿色理念就被确定为核心，旨在将"山水之道"与生态保护相融合。在大规模的山体切削和填坑作业过程中，工程团队始终致力于保持水土平衡，力求将对自然的扰动控制在最小范围。废弃物也被有效回收，减少对环境的负面影响。科技与自然和谐共存的理念贯穿其中。新时代环保设备的引入进一步保护了自然环境，确保了机场的环保建设。正因对绿色的执着追求，巫山机场成为"生态和谐共生，风景独秀宜人"的美丽地标。

尊重敬畏自然，并不意味着放弃挑战。在巫山机场的建设历程中，建设者们以创新智慧为剑，以坚毅刻苦为盾，勇往直前。他们削平七座山峰，填平六座山谷，成功应对了地质复杂、山峰高峻、云层低垂、通信艰难等多重挑战，最终造就这一壮丽工程。为了城市的繁荣与民众的福祉，他们迎难而上，以坚定的意志让崇山峻岭在人类力量下得以改变。文明与科技的进步，正是在这样的奋斗与拼搏中完成。他们的每一滴汗水，都化作巫山机场诞生的序章，汇聚成滋养这座"云端机场"的生命之河。在智慧与勤劳的浇灌下，巫山机场最终克服了自然的重重难题，应运而生。

此后，曾经的困境都化作绚烂的彩虹，复杂的地质条件反而为机场的绿化带提供了得天独厚的种植环境，绿意盎然；高海拔的地理位置使这里成为观赏重庆壮丽山河的绝佳观景台；低垂的云层为机场增添了一分诗意，也赋予了它"云端"的美称；而远离市区的地理位置更是保持了它清新秀美的环境氛围，这也是机场选址于此的重要因素。因此,这座连接美好与梦想的桥梁,不仅展现了重庆与巫山的瑰丽之美,更见证了智慧与力量。建设者们克服了对高山的畏惧,以坚定的信念和不懈的奋斗,让人们真正领略到了重庆与巫山的壮丽之美,也谱写了人类与自然和谐共生的华彩乐章。

长江之水浩浩荡荡,云端美景尽收眼底。作为重庆目前海拔最高的民用机场,巫山机场巧妙地将自身地理优势转化为观景之妙,为南来北往的旅客精心打造了一处绝美的观景台。在此,长江、瞿塘峡、巫峡有了另一种美的姿态。“站得高,看得远”,立于高山之巅,眺望大江大河,我们仿佛能将整个世界握于掌心。这种震撼人心的体验,抬眼便得,何其畅快!长江的恢宏、巫峡的幽深、白帝城的人间烟火,这些风格迥异的美景,都在巫山机场的观景台上得到了完美的呈现,让旅客们大饱眼福。巫山机场深谙自身优势,将“云端机场”打造成“云端观景台”,引领旅客通往更美好的景致。观景台的设计,让旅客们深刻领略到了大自然的鬼斧神工。“神女应无恙,当惊世界殊。”机场的造型所隐喻的神女峰,广场步道前矗立的神女雕像,无不透露出巫山人民对神女的深深敬仰。这不仅是机场建设者对大自然的崇高敬意,更是人类与自然和谐共生的生动写照。自然的壮美,常常让我们为之折服。然而,即使在自然的伟力面前,人类文明的光芒依然璀璨夺目。在充满红叶、云雨等文化元素的路灯照耀下,在神女的注视中,“宁河晚渡”“青溪渔钓”等巫山人景石雕静静伫立,刻有三峡诗词的景观石散落其间。巫山文化虽不张扬,却以其温润无声的方式散发着独特的魅力。在这片秀丽的山水间,孕育出了同样秀美的文化。在巫山机场这片土地上,文化与自然交相辉映,人们为自然谱写的赞美诗篇镌刻在经久不变的岩石上,森林也守护这些诗作,为之遮风挡雨。人类学会为自然让步,深刻认识到文明扎根于土地,无论是感性的文化创作,还是作为人类文明象征的高楼建筑,它们的灵感与力量,都源于自然的馈赠。正因如此,巫山机场才能在群山环抱中拔地而起,成为人们心中的美景胜地。这是人类勤劳双手与自然共同缔造的奇迹!

自然与人类携手共创的和谐之美，不仅赋予了大地新的生机，也在经济图表上描绘出腾飞的曲线。自建成之日起，巫山机场便为当地带来源源不断的营业收入，带动全县旅游业蓬勃发展，为巫山的繁荣注入了强劲动力。同时，也极大改善了巫山人民的通行时间，从三天两夜的船行到几个小时的车程，再到现在一个多小时的飞行，便能抵达远方目的地。巫山机场不仅承载着飞行的使命，更为巫山人民架起了一座通往外界、走向繁荣、追寻幸福的桥梁。

蓝天高阳之下，林木环绕之中，人类智慧的结晶被云雨包围。飞机从这里起航，不仅展现了人类勇往直前的精神风貌，更是对大自然的一种深深敬意。这座云端上的天梯，已然成为重庆巫山美丽山河画卷中一道璀璨夺目的风景线。

教师点评

这篇小论文的作者以重庆巫山机场为例，巧妙地融合了重庆的自然美、科技美以及发展美，深入探讨了人与自然和谐共生的重要性。观点明确，论述有力，给读者留下了深刻的印象。

文章通过对巫山机场的绿色建设理念的呈现，彰显了人类对自然的尊重。在描述巫山机场与自然环境的关系时，作者不仅描绘了重庆三峡的壮丽风光，更在字里行间传达了“道法自然”的哲学思想。机场的建设不仅克服了复杂的地质条件和恶劣的自然环境，更在尊重自然、顺应自然、保护自然的前提下，实现了人类工程与自然环境的和谐共存。这一点在当今社会追求可持续发展的背景下，具有特别重要的意义。

作者在描绘建设者们成功征服复杂地质和恶劣环境，完成巫山机场建设的艰辛历程时，不仅赞美了人类的智慧和创造力，更凸显了人类在面对自然挑战时，能够凭借科技与创新，成功地将挑战转化为机遇。这不仅彰显了人的主观能动性在认识和改造世界中的重要作用，也深刻展示了对矛盾转化的独到理解与灵活运用。

在分析巫山机场建设的深远影响时，作者层层递进，从提升交通便利性到推动旅游业蓬勃发展，再到促进当地经济社会的全面进步，深入浅出地阐述了从提升交通便利性，到推动旅游业蓬勃发展，再到促进当地经济社会的全面进步，作者层层递进，深入浅出地阐述了这一伟大工程带来的变革，并将“人民群众是历史的创造者、是发展成果的享有者”的观点融入其中，使整篇文章不仅仅限于对机场建设的简单描述，更深化为对人民群众在历史进程中主体地位的深刻反思与赞颂。同时，作者通过细腻描绘机场内部的设计与文化元素，巧妙地展示了人类文化与自然环境的和谐相融，不仅为文章增添了丰富的色彩，更在思想深度和文化内涵上有所提升。

总体而言，这篇思政小论文立意高远、论述深刻，展现了人类智慧与自然环境的完美结合，并深入探讨了发展的成果如何惠及人民，引发了我们对如何实现人与自然、人与社会和谐共生的深入思考。希望作者能够继续保持其敏锐的观察力和深刻的思考力，在未来的学习和探索中不断取得更大的进步。

（指导教师：重庆市朝阳中学　陈静）

打造“渝车出海”，联动中欧脉络

——护航中欧班列发展美

重庆市兼善中学高2021届12班　廖芸嘉

中欧班列是串联重庆到欧洲的国际铁路大通道。“筑路架桥，周行八方”，中欧班列途经中国、俄罗斯、波兰、德国等国家，使发展中的中国在各地拥有了无限的发展机遇。

自开行以来，中欧班列通道建设持续更新，截至2023年，已建立起“3+8+N”集合分拨体系，形成“东西南北”多点扩散的国际铁路联运大通道网络，加强了重庆与各国的联系，提高运输效率的同时不断发展，促进了现代物流的高质量发展。

据统计，2016年至2023年，中欧班列年开行数量由1702列增加到超1.7万列，年运输货值由80亿美元提升至567亿美元，运输货物品类扩大到服装鞋帽、汽车及配件、日用百货等5万余种，充分发挥了中欧班列的通道作用。枢纽园区采用“通道带物流、物流带经贸、经贸带产业”发展模式，致力于产城融合建设，引进国际和国内百强企业以及优秀上市公司等，强化物流供应的产业链合作，使营收总额有了质的飞跃，重庆外向型经济持续向好，以更好的姿态融入国内国际经济双循环。

但货运业务在飞速发展的同时，也浮现出市场竞争激烈、运输服务水平还有一定差距、运输成本昂贵等问题，这需具体问题具体分析，逐个突破。我国深入分析中欧班列铁路货运业务的内部构建，重视速度与效率，提高质量改进服务水平，优化管理和监督水平，经过仔细分析和对比数据，制定有效措施，在信息化、数字化方面进行重点把握，构建高效的信息共享平台，加强数字赋能，促进区域经济合作，实现互利共赢。

展望未来，我国在实现西部地区铁路货运常态化的同时，将进一步加强口岸通道、产业和“一带一路”建设，创造实现经济的最大可能性。

教师点评

“天下熙熙，皆为利来；天下攘攘，皆为利往。”中欧班列作为联动中欧的脉络发挥着加强经济合作，联动发展各自的产业链和物流运输体系，跟随开放型经济的大发展，谋求实现经济的最大可能性的作用。作者把握联系的普遍性，看到整个世界是相互联系的统一整体，联系构成发展，世界是普遍联系和永恒发展的。

中欧班列开行近十年班列不断增多，货物发送量飞速增长，中国GDP总量不断增长，以更好的姿态融入国内国际双循环中，并且外向型经济稳中向好。作者看到了事物的发展总是从量变开始，量变是质变的必要准备，量变达到一定程度必然引起质变，质变是量变的必然结果。文章凸显了通过注重量的积累引起质变，诉说中欧班列带给中国以及世界的变化。

中欧班列给中国带来巨大变化的同时也浮现众多问题。作者看到了矛盾具有特殊性，具体分析中欧班列铁路货运业务的内部构建，从而提高服务质量，完善物流运输服务体系。

整体而言，作者运用联系与发展、质变与量变、矛盾的特殊性等知识解读中欧班列的动态形势，并结合当今国际趋势和时代背景，进行综合性、整体性地分析，一针见血地指出枢纽园区应该保持和改进的方面，使论证更加有力。

（指导教师：重庆市兼善中学　陈杰）

给水稻插上数字科技的翅膀

——映现花田乡之蝶变

重庆市兼善中学高2021级　常晓雪

何家岩村，位于重庆酉阳土家族苗族自治县花田乡，曾是一个典型的贫困村寨，是全国160个乡村振兴重点帮扶县之一。而今，何家岩村开发“云稻米”项目，依托数字赋能，给水稻插上数字科技的翅膀，激活乡村新质生产力，走上乡村振兴的新道路。

何家岩村世代盛产优质稻米，但曾在与现代市场接轨的过程中囿于困境。何家岩村启动乡村职业经理人培养计划，吸引一大批“新农人”回村创业。乡村职业经理人研精覃思，开发了何家岩村稻米的数字化营销项目——“云稻米”。2022年，何家岩共富乡村合作社发起“何家岩云稻米”智慧认养项目，成功解决了何家岩村稻米的供销问题。数字赋能发展乡村产业，以“三新农”理念推动新质生产力发展，让乡村全面振兴跃动起来。时序轮替中，始终不变的是奋斗者的身姿；历史坐标上，始终清晰的是奋斗者的足迹。在乡村职业经理人的带领下，村民们利用互联网、云计算等新技术，探索出稻米供销的新路子。用户通过“何家岩云稻米”小程序在线认养稻田，成为线上的农场主，体验沉浸式的农耕生活，用户可开启专属“水稻日记”，查看稻田的监测报告，通过实时慢直播在“云上”观察稻米的生长情况。待到稻米丰收时，农户将稻米邮寄给远方的“云养”用户，为村民带来了可观的收入。同时，小程序吸引了来自天南海北的游客，提升了何家岩村的知名度，使其成为酉阳的热门旅游打卡地。

2023年6月，何家岩村决定启动“酉阳800-何家岩云稻米认养计划2023季”活动，与以往活动不同的是，认养稻米的用户不仅可以享受“9.9认养一平米”的基础权益，还可以享受咖啡饮品和农家乐折扣等优惠服务。2023年12月，花田乡何家岩村举办了一场盛大的“云稻米”总结分红大会。村里的109户村民们齐聚一堂，喜笑颜开地领取了“云稻米”项目的分红金，总额共计58万余元……这一喜人的成果,靠的是何家岩村民在共富道路上的辛勤耕耘。

“粒粒新黄若似金,沉沉甸甸可人心。”乡村拥有丰富的自然资源和深厚的历史文化底蕴,要推进乡村全面振兴,加快发展新质生产力,农业发展是不可或缺的重要一环。“生态新农业、幸福新农民、繁荣新农村”,时代飞速发展,科技日新月异,给乡村发展插上数字化翅膀,让乡村振兴的道路更加行稳致远。

教师点评

梯田层叠绕山间,花海缤纷映日华。何家岩村在徐徐展开的乡村振兴画卷中,蝶变成大自然最绚烂的调色盘。作者运用辩证唯物主义和历史唯物主义的哲学原理,深入解析了何家岩村蝶变的这一发展过程。

群山阻隔使村民们守着古老的梯田,却过着清苦的生活,作者将视角转向历史的创造者——人民。随着时代的变迁和政策的引导,村民们积极主动地寻找脱贫致富的道路,聚焦当地的自然资源和文化特色,发展旅游业和特色农业,组建乡村职业经理人队伍,吸引一大批优秀人才返乡就业,充分发挥人的主观能动性,积极地改造客观世界,最终实现了从贫困到振兴的华丽转身。

随着国家对乡村旅游的大力扶持和人们对乡村旅游需求的不断增长,作者从联系和发展的角度,看到何家岩村抓住良好的外部环境和机遇,积极与外部市场建立联系,推出了一系列具有土家族和苗族特色的旅游产品与服务,吸引了大量游客前来观光旅游。通过互联网平台,村民们将农产品通过云端销售到全国各地甚至世界各地,实现了从封闭到开放的转变。河海不择细流,故能就其深。何家岩村从最初的几户农家乐到如今的国家4A级旅游景区,从最初的几亩梯田到如今的万亩花田,用充满了艰辛和汗水的量的积累,最终实现了质的飞跃。

作者以辩证否定观的视域,分析了何家岩村并没有简单地否定过去的一切,而是在继承传统的基础上进行创新性发展。他们保留了古老的梯田和传统的农耕文化,同时又引入了新的旅游元素和商业模式,实现了传统与现代的完美结合，这种辩证否定观体现了对传统的尊重和对创新追求之间的平衡与协调。

整体而言，文章开门见山亮出论点，议论过程入情入理，展示了作者较好的哲学理解和思考能力。文章结构紧凑，各部分之间逻辑连贯，清晰地表达了哲学思想和观点。同时，作者选择热点话题“乡村振兴”和“两会”热词“新质生产力”，查阅了大量的文献资料和实证数据，使得论文的论述更加充实有力。

（指导教师：重庆市兼善中学　陈杰）

花田蝶变　重庆市兼善中学高2026届7班　傅轲扬

用哲学的眼光看重庆——发展美

栉风沐雨　春华秋实

——重庆精神在挑战与机遇中熠熠生辉

重庆市朝阳中学高2026届10班　李瑞桓

在清晨的霞光中，白帝城与彩云交相辉映，仿佛置身于仙境。诗仙李白曾吟咏："朝辞白帝彩云间，千里江陵一日还。"仅此一句，便勾勒出江上巴渝的绝美景色。杜甫的一句"风急天高猿啸哀，渚清沙白鸟飞回"，更是将夔州秋色的悲凉渲染得淋漓尽致。李商隐的"君问归期未有期，巴山夜雨涨秋池"更是成为千古绝唱。重庆，这片古韵之地，因其地貌独特，山水相依，展现出无尽的魅力。

尽管历史并非总是一帆风顺，重庆也曾在风雨中颠簸。无论是抗日战争的艰苦岁月，还是社会主义建设过程中的重重挑战，都未曾击败重庆人民。他们凭借坚定的信念和顽强的意志，一次次战胜困难。红岩精神正是这种不屈不挠、无畏艰险的象征，而红梅则以傲骨铮铮、不畏严寒的姿态，为重庆唱响了一曲曲赞歌。

重庆之美，不仅在于其壮丽的自然风光和独特的城市风貌，更在于那种在逆境中坚韧不拔、勇往直前的精神之美。这种美，激励着重庆人民在曲折的发展道路上不断前行，书写新的辉煌篇章。

一、重生之城：沧桑历尽迎曙光

中华人民共和国成立以前，重庆在日军的轰炸和国民党反动派的屠杀中历尽沧桑，饱受摧残。中华人民共和国成立后，这座城市挣脱了战争的枷锁，迎来了新生。作为西南地区的重要交通枢纽和工业重镇，重庆在解放后的历史机遇中迅速崭露头角。在党和政府的领导下，重庆人民积极参与土地改革，恢复经济，改善民生，为城市的重建和发展奠定了坚实基础。修建成渝铁路的壮举更是彰显了山城人民的智慧和力量。重庆人民以不屈不挠的精神，积极参与国家建设和社会主义建设，为西南地区乃至全国的发展贡献了巨大力量。从苦难中走出来的重庆，在山城人民的共同努力下，不断焕发新的生机与活力，成为一座熠熠生辉的城市。

二、改革之风：直辖重庆展新姿

1978年，面对新形势，党中央作出了改革开放的重大决策。随着改革开放的推进，重庆市于1997年被确立为直辖市，以推动西南地区的经济发展。在党中央支持下，重庆市委、市政府和重庆人民承担起这一重要而紧迫的任务。这一时期，众多汽车企业涌现，成为重庆民营经济的主力军；基础设施建设如火如荼，"棒棒"等特殊群体也积极参与重庆建设；朝天门的商贸市场变得热闹繁华，展现出重庆的活力和商贩们的热情。重庆人民以昂扬的斗志向全国宣告："我们重庆不得撇。"在重庆人民和市委、市政府的共同努力下，党中央交付的重任被稳稳地接住，并取得了良好的发展成果。

三、领航之光：山城肩负新使命

党的十八大以来，习近平总书记多次亲临重庆，为重庆的发展擘画蓝图。他提出的"两点"定位，"两地""两高"目标，以及对重庆"三个作用"的殷切期望，不仅赋予了重庆新的历史使命，也明确了其作为国家中心城市和西部经济增长极的战略地位。然而，重庆的发展之路并非坦途。国内外经济形势日益复杂，外贸出口面临巨大压力，国内经济出现新变化，同时经济增速换挡、结构调整、动力转换等都对重庆的产业发展提出了更高要求。面对这些困难和挑战，重庆人民在总书记的嘱托下，立足自身实际，充分发挥区位优势和产业优势，积极推动高质量发展，创造高品质生活。通过发展智能制造、大数据、云计算等高新技术产业，优化城市功能布局，发展新质生产力，充分发挥重庆在国家战略中的重要作用，在区域发展中的带动作用，在西部地区发展中的核心引擎作用。

四、时代快线：重庆领航新征程

进入新时代，重庆肩负起新的历史使命，成为国家重要的先进制造业中心、西部金融中心、西部国际综合交通枢纽和国际门户枢纽。然而，它也面临着传统制造业优势减弱、经济转型升级压力，以及国际市场需求变化、贸易摩擦、区域竞争和生态环境保护的挑战。同时，公共服务、社会保障等民生问题也亟待解决。对此，重庆全面融入国家发展战略，包括共建"一带一路"、长江经济带发展、开通渝新欧班列和西部大开发等，致力于建设内陆开放高地，增强在西部地区的开放引领作用，为推动形成陆海内外联动、东西双向互济的开放格局作出了新贡献。同时，重庆积极推动成渝地区双城经济圈建设，加快建设西部陆海新通道，为以中国式现代化全面推进中华民族伟大复兴作出新贡献。

漫步在嘉陵江畔，看那满江霓虹，流光溢彩；站在南山观景台，俯瞰整座城市的夜色，宛如星河倾泻。轻轨在李子坝穿行而过，雄伟的大桥在江面上飞跃，而万家灯火则点亮了整个城市。重庆，这座充满活力的城市，如今已焕发出无尽的光彩。它不仅在经济上取得了巨大的成就，更是在文化、科技、教育等各个领域都展现出了强大的实力。这一切的成就，都离不开重庆人民在逆境中所表现出来的勇气和信念。

回望过去，重庆历经了无数的风雨和挑战。曾经的战火摧毁了这片土地，但山城的儿女从未屈服。他们以坚韧不拔的意志和决心，挺起了山城的脊梁，共同书写中国式现代化的重庆篇章。

在未来的日子里，重庆将以党的二十大精神为指引，勇往直前、攻坚克难，以无畏的姿态迎接未来的挑战和机遇。就像在严寒中傲然绽放的红梅，重庆将以最美的姿态迎接未来，在百年未有之大变局中，紧握时代机遇，为中华民族伟大复兴贡献力量。

教师点评

这篇思政小论文非常出色，作者以古诗词为引，巧妙地描绘了重庆的自然风貌与精神韵味。通过精心挑选的四个历史性事件，深刻揭示了重庆人民坚韧不拔、勇往直前的精神内核，即“山城精神”。更为出色的是，论文不仅讴歌了重庆精神，还深入探讨了实践与认识、矛盾的普遍性与特殊性以及事物发展的规律，全面展现了重庆的发展历程与人民的精神风貌。同时，整篇论文逻辑严谨，条理清晰，观点鲜明而深刻，论据充分且有力，充分展现了作者的深厚学术功底和敏锐的思考能力。

作者详细描绘了重庆发展中的挑战与机遇，凸显了实践在认识中的基础作用。这种从实际出发的研究方法非常符合思政学科的特点，也使论文具有较高的可信度和说服力。从实践的视角，作者揭示了重庆人民如何在实践中不断深化认识，以认识指导实践，从而实现自我超越和发展，进一步阐释了实践与认识的辩证关系。

论文还剖析了重庆发展历程中矛盾的普遍性与特殊性，展现了重庆人民在解决矛盾时既遵循普遍原则又结合实际、灵活应对的智慧与实践能力。从哲学角度审视了事物发展过程中的前进性与曲折性，深刻分析了重庆的历史发展轨迹，不仅展现了重庆人民克服困难、不断前行的历史画卷，更让我们看到了这座城市未来的巨大潜力与希望。

作者还运用丰富的材料和生动的语言，使论文既具理论深度又具可读性。通过对重庆历史、文化和人民的细腻描绘，展现了一个充满活力的城市形象。文章语言优美、流畅，用词精准，展现了作者深厚的文学功底和严谨的学术态度，也为读者提供了一个深入思考和研究的范例。

这篇小论文不仅具有极高的文学价值，更蕴含着深刻的教育意义。它将对学生产生积极的影响和启示，让他们更加深入地了解重庆的历史与文化，增强对家乡的自豪感和归属感。同时，通过阅读这篇论文，学生可以掌握更多的哲学原理和文学技巧，提升自身的思维与表达能力。文章所传递的积极向上、勇于克服困难的精神，也将激励学生不断追求进步与发展。

（指导教师：重庆市朝阳中学　陈静）

山城记忆　重庆市朝阳中学高2026届8班　吴景艺

以一桥之姿横跨南北，以智慧之力征服天堑

——深度解析重庆桥梁建设中科技与艺术的交融之美

重庆市朝阳中学高2023届13班　颜紫夏

昔日重庆，峰高水长桥难架，千山万水成阻隔；今朝渝都，长虹卧波连两岸，山水桥城共辉映。

2022年春节前后，白居寺长江大桥凭借其独特魅力迅速崭露头角。它的水滴型外观、雄伟的桥墩与炫彩变幻的灯光交相辉映，宛如来自未来的星际杰作，吸引了无数游客的驻足。

白居寺长江大桥的走红并非偶然，它背后是工程师们对重庆山水之城的深刻理解和对大桥的精心构思。为了完美呈现水滴的灵动之美，他们巧妙地运用了九种不同半径的曲线来模拟水流的轨迹。同时，借助现代科技，上千组灯光将桥塔的优雅轮廓点缀得璀璨夺目。当夜幕降临，大桥的流畅线条在灯光的映照下更加生动，与两岸的灯火交相辉映，不仅展现了桥梁设计师的精湛技艺与设计本身的独特魅力，更进一步凸显了城市建设中科技与艺术的完美融合。

白居寺长江大桥只是“桥都”重庆众多璀璨明星中的一颗。在这座被誉为8D魔幻城市的土地上，因桥梁而走红的地标不胜枚举。在2024年举办的“这就是重庆”——中国桥都记者见面会上，主办方公布的数据显示，重庆桥梁总数已突破20000座，创下17项世界桥梁纪录。这一数据不仅彰显了重庆桥梁建设的卓越成就，更巩固了其作为“桥都”的崇高地位。

“桥都”之名的背后，是无数创新与突破的故事。其中，菜园坝长江大桥作为世界首座公轨两用桥，无疑最具代表性。它横跨长江两岸，不仅为城市交通带来便捷，更成为山城重庆的一道亮丽风景线。通透的桁架、清爽的边跨设计赋予了大桥轻盈与灵动之美。其浅灰色的桥身与周围环境和谐相融，而红色的主拱钢箱拱圈则象征着山城重庆独有的热情与奔放。远望菜园坝长江大桥，它就像一道优雅的弧线跨越长江，简洁现代的桥身仿佛一条通往未知世界的通

道,在阳光照耀下,红色的主拱熠熠生辉,不仅展现了城市的活力与力量,更彰显了桥梁本身的坚固与美学价值。

菜园坝长江大桥不仅展示了先进的技术和巧妙的设计,更在实用性和安全性上体现了对人的深切关怀与尊重。它不仅是一座实用的交通设施,更是一件精心打造的艺术品。它蕴含着深厚的文化底蕴,体现了桥梁设计实用性与审美性的完美融合,完美呈现了"真、善、美"的统一。它不仅服务于人们的日常出行,更滋养了人们的精神世界,成为山城重庆独特魅力的一部分。

桥,不仅是通衢之径,更是情感的纽带。在秀山县大溪乡酉水河东岸的静谧村落——前进村,独特的地理环境曾使交通不便成为当地发展的桎梏。学子求学,需倚舟渡水;村民生计,要绕行数十里。闭塞的交通束缚了村民的生活与梦想,阻断了村庄与外界的交流与融合。

"安民之道,在乎体察民情,解民之忧。"大溪乡党委与政府深谙此道,他们以民为本,不畏艰难,毅然启动了"同心桥"工程。经过一年的艰辛努力,2023年3月,这座桥终于跨越天堑,连通两岸。桥的建成如一股暖流,滋润了村民的心田,它不仅极大地提升了村民的出行便利,更推动了当地旅游资源的开发,为前进村乃至整个大溪乡的发展注入了新的生机与活力。它见证了政府与民众携手共进的历程,体现了人民至上、服务为民的执政理念。

桥,不仅是通行之路,更是情谊之桥。每逢节假日,千厮门嘉陵江大桥便褪去车流喧嚣,变为人行天桥。车辆绕行,当地居民避让,将大桥留给游客。踏上观景台,寻找拍摄角度时,你不仅会陶醉于绝美风景,更会被重庆人民的热情好客打动。

重庆的桥梁,不仅是城市的交通脉络,更是中国精神的象征。每一座巍然矗立的桥梁,都凝聚了中国人民敢于探索、勇往直前的精神。它们不仅满足了人民日益增长的交通需求,推动了当地经济的蓬勃发展,更展现了人类对美好生活的无限追求。从人本关怀的角度出发,重庆桥梁建设深深植根于民众的需求之中,以人为本,力求为百姓提供更加便捷、安全的交通环境,推动了社会的进步与发展。从协调发展的视角来看,重庆桥梁的崛起不仅有效解决了交通拥堵的难题，更拉动了相关产业的蓬勃发展，从而实现了经济社会与民生的和谐共赢。这些桥梁不仅是一座座交通设施，更是城市发展的纽带，连接着过去与未来，传承着文明与希望。从文化传承的维度考量，重庆桥梁的设计融合了传统建筑艺术与现代工程技术，展现出中西合璧的独特魅力。这是对中华文明的继承与发扬，也是对多样性文化的尊重与包容。在生态文明建设的浪潮中，重庆桥梁在节假日化身为步行者的天堂，这种转变不仅体现了人与自然和谐共生的理念，更是对可持续发展道路的积极探索与实践。

重庆桥梁的建设与发展，不仅是一部生动的历史画卷，更是一部充满智慧与哲理的诗篇。它以其独特的魅力，继续引领着城市发展的新篇章，为人类社会的可持续发展注入源源不断的活力与希望。

教师评析

这篇关于重庆桥梁建设的论文，不仅是对工程技术的赞美，更蕴含了丰富的哲学思想和深刻的人文关怀。

重庆，这座被誉为“桥都”的城市，其桥梁建设不仅是对自然环境的挑战，更是对人与自然和谐共生关系的积极探索。白居寺长江大桥的设计巧妙地融入了自然水流的轨迹，其独特的水滴型外观生动诠释了“天人合一”的哲学思想。这不仅是工程技术的体现，也展现了人与自然和谐相处的理念。这座桥梁巧妙地结合了自然形态，呈现出优雅动人的气质，彰显了重庆城市发展与自然环境和谐共融的发展理念。

桥梁作为交通工具，首要功能是满足人们的出行需求。然而，重庆的桥梁不仅注重实用性，更追求审美与艺术的完美融合。从白居寺长江大桥的灯光变幻到菜园坝长江大桥的优雅弧线，每一座桥梁都将技术与艺术完美地结合起来，体现了“实用与审美相统一”的哲学思想。这些桥梁不但造型优美动人，更巧妙融入了当地独特的自然景观，成为重庆城市天际线上璀璨夺目的亮点。它们不仅仅是交通要道，更是艺术瑰宝，展现了重庆人追求的和谐美学。

无论是白居寺长江大桥的璀璨灯光，还是菜园坝长江大桥的便捷交通，抑或是千厮门嘉陵江大桥的车行人行互换，无不体现重庆桥梁建设对人民需求的深切关怀。而“同心桥”的建设更是直接回应了民众对便捷出行的渴望，它不仅联通了两岸的地理空间，更成为联结民心与希望的纽带。这种以人为本的哲学精神，贯穿于重庆各大桥梁建设的始终。这些桥梁不仅是交通要道，更体现了城市温度的人性化设计，它们将实用性、美感性和人文性完美融合，成为重庆城市发展的缩影，展现出这座山城不断追求民生福祉与美好生活的坚定决心。

重庆桥梁建设的成就，离不开工程师们的勇于创新和不断探索。从菜园坝大桥作为世界首座公轨两用桥的诞生，到重庆桥梁总数突破20000座、创下17项世界桥梁纪录的壮举，都体现了人类对未知世界的探索精神和对创新的不懈追求。

重庆桥梁的建设，让我们看到了人与自然和谐共生的可能，实用与审美相统一的魅力，以人为本的关怀，以及勇于探索、不断创新的精神。这些哲学思想不仅指导着重庆桥梁建设的实践，也为我们提供了思考人与自然、人与社会、人与自我之间关系的宝贵视角。

（指导教师：重庆市朝阳中学　汪春安）

魔幻轨道　重庆市朝阳中学高2026届8班　王元果

绝壁凿天路　天堑变通途

——浅析重庆人民克服地理环境困难中体现的人的超越性

重庆市朝阳中学高2023届13班　李春燕

“绝壁上打响了抗争命运的第一炮，山坡上种下了向往美好的第一棵苗。不信天，不认命，你这硬实的汉子，终于带着乡亲们爬出这口井。”这是对重庆市巫山县竹贤乡下庄村党支部书记毛相林同志的赞誉。重庆的美名早在唐代诗人李白所写“峨眉山月半轮秋，影入平羌江水流”一句中可窥见，似是将重庆那崇山峻岭、绕江环水的画卷铺开在我们眼前。连绵的山脉、纵横的河谷，构成了重庆独特的自然风貌，也为其赢得了“山城”“江城”的美誉。然而“山城”的奇美背后却暗藏着诸多荆棘。山林耸立、江水滔滔，使得居住迁徙、城市规划、土地利用等基建都受制于此。

“下庄像口井，井有万丈深，来回走一趟，眼花又头昏。”这是老下庄村的真实写照。海拔仅200余米的下庄村被四周高达1100米的悬崖峭壁合围，村庄中有96户近400名村民被困于井底，几乎与世隔绝。机遇与挑战并存，困难与希望同在。“咱不能一直当穷汉，就算再难，我也要带头冲一冲。”这是毛相林同志对村民的承诺和鼓舞。下庄人勇挑重任，在悬崖绝壁面前展现出惊人的超越性，向绝壁索要一条通途，将下庄村建造为宜居宜业的美丽家园。

这种超越性体现在下庄人对自由选择和责任担当两者有机统一的深刻理解与把握之中。正如恩格斯所说：“自由不在于幻想中摆脱自然规律而独立。”他们首先认识到，自由并非无拘无束、随心所欲，而应在尊重必然的客观规律及把握外部环境限制的前提下，依据自身内心的真实意愿作出具体的选择。因此这种自我的选择不仅意味着自由，更意味着责任，而且要对所有人的选择负责。

“自我记事以来到1997年，村里已经摔死了23个人。”毛相林沉重地谈道。没有路就没有出路，作为村委会主任的他必须作出决断——为下庄村修一条通往山外的路。这条路承载着全村人的希冀与未来，成为下庄人的共同目标，个人的超越性上升为集体性的实践。他们深知，要想走出“井底”必须征服横亘在眼前的绝壁，虽然人类的力量在自然面前显得如此渺小，但不服输的下庄人要放绳凿山、徒手挖地，用大锤、钢筋、簸箕等简单农用工具开凿希望。开工修路的第三年，接连有2名修路的村民献身。毛相林无比沉痛，满怀愧疚地征求大家的意见是否继续修下去，在场的村民无一不举起手，必须修！这是下庄人对现实境遇的抗争，他们不屈服于自然，更不藐视自然，而是极力发挥人的超越性为自身谋求出路。

脱贫攻坚楷模毛相林为打破大山的阻隔，毅然选择开山修路，纵使怀疑声从不停歇，他依旧坚定地做着“当代愚公”，以信念之火照亮下庄人的生活，带领下庄人以战天斗地的勇气不断迈向自由王国。“为有牺牲多壮志，敢教日月换新天！”全村男女老幼历时7年，牺牲6名村民，终于，绝壁变天路，天堑变通途。

虽然出山公路通了，但大多数村民还生活在贫困线下。毛相林趁热打铁、因地制宜，带领村民种植柑橘，力争尽快脱贫。念念不忘，必有回响，在这片土地上终于吹响了胜利的号角，近年来巫山县发展乡村旅游，下庄村将19栋农房改造成民宿，开始接待山外来客。

敢于攀登的人，山中有路；敢于造船的人，海里有路；不屈的人，勤奋就是路！正是这种“超越性”驱动着下庄人爬出这口“井”，勤劳勇敢的下庄人，心中有梦，眼里有光，“明日风光更好，与君同醉笑！”

2021年2月17日，毛相林被评为“感动中国2020年度人物”，2021年2月25日，毛相林被授予“全国脱贫攻坚楷模”荣誉称号，他打通绝壁、誓拔穷根的事迹得到了广泛传播，为全市、全国人民作了示范。

在重庆城市建设的过程中，这种超越性得到了更深刻的体现。面对山水阻隔导致的交通不便，重庆人民在党的带领下，团结一心，勇于突破传统观念的束缚，敢于挑战自然环境的极限。他们逢山开路、遇水架桥，用智慧和汗水在山水间勾勒出一幅幅壮丽的交通画卷。从主城第一座跨江大桥到重庆第一条铁路、高速公路的建成；从嘉陵江索道、望龙门缆车等特色公共交通设施到长江索道、轨道交通、铁路网络、空中航线等立体综合交通枢纽的形成；从城市提升交通建设“三年行动计划”到高铁建设“五年行动”的顺利展开……重庆儿女唯实唯先，善作善成，为城市建设赢得主动，用汗水点亮“山城”名片。

同时，在城市规划方面，重庆人民也依据当地的特色自然格局进行巧妙布局。他们采取组团式的城市布局以适应复杂地形，既保证了生产生活功能的完善又保留了山水之间的自然美景。此外，吊脚楼、步道等特色城市景观更是将重庆的人文魅力与自然风光完美融合。这些建设，不仅为市民提供了便捷的通行方式，更为游客提供了一条条欣赏山水之景的渠道，更好地展示了重庆独特的魅力。

从必然到自由再从自由到选择与责任，从个人的超越到集体的实践再到城市的蜕变……正是人的超越性让重庆人民在行动中将自己推向未来，以一种最根本的、远大的价值追求付诸城市建设。回首来路，漫长而曲折；回首来路，光荣而自豪。重庆儿女永不服输的精神永远激荡，更驱策着一代又一代人鏖战高山、勇跨长江。

这种具有超越性的重庆精神，不仅塑造了今天的重庆，更将引领着重庆人民在未来的征程中继续前行并创造出更加辉煌的成就。正如萨特所言：“凡是我力所能及我都去做，除此之外什么都没有把握。”

我们相信，在如此坚忍的重庆精神的指引下，重庆人民必将继续以实践来诠释自由选择的真谛，将这座城市建设得更加美好！

教师点评

这篇文章以下庄人战天斗地为切口，将人的超越性哲理同重庆人民克服困难的实际相结合，深入分析了重庆人民在克服地理环境困难中展现出的超越性，巧妙地融合了自由意志、责任担当、集体实践与城市蜕变等哲学概念，为我们呈现了一次多维度的哲学思考，充分体现了尊重客观规律与正确发挥主观能动性的有机统一。

文章行文流畅、案例生动，在论证“人的超越性体现在对自然环境的适应与改造中”时，重点论证面对陡峭的山崖和滔滔的江水，重庆人民没有屈服，而是用智慧和勇气挑战自然的极限,他们逢山开路、遇水架桥,不仅超越了地理环境的限制,更在此过程中展现出人的主体性和创造力。这种对自然环境的适应与改造,正是人的超越性的具体体现,表现出作者较为扎实的学术功底。

在论证“人的超越性也体现在对社会责任的担当与实现中”时,着重阐述重庆人民在修建道路、发展产业的过程中,不仅关注个人利益,更重视集体利益和社会责任,他们用自己的辛勤劳动和无私奉献,为整个社会的发展作出了巨大贡献。这种对社会责任的担当与实现,体现了人的超越性在集体实践中的重要作用。不难看出作者对资料进行收集和分析时的费心尽力。

在论证“人的超越性还表现在对自由选择和责任担当的深刻理解与把握中”时,文章聚焦于重庆人民在追求自由和发展的过程中,不仅注重个人意愿的表达,更重视在尊重客观规律的前提下作出正确的选择。这种对自由选择和责任担当的深刻理解,展示了人的超越性在精神层面所达到的高度,立意深刻。

在论证“重庆人民的超越性还体现在对城市规划和建设的巧妙布局中”时,深刻指出重庆人民依据当地特色的自然格局进行城市规划,既保留了山水之间的自然美景,又满足了生产生活的需要。这种巧妙的布局不仅展示了人的超越性在城市建设中的智慧,更体现了人与自然和谐共生的哲学理念,进一步凸显了作者的论述重点。

文章逻辑清晰、论证有力、布局合理,通过“下庄人开凿天路”这一具有深刻性和典型性的案例,勾勒出重庆人民在克服地理环境困难中所体现的超越性这一哲思。它体现了人的主体性和创造力,展示了人对社会责任的担当与实现,诠释了自由选择和责任担当的深刻内涵,并体现了人与自然和谐共生的哲学理念。这种超越性不仅塑造了今天的重庆,更将引领着重庆人民在未来的征程中继续前行,创造出更加辉煌的成就。

(指导教师:重庆市朝阳中学　汪春安)

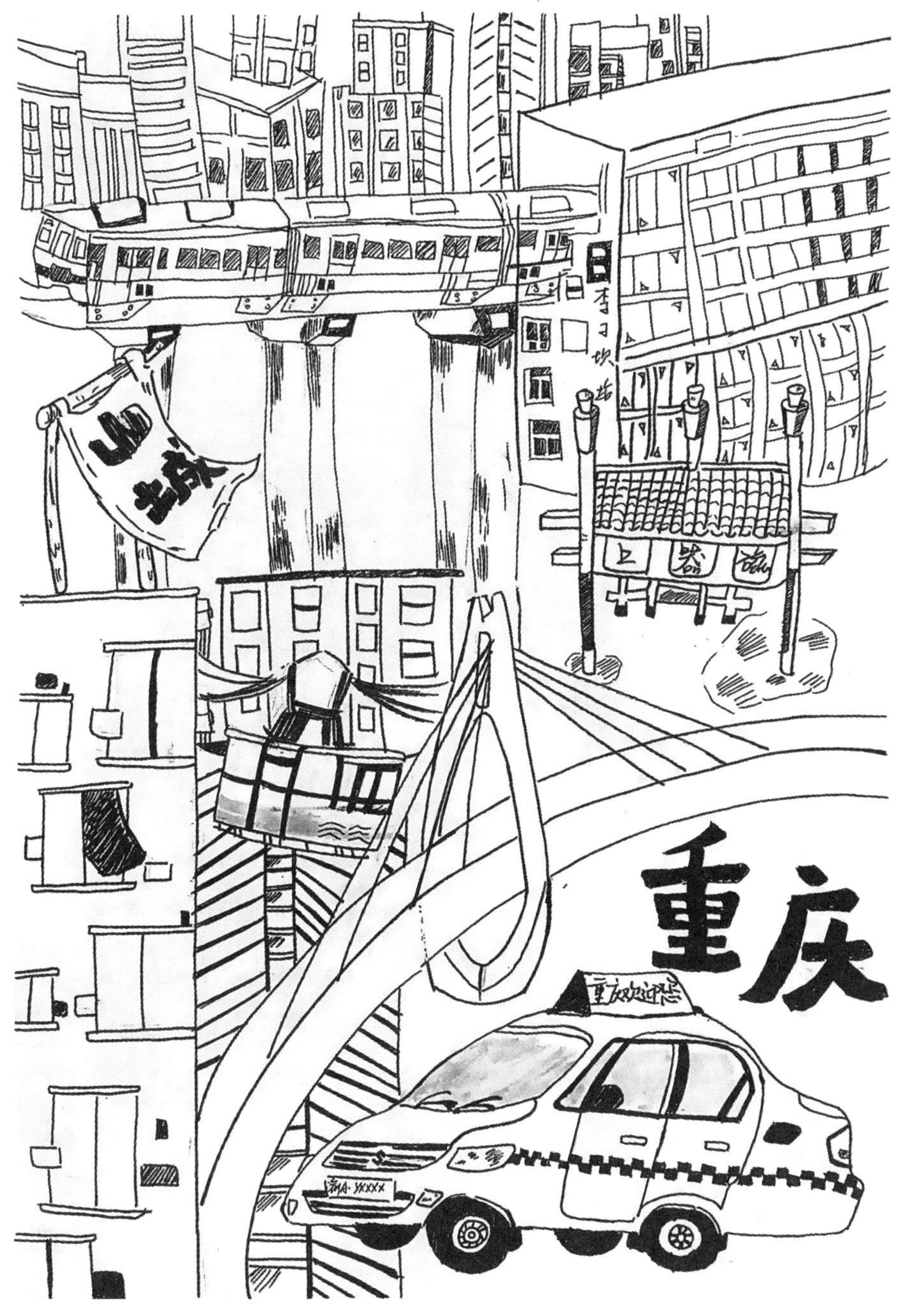

重逢即是庆　重庆市朝阳中学高2026届16班　吴雨诗

旭日东升，万物新颜

——重庆美丽乡村的蝶变

重庆市朝阳中学高2024届1班　刘诗涵

春暖风舒，日光如银，水面如镜，山峦重叠，倒影如墨。踏在东升村宽敞的大道上，蝶舞蜂飞，芬芳沁怀，令人心驰神往。这正是北碚区柳荫镇的东升村。

东升村背靠华蓥山，毗邻两江新区，紧连金刀峡。

清澈的水渠之畔，是金灿灿的黄金香柳，屹立于纵横交错的小道旁，在耀目的晴辉下熠熠生光。青山之下，稻浪翻滚，徐行在"稻浪迷宫"，或许还能邂逅守望稻田的稻草人。青砖绿瓦与斑斓色彩、多姿图案随处可见。东升村何止有宜人的景色？一阵微风过境，将草莓的香甜送入游人的鼻间，红宝石似的草莓摇荡着东升村鲜艳的帷幕。夜幕低垂时，柳月湾点点星光渐渐连成一片，夜晚的惬意便融进了帐篷前响荡天穹的、欢快热情的旋律之中。村中响彻悠扬的《旭日东升》，也正应了"草色经春绿渐肥，扶犁呼伴出荆扉。乡村二月晴方好，水满平田白鹭飞"。

"这里的初夏惊艳得像一幅不真实的油画！但眼前斑驳的竹篱，耳边的犬吠鸡鸣，又随处可见乡村生活最纯粹的样子……""微风吹动着小草，夏天的美好，好似置身在宫崎骏的动漫里。"游客的话语中是对东升村的满满赞誉。

雨条烟叶旁流水潺潺，参天古树下围炉煮茶，青苔石路上信步徐行，草木葱翠间生命穿梭，安静古朴的村庄有斑驳陆离的光影、悠闲宁静的行人，处处充满生机。这一派祥和的画面浮现眼前，谁能想到，曾几何时，这里也只有盘虬卧龙的小道、稀疏昏暗的路灯、肮脏污浊的水渠。

多年的繁华过后，东升村萧条于时光深处。藤蔓缠上门窗，满目灰尘，破碎的不仅是玻璃，尘封的不仅是旧屋，更是川流不息与人声鼎沸。

而如今原本破败的房屋、残垣断壁已蝶变为青砖绿瓦、窗明几净，人烟稀少、炊烟稀疏已蝶变为欢声笑语、炊烟袅袅。而原先毫不起眼的东升村蝶变成为北碚区首批美丽乡村建设示范村之一,已成为一个集观景与休闲于一体的乡村田园旅游村,先后获得“中国美丽休闲乡村”“中国绿色乡村”“国家森林乡村”“全国文明村”等荣誉称号。

这一切改变,都是从乡村振兴政策落实到这片土地上开始的。

近年来,乡村振兴的浩荡东风拂过广袤大地上的农村,也拂到了东升村。在党中央乡村振兴战略加持下,北碚区政府坚持以习近平新时代中国特色社会主义思想为指导,举全区之力全面推进乡村振兴,逢山开路,铺就美丽乡村路、发展振兴路;遇水架桥,架起区域发展之桥、守正创新之桥。

据重庆市农业农村委员会发布,北碚区政府联合四川美术学院以及坐落于本地的西南大学等高校搭建起校地合作平台,携手智囊团共建乡村,依托原有产业和资源,因地制宜美化田野。政府牢固树立绿水青山就是金山银山的理念,加大生态环境保护力度,提升乡村生态环境质量,不断拓展农村文化载体,大力提升乡风文明建设。政府还用艺术赋能乡村振兴,让传统与新潮共融共生,在这片土地上,绘就产业兴、农民富、乡村美的美丽画卷。

东升村旧貌换新颜,也对东升人造成极大影响。

《旭日东升》里的一句歌词“苦尽甘来柳成荫,飞龙在天燕归来”讲述了“90”后返乡人喻燕的故事。喻燕将建设美丽家乡的理念付诸行动,她当起“导游”,把小时候听过的故事和农耕文化,讲给来到村里的游客听,将东升村的故事,传播给一个又一个人。无独有偶,有的东升人开办起民宿,有的开起餐馆,有的办起农家乐。农旅融合在东升人的不懈努力中愈发厚实,而东升人的生活也愈发向好,走在通向幸福的星光大道上。

北碚推动文旅融合、生态优先、绿色发展,结合山水特色,告别东升村的如烟往事与飘零岁月。是乡村振兴,赋予东升村涅槃蝶变的机遇,令如今的我们,觅绰约树影间摇曳的枝蔓,捡拾这座美丽乡村惜惶岁月里繁华的背影。

习近平总书记曾言道:“绿水青山就是金山银山,改善生态环境就是发展生产力。良好生态本身蕴含着无穷的经济价值,能够源源不断创造综合效益,实现经济社会可持续发展。”生态环境是人类生存发展的根基,保护好生态环境,走绿色发展之路,人类社会发展才能高效、永续。也就是说,新时代中国发展追求的是人与自然和谐共生。

东升村的蝶变是重庆学习贯彻习近平新时代中国特色社会主义思想的缩影。重庆乡村在传统文化与现代文明的融合中,正焕发出新的生机与活力,不断谱写人与自然和谐共生的新篇章。

连绵的青山,蜿蜒的小道,希望的田野,赋予乡村美丽的品格。重庆乡村的美丽蝶变,将"绿树村边合,青山郭外斜"洋洋洒洒地书写在广袤的土地上。

重庆的乡村之美,美在葱茏与馥郁,美在坚忍与拼搏,美在振兴与发展。

教师点评

这是一篇描绘乡村美丽蝶变、展现乡村振兴成果的文章。文章通过对东升村的细致描绘,展现了乡村的自然美景和人文风情,同时也凸显了乡村振兴政策的积极效果和深远影响。

作者通过优美的文字描绘出了东升村的迷人景色。春暖花开,风和日丽,东升村的大道宽敞,蝶舞蜂飞,芬芳四溢,令人心驰神往。作者通过细腻的观察和生动的描写,让读者仿佛置身于这片美丽的乡村之中,感受到了大自然的神奇魅力。

文章深入挖掘了东升村的历史变迁和乡村振兴的历程。通过对比东升村今昔的不同面貌,突出了乡村振兴政策的显著成果,从破败房屋到青砖绿瓦,从人烟稀少到欢声笑语,东升村的变化让人感叹不已。文章通过描述东升村在乡村振兴政策指导下的具体实践,以及这些实践带来的显著变化,展现了实践与认识的统一。实践是认识的来源和动力,只有通过实践,人们才能深化对事物的认识和理解;同时,正确的认识又能指导实践,推动实践的发展,东升村的蝶变正是实践与认识相互作用的结果。

文章将东升村的蝶变与习近平总书记的绿色发展理念相结合,强调了生态环境保护对乡村发展的重要性,强调尊重自然发展规律,实现人与自然的和谐统一。同时,在乡村振兴的过程中,既存在传统与现代、保护与发展之间的矛盾,也存在人与自然、人与社会之间的统一,而东升村的蝶变正是在不断解决矛盾、实现统一的过程中实现的。

文章既具有文学性又具有深度,不仅展现了东升村的美丽景色和人文风情,也揭示了乡村振兴政策的深远影响。同时,文章也传达了人与自然和谐共生的新时代发展理念,对推动乡村全面振兴具有重要的启示意义。

（指导教师:重庆市朝阳中学　唐俊）

东升村　重庆市朝阳中学高2024届2班　邓乃凡

重钢百年高炉折射时代变迁

重庆市朝阳中学高2023届14班　丁兆阳

巫山七百里，巴水三回曲。雄浑长江之上游，辽阔川地之东临是素有山城之称的重庆，此地是中国大陆的内陆腹地，江河滚滚，自古孕育了文明，于今创造了历史。如果说石油是工业的血液，那么钢铁便是工业的骨骼，支撑起工业时代的大厦。重庆钢铁集团，又称重钢，是一个身负传奇历史的钢铁公司，至今已有百来年的历史，它自创立之时就地位崇高，至今仍发挥着不可忽视的作用，从它的百年历史切入，我们可以发现它也是时代浪潮的一个缩影。

重钢的前身是清末重臣张之洞所创立的汉阳铁厂，始建于1890年。刚刚经历了中法战争的张之洞意识到独自生产钢铁的重要性，上奏光绪“今日自强之端，首在开辟利源，杜绝外耗，举凡武备所资枪炮、军械、轮船、炮台、火车、电线等项，以及民间日用、农家工作之所需，无一不取资于铁”。从最开始，这所铁厂便创造了一个奇迹，从开工到建成只用了不到三年，鉴于当时中国的基础设施、技术和该厂的规模与要求不匹配，它的诞生实在不失传奇色彩。汉阳铁厂虽然是当时亚洲最大最早的钢铁厂，但中国半殖民地半封建社会的背景也注定了该厂的自主性不会太高，并且技术依托于西方。该厂也深受中国社会影响，命运多舛，以至于多年后遭遇停产，甚至沦为日本的原料输出基地。但值得注意的是，随着清末外国技术不断传入中国以及留学生的归来，中国国内的工业技术与人才不断提升与增多。1902年到1918年间，汉阳铁厂资助过的留学生逐渐成为铁厂的技术骨干，许多人担任要职，打破了外国人对高层技术人员的垄断，实现了部分主动权的掌握。

抗日战争爆发后，国民政府以前方抗战需要为由接收了汉阳铁厂，并在武汉朝不保夕之时将其西迁至重庆，沿途招揽湖北、湖南、上海等地的流浪工人，在日本人的轰炸下艰难地、史诗般地完成了战略转移，最终定址于重庆大渡口。该厂的拆卸与转运甚至一度占到整个西迁物资的半壁之重。随着转移到安全地带,政府的扶持以及前线战事的巨大需求,重钢的产量与规模开始日益扩大,成为整个国家最重要的钢铁产出核心,为抗战胜利作出重大贡献的同时,更培育出了新一代吃苦耐劳、踏实能干的工人群体,技术也在外国援助下蓬勃发展,实现了钢铁企业的进一步国有化与现代化。

抗日战争胜利后,工人们仍然被残酷剥削,生活一天比一天痛苦,在1946年的三月份,钢迁会职工举行了反饥饿、反压迫的大罢工,希望以此改善工人们的待遇。但遭到了国民政府的强行镇压,导致一人当场死亡,多人重伤与失踪,21人被开除。在此之后,工人的反抗意识开始觉醒,血的教训擦亮了无产阶级的眼睛,从此他们便走上一条彻底改变重钢、中国乃至整个世界的道路——共产主义。

解放战争末期,当共产党的军队到重庆之时,重钢(当时被称为二十九兵工厂)被国民党军队放置了十吨的TNT黄色炸药,他们狂妄地叫嚣"让解放军十年也恢复不了生产"。为了中国的建设,重钢的员工们在厂长的带领下用扁担将炸药运出,有十几人甚至为此付出生命。此举是重钢反抗压迫的缩影,更是重钢人解放自己、独立自主的号角。他们可歌可泣的牺牲不仅保留了重钢的火种,也彰显了重钢工人伟大的爱国献身精神。

新中国成立后,重钢发生了翻天覆地的变化。随着中国人民彻底站了起来与中国共产党领导地位的确认,外国对重钢的控制与垄断一去不复返。在政府的支持下,重庆钢铁建成了成渝铁路、内昆铁路、兰新铁路、一零一号飞机等,是除东北外的南方钢铁支柱,更为西部建设作出贡献。重钢得以快速发展和取得巨大成就,离不开中国共产党的正确领导与人民自发地勤劳苦干,工业化政策与社会主义建设的思潮也缺一不可。1978年10月,四川省率先拉开国企改革的序幕。重钢作为首批改革企业,初期由于资金流转问题近乎破产,重钢决策层决定打破常规,将钢铁自销进市场,不久便盘活了重钢的财政,改革初显成效。为了调动生产积极性与活力,重钢随后又进行了股份制改革,实现了重钢向现代企业的迈入,并荣登《人民日报》成为典例。重钢后续发展中虽也偶有危机,但也都及时解决,其重新崛起已然势不可挡。时至今日,重钢仍是西南地区最大的钢铁企业，是西部地区建设的重要支撑，在新时代仍继续发光发热。

人世几回伤往事，山形依旧枕寒流。清末至新中国成立，中国饱经磨难，有革命有起义，有被入侵有学西方，有内战也有分裂。时代如滔滔江水滚滚向前，重钢就如一叶木舟，时而触礁，时而乘风踏浪。风向与流速固然重要，但掌舵人充分发挥主观能动性，把握好方向，也是不可忽视的原因。重钢从木舟到巨轮，它的发展过程充满历史传奇，折射出时代的风云变迁。

教师点评

这篇《重钢百年高炉折射时代变迁》思政小论文，以其深邃的历史视角和细腻的叙述手法，为我们呈现了一幅重钢百年发展的壮丽画卷。它不仅是对一家钢铁企业历史的回顾，更是对中国近现代工业发展、社会变迁和时代精神的深刻剖析。通过梳理不同时期重钢对中国工业发展的意义，体现了发展是曲折性与前进性的统一，以及重钢由木舟到巨轮，从量的积累逐步实现质的飞跃等哲学原理，主题鲜明，哲理丰富。

从论文的选题来看，作者敏锐地捕捉到了重钢这一具有代表性企业的历史意义，通过对其百年发展历程的梳理，折射出中国近现代工业化的艰辛与辉煌。选题紧扣时代主题，具有较强的现实意义和教育价值。

在论文的结构上，作者采用了清晰的时间线索，从清末重臣张之洞创立汉阳铁厂开始，一直写到新时代重钢的崛起。每个阶段都紧扣时代，展现了重钢在不同历史条件下的发展状况。这种结构安排使论文逻辑严密，层次分明，易于读者理解和接受。

在内容方面，论文详细描述了重钢在各个历史阶段的发展状况，包括技术引进、人才培养、战略转移、工人运动、国企改革等方面。作者通过对这些历史细节的深入挖掘，生动地展现了重钢在不同历史时期所扮演的角色和所发挥的作用。同时，论文也揭示了重钢发展过程中所遭遇的困难和挑战，以及企业和员工们如何克服这些困难，充分发挥主观能动性，以推动企业发展。

此外，论文还深入分析了重钢百年发展背后的时代精神和社会变迁。作者通过对比不同历史时期的社会环境、政策导向和企业文化，揭示了重钢发展与社会发展之间的内在联系。这种深入的分析使论文不仅具有历史价值，还具有深刻的现实意义。

在语言表达上，论文语言流畅、准确，既体现了学术性，又不失可读性。作者善于运用生动的比喻和形象的描绘，使论文更具吸引力和感染力。同时，论文还引用了大量的历史资料和文献，增强了论文的说服力和可信度。

总的来说，这篇《重钢百年高炉折射时代变迁》思政小论文是一篇优秀的作品。它不仅展示了作者扎实的历史知识和深厚的学术素养，还体现了作者对时代精神的敏锐把握和深刻理解。通过这篇论文，我们可以更好地认识到重钢在中国近现代工业化进程中的重要地位和作用，也可以从中汲取到宝贵的历史经验和启示。希望作者能够继续发扬这种深入探究、严谨治学的精神，在未来的学习和研究中取得更大的成就。

（指导教师：重庆市朝阳中学　李雁）

百年高炉　重庆市朝阳中学高2023届15班　戴雨彤

“双城“促发展，共下“一盘棋”

——“双城”协调共进步奋力开新局

重庆市南开两江中学校高2025届4班　高宇航

“瑞世得奇才，赞化工，协调和气。”2011年，成渝经济区区域规划获批，标志着成渝经济圈的正式成立。2016年国务院出台的《关于深化泛珠三角区域合作的指导意见》与2021年中共中央、国务院发布的《成渝地区双城经济圈建设规划纲要》逐步明确了建设成渝地区双城经济圈的规划步骤。作为新时代以来的西部新“圈”，其发展尽管困难重重、道路坎坷，但西部人民仍能唱好“双城记”，全力加速跑，奋力开新局。

念往昔，20世纪五六十年代，西部地区因地理位置偏远、经济结构单一、自然灾害频发等原因，发展相对滞后于华中地区、沿海地区。1978年改革开放后党中央逐步着手西部开发，特别是1999年至2000年部署的“西部大开发”战略全面实施。1997年重庆直辖，到2011年成渝经济圈的确立，“双城记”成为“西部大开发”战略的重要战略支点以及推动发展的关键力量。

看今朝，成渝双城及周围地区以自身优越地理位置、产业优势互补、人才优势突出等特点而日益生辉。对于地理位置，成渝地区双城经济圈位于“一带一路”和长江经济带交会处，是西部陆海新通道的起点，具有连接西南西北，沟通东亚与东南亚、南亚的独特优势，也为其未来成为国际性城市群打下基础；对于产业优势，两地产业结构类似，均需加强电子信息、汽车制造、装备制造等产业领域的分工协作，以推进先进制造业与现代服务业深度融合，建设现代产业体系；对于人才优势，我国长期实施科教兴国人才强国战略，西南地区更是在大力引进人才上下功夫，以“返乡”“回引”“创业”为抓手，增强竞争力。至2023年上半年，双城经济圈地区生产总值5.91万亿元、同比增长6.2%；社会消费品零售总额2.73万亿元，同比增长8.5%；重庆、四川规模以上工业增加值同比增长6.8%……双城协同共促发展，辐射周围带动发展，尽显协调发展美。

畅未来,成渝双城经济圈的发展前景十分广阔。如同重庆工商大学副校长李敬所说,“在复杂严峻的国际形势下,成渝地区已成为我国向西、向南开放的窗口”。在国家战略的推动下,双城始终坚持党中央号召,经济实力、发展活力、国际影响力进一步提升,一体化发展加强,成渝地区也将成为我国西部地区的重要经济增长极。到2035年,成渝双城经济圈有望成为具有全球影响力的城市群。

协调之美,所谓“协调”是指事物内部各构成要素之间的和谐统一,以及各种相关事物之间的和谐统一,是世界万物运行的客观规律,是“人和”与“物和”的协调。川渝地区乃至整个西南地区,众志成城,尽显“和谐即美”“协调即美”。《荀子》道:“天行有常,不为尧存,不为桀亡。”无论是自然界,还是人类社会都必须遵循协调的客观规律运行。在国家领导下,把握“和谐意识”,人民勠力同心,共促协调发展。

教师点评

这篇文章是一篇逻辑清晰、思维缜密、条理分明的政治小论文。文章以时间为线索,用发展和联系的观点讲述了构建双城经济圈的现实背景和重大意义,也描绘了未来成渝双城经济圈的无限潜力,凸显了推动协调发展的高屋建瓴,展现出国家不断进行制度和理论创新,对西部地区以及整体经济高质量发展所产生的深远意义。

首先,作者引经据典,引用了宋代傅自得的诗句表达出内心的喜悦和自豪,作为一名山城人,对推动实施成渝双城经济圈建设、谱写西部发展新篇章充满了喜悦激动与强大信心。这是千千万万重庆人民、西部地区人民最真诚的感受和内心最直白的表达。

其次,作者立足西部地区的实际劣势以及经济发展的落后现实,言简意赅地表述出国家作出关于实施西部大开发、推动国家经济协调统一发展的伟大决策符合客观,是一切从实际出发,尊重经济发展客观规律的决策。同时以成渝的变化为实,论证了成渝双城经济圈建设所取得的成就,其未来前景广阔,有望成为具有全球影响力的城市群。

最后，得出结论，川渝地区乃至整个西南地区，众志成城，奋力开拓协调发展新局面，尽显和谐之美。

总之，文章语言流畅，蕴含着众多哲学智慧，例如物质和意识的辩证关系，发挥主观能动性与尊重客观规律相结合，用发展和联系的观点看问题，坚持系统优化的方法等。

（指导教师：重庆市南开两江中学校　郭用洪）

渝水楼影　重庆市朝阳中学高2026届15班　陈欣怡

探城市更新　书民本新篇

——重庆民主村的智慧蜕变

重庆市江北中学校高2024届7班　黄祺闵

山是一座城，城是一座山；山是城之形，人是城之魂；城市是人民的城市，人民城市为人民。

2024年4月22日，习近平总书记来到重庆考察，走进九龙坡区谢家湾街道民主村社区，察看小区改造等情况。一时间，人民日报、新华社、中央广播电视总台、光明日报、经济日报、重庆日报、重庆广播电视总台等中央、市级媒体聚焦九龙坡，让民主村迅速“火出圈”。

习近平总书记重庆一行为何会来到九龙坡区的民主村社区考察？

随着时间的流逝，建筑的老化，业态的变迁，各大城市街巷逐渐失去往日的光辉，城市最初的历史和文化，在岁月洗礼中日渐沧桑。如何激活老城区活力，提升区域生活幸福感成为城市更新的重要课题。2021年3月，“城市更新”首次写入政府工作报告。同年11月，第一批城市更新试点名单出炉，重庆民主村就在其中。民主村是众多城市更新中的“麻雀”，习近平总书记在这里“聚焦一个主题，解剖一只麻雀，解决一类问题”。

走进民主村，悠悠青石板长阶、苏式红砖建筑群、参天茂盛的黄葛树……这里环境清新整洁，别有一番格调；网红火锅、老牌美食、轻餐咖啡、文创艺术……这里人声鼎沸，产业兴旺；社区食堂、会客厅、图书馆、服务站、卫生院……这里生活便捷高效，群众安居乐业。走入民主村，我们能明白一个朴素的道理——城市的核心是人，城市更新要以人为本、民生为大。

换新颜、提气质，重“面子”更重“里子”。

民主村社区原本是一个老小区，地处九龙新商圈核心位置，现存建筑153栋，最老的建筑房龄超过70年。这里房屋老旧、交通拥堵、配套缺失、环境脏乱，被时间磨得“千疮百孔”的民主村社区与“时尚精致”的商业区形成鲜明对比。2022年初，民主村社区启动更新改造项目并纳入全国有关试点。从此，重庆城建人不断更新理念，创新举措，因地制宜探索出“留、改、拆、增”多元模式，在保留原有建筑、街巷肌理的同时，通过道路出新、立面修缮等，让其更好地融入商圈生态，整体提升城市功能和人居环境品质。楼房穿上了“新衣”；天上蜘蛛网般的管线，被藏到地下；楼栋间，也有了宽敞亮堂的道路和新潮别致的街心花园。

从民主村的向新发展中可以看出，城市发展重“面子”更要重“里子”。城市更新并不是一些人认为的“涂脂抹粉”，而是一次触及城市品位和生活品质的深刻变革，也是激活老旧城区发展活力的最优选择。

以人为本，留住人文记忆，打造有机和谐的城市空间。

城市的核心是人。城市更新中不应只有高楼大厦、钢筋水泥，更要有对鲜活个体的人文关怀。民主村社区是原国营建设机床厂配套家属区，总面积约580亩，有近2万居民。这里不仅托举着市井幸福，也承载着城市记忆。民主村的改造厘清了保护与发展的辩证关系。既尊重历史文脉，留住这里的街巷肌理、文化记忆、城市文脉，又巧妙地实现社区功能区划分，打造有机和谐的城市空间。以城市文脉贯穿城市更新，把城市历史文化遗产转化为创新发展的底气，从而促进城市“有机”生长。

比如，承载几代人记忆的“高龄”苏式红砖楼部分老墙体被保留下来，不仅进行了内部空间重构，还在墙体外加设钢和玻璃罩，成为展陈民主村和建设机床厂历史文化的社区会客厅。设计团队还提炼出建设机床厂历史变迁中的“西迁”“援建”“复兴”等元素，将其运用到建筑风貌的设计中。同时，恢复与重现了当地居民记忆深处的电影院坡坡、戏水河沟、游园坝坝等标志性记忆点，新设计以“建设诗歌”等系列文化景观为主要内容，为民主村同步构建起一个“文化生态”空间。

民生为大，提升治理效能，让老百姓过上更加幸福的生活。

城市更新，生活向上。民主村社区以城市更新为契机提升了社区服务，通过开展网格化管理，为居民提供精细化服务，形成了“小事不出社区、大事不出街道、难事不上交”的良好治理氛围。曾经“七拱八翘”的破旧路面被由小青石砖铺成的平坦路面代替;穿上“新衣”的楼栋有了专属的标识,不仅有街心花园,各楼栋周边的绿植也多了起来;社区食堂菜品质优价廉,还是居民学习、娱乐、交流的重要场所;社区内各种便民服务站功能齐全,缝补衣物、维修电器、补鞋换锁,只需下个楼就能搞定……

城市更新是一项民生工程,要“更”到老百姓心坎上。实施城市更新行动,就是要立足于群众所想所需,推动治理效能、城市品质的有效升级。只有切实增强老百姓的幸福感、获得感,才能推动城市更新由“自上而下”转变为“自下而上”,真正调动群众积极性,增强群众参与感。

教师点评

这篇文章以习近平总书记考察九龙坡民主村为切口,以旧城改造为话题,深刻揭示了城市更新背后的成功奥秘,也展现了作者对城市建设的敏锐洞察和哲学思考,蕴含了丰富的哲学思想和人文关怀。

九龙坡区民主村的实践,是重庆市推进城市更新提升工作的一个缩影,也是全国更新改造项目的试点。文中,作者把民主村比喻为众多城市更新中的“麻雀”。重庆地形复杂,民主村有自己的特殊性,但在民主村城市更新的实践中,也面临着全国老旧城区改造所面临的共同难题,它在城市向新发展中探索出了许多可以推广的成功经验。这体现了矛盾的普遍性与特殊性、共性与个性具体的历史的统一的哲学思想,也遵循了从特殊到普遍再到特殊的认识规律。

作者充分运用了辩证思维来认识和揭示民主村城市更新的成功奥秘。民主村能成功打造成全国城市更新的创新样本,其奥秘在于正确认识和处理了“面子”与“里子”,保护与发展,人民与城市的辩证关系。首先,老旧城区改造,不是彻底地推翻重建,而是在“留”上做文章,因地制宜,保留城市肌理、城市记忆,更新城市“颜值”,提升城市气质,既保留了民主村社区的山城味道、烟火气息,又改善了城市品质和人居环境。这是对辩证否定哲学思想的生动运用。其次，在城市更新中，坚持以人为本，留住城市的历史人文记忆，把城市文脉贯穿城市更新，把历史文化遗产转化为城市创新发展的底色，让老旧小区实现“逆生长”，体现了矛盾的对立统一推动事物发展的哲学思想。最后，作者坚持历史唯物主义观点，认识到城市的核心是人，城市的更新要坚持立足群众所想所需，切实增强群众的幸福感、获得感，要调动群众的积极性，要增强群众的参与感。这是“一切为了人民、一切依靠人民”哲学思想的生动诠释，是贯彻落实群众观点和群众路线的生动体现。

综上所述，这篇文章不仅让读者能感受到重庆这座城市的人文魅力，更领悟到重庆创新发展中展现的哲学智慧。它通过分析民主村的城市更新实践，体现了共性与个性具体的历史的统一，事物的发展是在矛盾的对立统一中实现的，人民是社会历史的主体等哲学思想，这些哲学思想不仅指导着重庆城市更新的实践，也为我们提供了思考人与城市、人与自然、人与社会关系的有益借鉴。

（指导教师：重庆市江北中学校　陈春利）

错落有致　重庆市朝阳中学高2026届12班　官沛涵

黄精变黄金

——石柱华溪村在“奔跑”中奋进

重庆市朝阳中学高2026届10班　李强

山衔着山，山抱着山；层峦叠嶂，沟壑纵横；溪流潺潺，鸟鸣啁啾。白雾萦绕着山间村寨，时而如玉带飘舞，时而如青烟袅袅，时而如蛟龙盘绕。华溪村，就是这样一个山清水秀，风景宜人，让人心驰神往之地。可曾经，这里却是集中连片特困地区的武陵山片区典型的贫困村。

一、深山贫困村，奋斗迎新篇

武陵山片区包括湖南、湖北、重庆、贵州四个省市的71个县(区)，华溪村就坐落其中。由于距离城区遥远，加之交通不便，山路堵塞，此地难以与外界交流往来。村里地少人多，土地贫瘠，村民们世世代代都在这“巴掌田”“鸡爪地”里种红薯、玉米、土豆，基本靠天吃饭。至2014年，华溪村的贫困发生率已达18.5%。

然而，就是这贫困时有发生、温饱难以解决的华溪村，却能在日后迸发出源源不断的力量，披荆斩棘，开拓进取，勇往直前。

2015年，我国吹响脱贫攻坚冲锋号，立志如愚公移山，苦干实干，确保2020年全面迈入小康社会，坚决打赢这场攻坚战。

华溪村能顺利接过脱贫攻坚的接力棒，得益于当地丰富的野生黄精等中药材资源。经过专家论证，华溪村的自然环境极适合黄精生长。说干就干！2018年底，村集体开始大力发展黄精产业，投入种苗、农资等成本，而村民则贡献土地和劳力参与管理。黄精产业迅速崛起为当地的特色支柱产业，被村民亲切地称为“黄金”。同时，村委还开展了一系列保民生、暖民心的行动，确保家家户户通自来水，危房得到改造，进出村的道路也得到拓宽，村民的生活水平有了显著提升，村民们的心里都暖乎乎的。

二、黄精变黄金，华溪展新颜

2019年，华溪村迎来了历史性的时刻。4月15日，习近平总书记专程从北京而来，深入华溪村进行考察。在村民家中，总书记细致入微地关心村民的生活，他亲手揭开锅盖察看村民的饮食，轻抚被褥感受村民的冷暖，更与村民们围坐一起，细心核算他们的收入和医疗支出。在临别之际，总书记深情地叮嘱乡亲们："乡亲们要一起奋斗，努力向前奔跑，争取早日脱贫致富奔小康。"

华溪村的乡亲们和干部们始终牢记总书记的深切嘱托，并将这份期望转化为实际行动，在华溪村这片热土上勤恳耕耘。乡亲们鼓足干劲，撸起袖子加油干！在大家的共同努力下，2019年年底，华溪村全村贫困人口全部脱贫，成功迈入了小康生活，总书记的殷切期盼实现了！

现在的华溪村，走在乡村振兴的发展道路上，蜜黄色的土家族民居散落在公路旁、山腰上。蜿蜒展开的水泥路通往各家各户，屋舍井然有序，场院整洁明亮。到了深秋时节，你还能看到：山坡上的蜂箱井井有条，木瓜树硕果累累，树下的黄精在田地里迎风摇曳。在当地的特色农家乐里，来往的旅客络绎不绝，高朋满座。村民们的脸上挂满了笑容，只因这好日子实在是太美太甜了。正如土家族民歌所唱出的乡亲们对美好生活的信心："太阳出来喜洋洋，挑起扁担上山岗；手里拿把开山斧，不怕虎豹和豺狼……只要我们多勤快，不愁吃来不愁穿。"2023年5月，华溪村被列入10条长江主题国家级旅游线路·长江乡村振兴之旅的线路之中。2023年6月，老挝人民革命党中央总书记、国家主席通伦到华溪村考察时也赞许道："华溪村的发展经验对老挝很有借鉴意义。"

奔涌不息，饮水思源。回看华溪村从贫困村摇身一变成为示范村的历史，是当地因地制宜发展特色产业的结果，是当地村民依靠自己勤劳的双手向上拼搏改善生活质量的结果，更是华溪村人民紧跟党走，党组织坚强领导的结果。

高山仰止，景行行止。唯有不忘来时路，脚踏实地，加油实干，才能迎来更好的明天。我们一定以党的二十大精神为指引，以开放奋勇的姿态争做时代的弄潮儿，深耕实际，以一往无前的态度为实现中华民族伟大复兴，建设富强民主文明和谐美丽的社会主义现代化强国积蓄磅礴力量。

教师点评

这篇思政小论文通过讲述重庆石柱华溪村的变迁史,向我们细致入微地展现了一幅乡村振兴的美丽画卷。作者以饱满的情感和细腻的笔触,不仅描绘了华溪村如诗如画的自然风光,更将其与过去的贫困状况形成鲜明对比,深刻揭示了脱贫攻坚与乡村振兴为这片土地带来的翻天覆地的改变。

在文中,我们可以清晰地感受到作者对华溪村地理环境与历史背景的深入了解,这种详尽的描述让读者仿佛置身于那片美丽的土地,亲身感受着它的沧桑巨变。这种强烈的对比,不仅展现了重庆乡村的发展之美,更体现了作者在选题和构思上的匠心独运。

文章所蕴含的哲学思想和观点也让人印象深刻。作者通过华溪村的实例,生动地阐释了"因地制宜"和"实事求是"等唯物论、辩证法观点。华溪村的成功转型,正是基于当地独特的自然资源和环境条件,通过科学论证和规划,走出了一条符合自身特色的发展道路。这既是对马克思主义关于一切从实际出发、具体问题具体分析、用联系、发展的观点看问题等方法论的生动实践,也是对中国特色社会主义乡村振兴战略的深刻诠释。

文章还深刻体现了"人民群众是历史的创造者"这一唯物史观。华溪村的变化是当地村民在党的领导下,通过共同努力和不懈奋斗实现的。这种来自基层的、自下而上的变革力量,正是人民群众伟大创造力的真实写照。

作者以"黄精变黄金"为线索,巧妙地串联起了华溪村的脱贫攻坚和乡村振兴故事。这一比喻既形象生动,又寓意深远,让人印象深刻。同时,作者通过丰富的细节描写和情感渲染,让读者在享受优美文字的同时,能够深刻感受到华溪村人民的奋斗精神和幸福生活,进一步增强了文章的感染力和说服力。

总的来说,这篇思政小论文是一篇优秀的作品。它不仅全方位地展示了重庆乡村的发展之美,更深刻地体现了马克思主义哲学思想和观点的实际应用。

通过华溪村的故事，我们更加坚信：在党的坚强领导下，人民群众有着无穷的力量，乡村振兴的道路必将越走越宽广。我们期待着更多像华溪村这样的美丽乡村在中国广袤的大地上绽放出更加璀璨的光彩！

（指导教师：重庆市朝阳中学　陈静）

稻田　重庆市江北中学校高2024届7班　王心怡

赋温泉新动能，创康养新模式

——展温泉之都发展美

重庆市兼善中学高2021级 陈婷

重庆市地处中国西南部，是国家历史文化名城，是长江上游地区经济、金融、科创、航运和商贸物流中心，也是巴蜀文化的发祥地，被称为“天生重庆”。又因嘉陵江古称“渝水”，故重庆又称“渝”。时至今日，重庆“温泉之都”项目同中国古代传统康养结合，延伸温泉产业链，以“温泉+”激活城市活力，赋予重庆旅游业新动能，成为带动重庆旅游经济发展不可缺失的重要一环。

重庆是温泉资源最丰富、集聚度最高的区域之一，且开发历史悠久，距今已有1600多年历史。其独特的褶皱地貌构造的“凹槽”，与“山”“峡”为伍，为重庆发展成温泉之都提供了良好的地理环境。重庆人民利用天然资源，发掘城市潜在动力，使“温泉+”走入大众视野。重庆市政府制定了由“五方十泉”到“一圈百泉”，带动“两翼多泉”的差异化发展规划，并分阶段实施，形成了“重庆处处有温泉，温泉处处有景致”的整体形象。经过世界温泉与气候养生联合会验证审核，重庆获得“世界温泉之都”桂冠。

重庆市以“温泉+”衍生出丰富产品、产业和生活方式等，着手将温泉由单一休闲向“休闲+康养”的复合型转化。依托中医药文化，以“温泉+”形式推动新型旅游产业链发展。截至2013年，重庆已经建成温泉旅游景区景点、度假村40余个，共接待温泉旅游者1150万人次，实现收入42亿元。这不仅是重庆温泉旅游产业发展的重要里程碑，也意味着重庆旅游再添一块“金字招牌”，对重庆的城市营销、城市宣传起到重要的促进作用。

重庆，是历史与现代的交融之地，是东方文明与西方思想的交汇之处。在这里，古老的文化底蕴与现代的城市风貌相互交织，构成了一幅独特的时空画卷。温泉之都承载了历史的沉淀与传承，见证了人类文明的发展与演变，同时又展现出现代城市的繁华与活力。它展示了人类对自然的敬畏与尊重，体现了人类文明的进步与智慧,也启示着人类与自然和谐共生的可能性。在这座城市中,人们不仅可以感受到温泉的温暖与舒适,更能体会到人类与自然共同生存、共同发展的美好前景。

教师点评

山水环绕,古木葱郁,景色如画,重庆温泉在徐徐展开的独特发展模式中,实现了经济效益和社会效益的双赢局面。作者充分利用辩证唯物主义,运用联系、发展的观点看问题,深刻体现了中国传统哲学中"天人合一"思想,点明了人与自然、人与社会的密切联系和相互影响。在温泉产业发展过程中,重庆市注重保护生态环境,依托中医药文化,将温泉产业与养生健康相结合,推动了新型旅游产业链的发展;也体现了人类在发展中遵循自然规律,尊重规律的客观性和普遍性,充分利用规律造福人类。

作者从辩证否定观和创新的视域对文章展开叙述。重庆市在对温泉的规划发展中,批判继承传统单一温泉泡浴发展模式,制订多阶段的温泉产业发展计划,从"五方十泉"到"一圈百泉"这种差异性发展策略,展现了政府在温泉产业发展中的新思维,分析了从古至今重庆市温泉的发展历史,但并没有简单地否定过去的发展,而是在继承传统温泉作用的基础上进行创新和发展,保留了原始温泉的泡浴作用,同时引进新的产业元素和商业模式,实现传统和现代的多方面结合,这种辩证否定的观点体现了对重庆市古代温泉发展历史的尊重,以及通过创新实现与现代化之间的完美平衡。

此外,在"五方十泉"和"两翼多泉"的各个项目的开展中,重庆市运用整体与部分的哲学观点,树立全局观念,实现整体最优目标,同时搞好局部,运用局部发展推动整体项目进行,最终实现系统优化。

(指导教师:重庆市兼善中学　陈杰)

洪崖洞　重庆市朝阳中学高2026届16班　周鼎轩

以马哲之理，探寻重庆的山水人文

——论联系和发展的基本环节

重庆市朝阳中学高2023届11班　罗磊

联系和发展的基本环节，如内容与形式、原因与结果、必然与偶然、现象与本质等，是我们认识世界的重要工具。本文将以重庆这一充满魅力的城市为例，通过探讨其特色美食、重大事件处理以及旅游业的发展，来呈现这些哲学范畴在实际生活中如何得以体现。

一、内容与形式：重庆火锅的韵味

中央厨房理念的持续推广以及连锁餐饮品牌的日益增多，使得原本只存在于屏幕中的各地美食变得触手可及。虽然统一化、标准化的生产模式对餐饮市场的规范发展有着积极的推动作用，但我们也不得不面对一个事实：这种模式在某种程度上削弱了消费者，特别是那些美食爱好者的用餐体验。以重庆火锅为例，让我们从内容与形式两个方面，探讨在中央厨房盛行的大背景下，重庆本土火锅是如何保持其独特魅力的。

如今，无论身处哪个城市的购物中心或商业街，挂着"重庆火锅"招牌的店面都随处可见。这些店铺依赖于中央厨房供应的底料和技术支持，使各地食客都能品尝到重庆火锅的麻辣与鲜香。为了更贴近"重庆火锅"这一卖点，不少店家甚至在装潢上融入了诸多巴渝文化元素。无论是依靠精确配料表、机械化生产出的标准化底料，还是店内充满"山城风"的装饰，商家们都在努力从形式上还原重庆本土火锅，这无疑提升了他们的市场竞争力。

然而，最地道的重庆火锅，往往隐藏在萦绕着浓郁烟火气的市井小巷中。它的魅力源于那种与湿热空气相伴的热闹氛围，在美食触动味蕾的瞬间迸发。那些爷们儿和妇女们喝酒划拳时说的重庆方言，高声畅谈的龙门阵，以及结账时争相付款的热闹场景，都构成了重庆人对家乡火锅的原始记忆，也形成了独特的“火锅文化”。这种文化，正是重庆本土火锅的内容所在，它难以被模仿和复制。全国各地的重庆火锅店在形式上或许大同小异，但在内容上，外地品牌往往缺乏这份深厚的文化内涵。重庆本土火锅真正做到了内容与形式的完美结合，这也是其成为地方特色美食的独到之处，“风土人情”便是如此。

二、原因与结果：重庆山火的启示

2022年8月，重庆缙云山突发山火，林地灭火最终取得成功。我们就以重庆山火事件为例，浅析其中的原因与结果。

值得一提的是，云南省森林消防总队采用的“以火攻火”战术在灭火过程中起到了决定性作用。他们通过人工点燃火头，与相向蔓延的山火相遇，使火势交接处骤然缺氧失去燃烧的条件，从而有效控制火势。人们往往过于简化地将此策略视为灭火成功的唯一因素。

然而，我们必须认识到，任何事物的发展都是多种条件共同作用的结果，而非单一原因所能决定。在实施“以火攻火”的过程中，对风向的准确预测和巧妙利用是关键，这得益于北碚区气象局所提供的精确数据支持。此外，现代化手段如物理化学相结合的灭火方式，在实战中发挥了重要作用，极大地增强了灭火的灵活性和效率。同时，尽管人工降雨带来的雨量有限，但它在降低现场温度方面起到了不可忽视的作用。更有徒步大军、摩托骑士等志愿者和市民，通过各种方式运送物资补给，为前线提供了有力后援，彰显了新时代志愿者精神和城市中的凡人大义。这种精神，无疑为抗击自然灾害提供了强大的精神支持。

从这一事件中，我们可以看到因果关系的复杂性。一果多因，从思维方式看，这也是“发散思维”的生动体现。

三、必然与偶然:重庆的网红之路

近年来,“网红”现象衍生出诸多新概念,诸如“网红城市”、“网红打卡地”和“网红美食”等。而网红城市的崭露头角,正是现代城市营销策略与新媒体技术完美结合的产物。凭借独特的文化资源、高效的传播手段和地方政府的积极推动,这些城市知名度和吸引力急剧上升,迅速成为热门旅游胜地。重庆,作为其中的佼佼者,其崛起之路既包含必然性,也蕴含偶然性。

这座被誉为“山城”、“雾都”和“桥都”的城市,以其得天独厚的自然景观和深厚的人文底蕴吸引着无数游客。这里不乏长江三峡之壮丽,天生三桥之奇特,亦不缺磁器口之古朴,红岩村之庄严。同时,以辣味著称的重庆美食,更是给远道而来的游客带来了别样的味蕾享受。重庆旅游业的繁荣,有其必然的优势。

然而,重庆之所以能够持续吸引流量的密码远不止于此。分析问题时,我们需要综合考虑事物的内外因素。事物内部的各个部分和要素之间,事物与外部环境之间,都存在着千丝万缕的联系。要深入探究重庆的走红现象,我们必须将其置于当前的时代背景和社会环境中进行考察,以运动的、联系的、发展的视角来审视。

在智能制造引领的新技术革命的浪潮中,经济、政治、文化等社会各领域都在发生深刻变革。正是在这样的宏观背景下,重庆旅游业也借助新技术的东风,特别是短视频平台的兴起,实现了跨越式发展。2018年,抖音APP的日活跃用户数已达到2.5亿,用户发布的内容广泛且多样。当“穿楼轻轨——开往春天的列车”“现实版宫崎骏的千与千寻”“8D魔幻城市”等引人注目的内容在短视频平台上引爆关注时,重庆的知名度和吸引力也随之急剧上升,无数网友的旅游欲望被激发,重庆也顺理成章地成为顶流网红城市。

从“网红”到“长红”,重庆的成功既归功于其独特的自然和人文资源,也离不开短视频风口的助力。重庆紧紧抓住自身发展的必然性,同时敏锐捕捉偶然机遇,从而实现了城市影响力的持久提升。这对一座城市的发展具有深远启示,对我们每个人的成长之路,又何尝不是如此呢?

教师点评

这篇思政小论文精心选取了重庆多个代表性事件与案例，从哲学视角出发，对城市的发展脉络进行了深入剖析，同时以独到的眼光捕捉到了重庆不同维度的美，成功构建了一个饱满而立体的重庆城市形象。

在文中，作者用精练的笔触让我们深刻感受到重庆山峦起伏、江水环绕的瑰丽自然风光。从充满韵味的老街风情到诱人的火锅飘香，重庆独特的人文美在每一个角落都得以生动展现。而随着城市化的推进，重庆的都市韵味与现代气息之美也被作者敏锐捕捉。不仅如此，作者还生动地刻画了重庆人民热情好客的天性、勤劳善良的品格以及积极向上的生活态度。他们在突发事件中所表现出的团结与凝聚力，更是对重庆深层魅力的完美诠释，这些都深刻地展现了重庆的社会人文之美。

文章蕴含了丰富的哲学思想，展现了作者对辩证法、认识论等哲理的深刻理解和灵活运用。作者紧扣重庆火锅这一文化标志，分析其标准化制作流程与丰富文化内涵之间的紧密联系，阐明重庆火锅的独特美味既来自其标准化的底料配方与特色装潢，又依赖于其深厚的文化底蕴和富有人情味的用餐氛围。这一见解充分体现了内容与形式、感性与理性的辩证统一。同时，通过剖析重庆对山火事件的成功应对，作者敏锐地捕捉到了灭火胜利背后的多元因素，诸如科学的灭火策略、精确的气象数据支撑以及社会各界的通力合作，这不仅展现了因果联系的错综复杂，也反映出作者对事物联系条件性和多样性的深刻理解。进一步地，以重庆跃升为网红城市为切入口，作者深入探讨了现象与本质、量变与质变之间的辩证关系，既看到了新媒体技术的助推作用，又挖掘了重庆独特的自然资源、深厚的文化底蕴以及持续不断的发展和努力，精准地揭示了网红现象背后的核心驱动力。

值得一提的是，全文贯穿了发散性思维的逻辑方法。无论是解析火锅文化，还是探讨山火应对，抑或在分析网红现象时，作者都能从多元视角出发，进行全面深入的分析。这种方法不仅丰富了论文的内容，也为我们提供了一种新的思考模式。

总体而言，整篇文章观点鲜明、逻辑清晰、分析深入，充分展现了作者扎实的哲学基础和出色的分析能力。希望作者在未来的学习和研究中，能够继续保持这种深入思考和全面分析的习惯，不断探索哲学与现实生活的紧密联系。

（指导教师：重庆市朝阳中学　陈静）

合川钓鱼城　重庆市朝阳中学高2026届16班　蒋羽翀